高等职业教育新形态一体化系列教材

采购与供应链管理

（活页式教材）

主　编：徐春晓　赵　卓
副主编：王海波　高国峰

北京理工大学出版社
BEIJING INSTITUTE OF TECHNOLOGY PRESS

内容简介

"采购与供应链管理"是2019年7月发布的《高等职业学校专业教学标准》中物流管理专业的专业核心课之一。本书按照《高等职业学校物流管理专业教学标准》的要求，从采购与供应链管理的核心内容出发，系统阐述采购与供应链管理的基本原理和实际应用。全书共10个项目，包括认知供应链采购管理、设计供应链组织结构、匹配供应链战略、管理供应商、建立供应链合作伙伴关系、控制供应链库存、管理供应链生产、管理供应链物流、应用供应链信息、评估供应链绩效。全书从供应链的视角诠释了采购与采购管理，将采购管理与供应链管理有机地结合起来，融为一体。

本书是由高职院校教师和行业企业专家校企双元合作开发的教材，理论联系实践，突出实用价值。深入浅出，通俗易懂。本书可以作为高等职业院校物流管理专业的教材，也可以作为经济管理类专业的拓展教材，以及相关从业人员的岗位培训教材和社会人士的参考用书。

版权专有　侵权必究

图书在版编目(CIP)数据

采购与供应链管理 / 徐春晓，赵卓主编. -- 北京：北京理工大学出版社，2024.6.
ISBN 978-7-5763-4258-1

Ⅰ. F25

中国国家版本馆 CIP 数据核字第 20244UL492 号

责任编辑：陈莉华	**文案编辑**：李海燕
责任校对：周瑞红	**责任印制**：施胜娟

出版发行 /	北京理工大学出版社有限责任公司
社　　址 /	北京市丰台区四合庄路6号
邮　　编 /	100070
电　　话 /	(010) 68914026（教材售后服务热线）
	(010) 68944437（课件资源服务热线）
网　　址 /	http://www.bitpress.com.cn
版 印 次 /	2024年6月第1版第1次印刷
印　　刷 /	河北盛世彩捷印刷有限公司
开　　本 /	787 mm × 1092 mm　1/16
印　　张 /	14.5
字　　数 /	312千字
定　　价 /	49.80元

图书出现印装质量问题，请拨打售后服务热线，负责调换

前　言

围绕实施科教兴国战略，党的二十大报告指出："教育、科技、人才是全面建设社会主义现代化国家的基础性、战略性支撑。必须坚持科技是第一生产力、人才是第一资源、创新是第一动力，深入实施科教兴国战略、人才强国战略、创新驱动发展战略，开辟发展新领域新赛道，不断塑造发展新动能新优势。"

围绕培养人的教育根本问题，党的二十大报告指出："教育是国之大计、党之大计。培养什么人、怎样培养人、为谁培养人是教育的根本问题。育人的根本在于立德。全面贯彻党的教育方针，落实立德树人根本任务，培养德智体美劳全面发展的社会主义建设者和接班人。"目前采购与供应链管理人才的需求越来越旺盛，在这种背景下编写《采购与供应链管理》一书，不仅是及时的，而且是必要的。本书以"够用、常用和实用"为原则，科学地组织、归纳现代采购与供应链管理的实用理论和应用原理。具有以下主要特点：

1. 内容编写落实"立德树人"

本书体现了以学生为主体，以教师为主导，提炼素质目标，以"敬业、协作、创优、奉献"四种精神为引领，以学生任务为导向，将社会主义核心价值观与人文素养融入教材，加强对学生人生观、世界观和价值观的养成教育。

2. 内容选取"新"

随着经济全球化的迅速发展，物流贡献日趋显著，各行各业都在制定更细的物流标准，作为基础性标准，旧版的《物流术语》等国家标准已经不能满足产业发展和高职教学的需要。本书中大量引用了最新的现行国家标准，内容选取高职学生在职业岗位上应用广泛的基本原理，融入采购与供应链管理的新知识、新技术和新方法，突出实用性和前沿性。

3. 内容设计"合理"

本书按照《高等职业学校物流管理专业教学标准》的要求设计教学内容，遵从职业发展与认知规律，注重学生职业岗位能力的培养。合理的设计能够帮助学生更加深入地总结、理解和运用所学的知识与技能。引导学生在"做"中"学"，培养学生运用知识解决问题的能力。

4. 教学资源"丰富"

按照国家职业教育教学资源建设的要求，以"兴辽卓越"项目建设的教学资源库为载体，结合本课程的知识点和技能点，建设了教学课件、视频、案例库、试题库等教学资源，并在书中设置了对应的标识和二维码，以满足教学设计、教学实施等多方面需要。

本书由辽宁职业学院徐春晓、赵卓担任主编；王海波、高国峰担任副主编。徐春晓负责全书架构设计和编写体例设计，并对全书内容进行了修改和统稿。具体编写分工如下：徐春晓编写了项目六和项目八；赵卓编写了项目七和项目九；王海波编写了项目一、项目三和项目五；高国峰编写了项目二、项目四和项目十。

本书在编写过程中，参考并汲取了国内外许多采购管理、供应链管理等领域的理论观点、著作和研究成果，借鉴了众多从事采购和供应链管理实际工作人员的实践经验、体会及总结，在此一并深表谢意。

由于采购与供应链管理在不断发展和变化，加上编者经验不足，书中难免存在错漏和不当之处，敬请各位专家、学者和读者批评指正。

编　者

目 录

项目一　认知供应链采购管理 1
 任务一　认知采购管理 4
 任务二　认知供应链管理 10
 任务三　认知供应链采购管理 17

项目二　设计供应链组织结构 23
 任务一　设计企业组织结构 25
 任务二　设计采购组织结构 33
 任务三　调整供应链管理组织结构 38

项目三　匹配供应链战略 45
 任务一　认知供应链战略 47
 任务二　辨析核心竞争力与业务外包 51
 任务三　匹配供应链战略 56

项目四　管理供应商 63
 任务一　调查供应商 66
 任务二　选择供应商 69
 任务三　分类管理供应商 72
 任务四　考核供应商 75

项目五　建立供应链合作伙伴关系 83
 任务一　认知供应链合作伙伴关系 85
 任务二　建立供应链战略联盟关系 89

项目六　控制供应链库存 103
 任务一　认知供应链库存 105
 任务二　控制供应链库存 111

任务三　掌握订货点采购 ·· 116

项目七　管理供应链生产 ··· 129
　　任务一　认知供应链生产计划 ·· 132
　　任务二　明确供应链生产计划 ·· 140
　　任务三　掌握 MRP 采购 ·· 147

项目八　管理供应链物流 ··· 155
　　任务一　认知供应链物流 ·· 157
　　任务二　管理供应链运输与配送 ·· 163
　　任务三　管理供应链采购物流 ·· 171

项目九　应用供应链信息 ··· 179
　　任务一　认知供应链信息 ·· 181
　　任务二　管理供应链信息 ·· 190
　　任务三　应用数字化采购 ·· 195

项目十　评估供应链绩效 ··· 203
　　任务一　评估采购绩效 ·· 205
　　任务二　评估供应链绩效 ·· 211
　　任务三　建立激励机制 ·· 216

引用的国家标准 ··· 223

参考文献 ··· 224

项目一　认知供应链采购管理

 知识目标

（1）掌握采购和供应链的基本含义。
（2）掌握采购的主客体和方式。
（3）理解采购的作用。
（4）理解供应链的基本类型。
（5）熟悉采购管理和供应链管理的目标和内容。
（6）理解采购与供应链、采购管理与供应链管理的内在联系。

 技能目标

（1）能够识别不同的采购方式。
（2）能够辨析不同类型供应链。
（3）能够理解供应链采购与采购管理。
（4）能够根据实际情况描述企业采购过程和供应链运作。

 素养目标

（1）培养系统思维，从供应链的视角认识采购与采购管理。
（2）培养辩证思维，认识采购与采购管理、供应链与供应链管理之间的辩证关系。
（3）培养锲而不舍的学习精神和终身学习理念，学习采购与供应链的新知识和新技能。

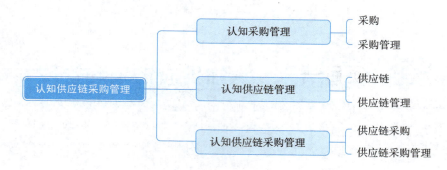

 引导案例

从供应链 1.0 到供应链 4.0 的进化

在用户主导的新消费时代，包括零售在内的所有行业都应该回归商业本质，追求更高的效率、更低的成本，为用户创造更多的价值。零售业的模式虽然经过了多次转变，商品和渠道得到了丰富，但是其人、货、场的本质始终没有发生变化。

从产业链的整体视角来看，零售仅是完成商品交付的最终环节，要想更加高效、低成本，为用户创造更多的价值，需要供应链各节点企业共同参与。因此，在新零售时代，不仅要关注零售环节，而且要关注整个供应链系统，探索其转型升级之道。

供应链可以看作一种以满足最终用户需求为目的，由产品生产及流通过程中的供应商、生产商、分销商、零售商、物流服务商等节点企业共同参与的网络结构。随着科技与生产力的不断提升，我国供应链模式也发生了一系列变革。随着交易主导权的更迭，零售商最终成为供应链的主导者。具体来看，我国供应链模式的演化历程包括以下几个阶段：

供应链 1.0：以生产商为主导的直线型供应链

供应链 1.0 时代也是计划供应链时代，在产能不足、购买力有限的计划经济背景下，供应链必须根据产能制订销售计划，政府职能部门对生产资料及消费品的采购、供应、物流、结算等进行统一协调控制。各单位都要制订明确的生产指标，然后在该指标的基础上制订销售计划。

供应链的运作也受到生产指标的影响与控制，供销社将标准化的产品供应给广大民众，基本不存在渠道商，整个供应链是一种单链状的直线式结构，商品流、资金流、信息流及物流呈单线形流动。

供应链 2.0：以中间商为主导的网链型供应链

供应链 2.0 时代也是产品供应链时代，随着生产力的提高及经济体制的变革，市场活力得到进一步释放，企业的积极性显著提高，商品交易规模及频率持续增长。中间商在供应链运行中扮演着十分关键的角色，它通过对接生产商和零售商主导交易，建立一种多方共赢、互惠互利的合作关系。

供应链运作围绕产品展开，供应链结构由网链结构取代单一的直线式拓扑结构，资金流、信息流及物流呈多源线性流动。

供应链3.0：以零售为主导的放射型供应链

供应链3.0时代也是信息供应链时代，生产力大幅度提升，商品种类日益丰富多元，各行业开始出现不同程度的产能过剩，交易主导权回归客户。人们的消费观念及习惯也发生了重大变化，不再简单追求性价比和功能，而是强调商品质量和服务体验。为了更好地适应人们的消费需求，强调商品与服务质量的会员店、专卖店、购物中心等开始大量涌现。

信息在供应链运行中扮演着十分关键的角色，上游厂商为了避免库存积压，开始尝试根据零售商的反馈信息及自身搜集到的需求信息，从设计、工艺、包装、数量、功能等维度"以销定产"，同时为了满足个性化需求，由柔性生产取代大规模批量生产。在移动互联网去中心化作用下，渠道商等中间商大幅度减少，供应链结构转变为需求驱动的放射状网络结构。

供应链4.0：以消费者为主导的平台型供应链

供应链4.0时代也是价值供应链时代，供应链运行强调为客户创造价值，实现生产、零售、物流等各节点企业间的统一协同管理，共享资金、技术、媒介、渠道等各类优质资源，打造互惠互利、共创共赢的闭环生态。在消费升级的时代，产品更新迭代的速度越来越快，追求个性与品质的定制消费迎来快速发展阶段，催生出了一系列垂直领域的、满足长尾需求的利基市场。

供应链整合程度的显著提升，提高了各节点企业的协作水平及质量，使他们通过多种商业逻辑连接成为利益共同体乃至命运共同体。实时数据交换是供应链高度整合的关键所在，各类数据被实时存储到云端，通过大数据、云计算等技术处理后，可以为供应商、生产商、零售商、物流服务商等各节点企业的管理决策提供强有力的支持，促使资源在供应链中高效配置。

大数据在供应链运行中扮演着十分关键的角色，由"以需定产"取代"以销定产"，供应链结构转变为基于大数据的平台网络结构，阿里巴巴、亚马逊凭借自身在交易数据规模及云计算技术等方面的领先优势，积极打造平台式供应链，使其未来的商业空间得到了较大的拓展。

任务一 认知采购管理

一、采购

（一）采购的含义

采购是指个人或企业为了满足自身需要或确保生产及经营活动的正常进行，从供应市场获取产品或服务作为所需资源的系列行为及活动。采购不仅是一个商流过程，也是一个物流过程。它的基本作用是将资源从供应商手中转移到用户手中，这包括实现资源的物质实体从供应商到用户的转移，以及所有权、风险和费用的转移。只有当这两个方面都得到实现，采购过程才算完成。

扩展学习
采购与购买的区别

（二）采购主体

采购主体是采购活动中的主要参与者，根据采购的类型和情境，采购主体可以有所不同。采购主体主要包括各级国家机关、事业单位和团体组织。此外，从更广泛的角度来看，采购主体可以涵盖个人、家庭、企业等。例如，个人采购涉及日常生活中的商品购买，企业采购则包括原材料、设备、办公用品等各种生产或运营所需物资的采购。

（三）采购客体

采购客体是指采购活动中被采购的具体对象或标的物。根据不同的分类方式，采购客体可以涵盖多个方面。首先，从物品的性质来看，采购客体可以包括生产资料和生活资料。其次，在政府采购中，采购客体通常包括货物、工程和服务。此外，采购客体还可以根据采购的范围和来源进行分类，如国内采购客体和国外采购客体。

（四）采购方式

采购方式是指采购主体获取采购客体的途径、形式和方法的总称。随着采购范围的不断扩大和采购技术的迅速发展，出现了许多新的采购方式。目前常用的采购方式主要有以下几种：

1. 分散采购与集中采购

分散采购是指采购人将采购限额标准以上的未列入集中采购目录的项目自行采购或者委托采购代理机构代理采购的行为。其采购主体可以是采购人、集中采购机构或是集中采购机构以外的采购代理机构。这种采购方式增强了采购人的自主权，能更好地满足采购对及时性和多样性的需求。然而，分散采购也存在一些缺点，比如可能导致采购程序缺乏一致性，价格的统一性也无法保证。

相对地，集中采购是指采购人将列入集中采购目录的项目委托集中采购机构代理采购或者进行部门集中采购的行为。这种采购方式的优势在于能够统一采购需求，形成规模效益，降低采购成本，提高采购效率。然而，集中采购可能相对缺乏灵活性，

扩展学习
分散采购与集中采购的比较

对于快速变化的市场需求可能响应不够迅速。

2. 混合式采购

混合式采购，也被称为混合采购，它结合了集中采购和分散采购的特点。在这种采购模式下，部分需求通过一个部门统一集中采购，部分采购则由需求单位自行进行。

例如，某公司对具有批量的产品如计算机、纸张等实行集中采购，而其他物品则是由各个部门自行采购。混合采购的主要原理是：对于大型公司的实体商品，如食品生产商采购可可、食糖，或汽车制造商采购钢铁等原材料，通常采用集中采购方式以降低成本。然而，混合采购也存在一些挑战和缺点。例如，由于责任、角色划分不清和沟通困难，可能导致采购效率低下，采购成本上升。此外，采购供应链平台采用混合采购模式可能对合同和指标带来负面影响，导致总部和事业部的采购职能控制力度减弱。

3. 招标采购

招标采购是一种采购方式，其流程通常包括采购方（招标方）事先提出采购的条件和要求，邀请众多企业参加投标，然后按照规定的程序和标准从中择优选择交易对象，并与最符合条件的投标方签订协议。这种方式要求整个采购过程公开、公正和择优。

招标采购的具体形式可以分为竞争性采购和限制性招标采购。竞争性采购允许所有符合条件的供应商参加投标，而限制性招标采购则只允许特定供应商参与。此外，招标采购还可以进一步细分为公开招标和邀请招标。公开招标是通过报刊、广播、电视等公开发表招标广告，在尽可能大的范围内征集供应商。而邀请招标则是招标人以投标邀请的方式邀请特定的法人或其他组织投标。

招标采购的优势在于其规范性和透明度。通过招标采购，采购方可以在更大范围内选择最佳潜在供应商，以更合理的价格、更稳定的质量进行采购。同时，供应商也可以在公开、公平、公正的条件下参与竞争，不断自律自强、降低成本、提高经营管理的综合质量。此外，招标采购还可以为采购方省去一些中间环节，降低成本。

然而，招标采购也存在一些挑战和限制。例如，招标过程可能相对复杂和耗时，需要投入大量的精力和资源来准备招标文件、进行评标等工作。此外，招标采购也可能受到一些法规的约束，需要遵守相关的法律法规和程序。招标采购如图 1-1 所示。

4. 电子采购

电子采购是指由采购方发起的一种采购行为，是一种不见面的网上交易形式，如网上招标、网上竞标、网上谈判等。它通过互联网实现企业与企业之间（B2B）的采购和销售物品及服务，是许多 B2B 网站的一个重要组成部分。电子采购旨在将采购行为非物质化，优势在于提高采购效率、降低采购成本，并增强采购透明度。采购人员和管理人员能够更好地控制采购过程，利用数据分析和优化采购流程。此外，电子采购平台可以自动处理订单、发票等文件，简化采购流程，缩短交货时间。自动化的系统还促进了公司与供应商之间的沟通，为双方提供了更直接的联系和互动机会。

案例学习
招投标改善
供应链

案例学习
推进政府采
购电子化

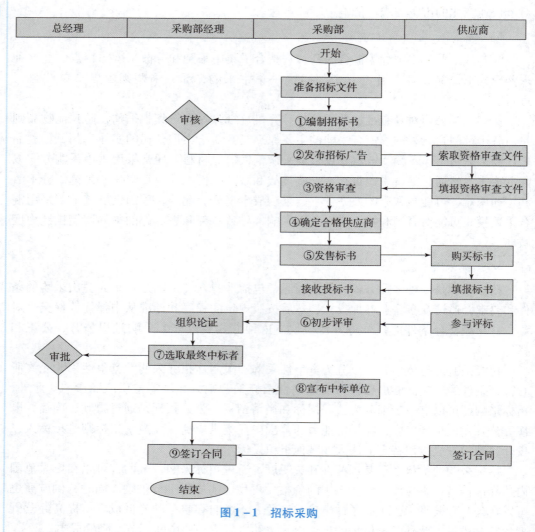

图 1-1 招标采购

电子采购的适用范围主要是企业采购,即企业对企业(B2B)领域,而不包括企业对客户(B2C)领域。它主要依赖电子平台,该平台允许具备资质并已注册的用户查询买卖双方的商品及服务信息,并进行价格谈判、招标以及完成交易。

5. 全球采购

全球采购是指企业跨越国界,在全球范围内寻找、评估和选择供应商,并与之进行采购活动的过程。这种采购模式使企业可以在全球范围内寻找最优质、最具成本效益的原材料、零部件或产品,以满足其生产和经营需求。

然而,全球采购也面临一些挑战,如文化差异、语言障碍、法律法规差异、运输和物流成本等。因此,企业在进行全球采购时,需要充分了解目标市场的环境和规则,制定合适的采购策略,并建立有效的供应链管理体系。

（五）采购的作用

采购已经成为企业生产经营中的一个核心环节，是企业获取利润的重要来源，在企业产品研发、质量保证、供应链管理以及生产经营管理中起着举足轻重的作用。

1. 采购的价值作用

采购的价值作用主要体现在以下几个方面：

（1）成本控制：采购是企业成本控制的关键环节。通过有效的采购管理，企业可以优化供应商选择，降低采购成本，从而在整个供应链中实现成本的有效控制。这有助于企业提高利润率，增强市场竞争力。

（2）质量保证：采购过程中的质量控制是确保企业产品或服务质量的关键。选择具有稳定和高质量的供应商，可以确保企业获得优质的原材料和零部件，从而提高最终产品或服务的质量，增强客户满意度。

（3）供应链稳定性：采购活动对于供应链的稳定性具有重要影响。通过多元化采购策略，企业可以降低对单一供应商或地区的依赖，减少供应链中断的风险。同时，与供应商建立长期稳定的合作关系，也有助于提高供应链的可靠性和韧性。

（4）创新推动：全球采购使企业能够接触到来自世界各地的先进技术和创新产品。通过与全球供应商的合作，企业可以引入新的技术、材料和设计理念，推动产品和服务的创新，满足不断变化的市场需求。

（5）风险管理：采购过程中涉及的风险管理对于企业的稳健运营至关重要。通过对供应商进行信用评估、合同条款谈判以及风险管理措施的实施，企业可以降低采购过程中的风险，确保业务的顺利进行。

2. 采购的供应作用

（1）确保物资的稳定供应。这涉及及时、准确地了解物资需求，发掘并筛选优质的供应商，与供应商建立长期合作关系，以稳定的方式保证物资供应。通过采购计划、询价、竞争性招标等方式，采购部门筛选出最优的物资供应商，确保原材料价格的合理性和可比性，并在备货过程中做好交期、质量等方面的把控，从而保障生产计划的顺利实施。

（2）供应商合作管理的作用。这种合作管理可以确保供应商提供优质的物资和服务，促进供应商的发展，同时也可以协调供应商、生产部门和销售部门之间的关系，保障企业的利益最大化。采购部门通过与供应商建立良好的合作关系，可以确保供应商能按时交货，从而保障企业的生产顺利进行。

（3）优化资源配置的作用。通过采购活动，企业可以合理调配资源，实现资源的有效利用，避免资源浪费。同时，采购部门在采购过程中会对供应商的材料质量、生产能力等进行评估，从而确保采购到的物资符合企业的需求，提高整体供应链的运营效率。

3. 采购的质量作用

（1）采购过程中的质量控制直接关联到企业产品的质量。采购部门通过筛选和评估供应商，选择那些能够提供高质量原材料和零部件的供应商，从而确保生产出的产

案例学习
牢筑健康
质量双防线

品达到甚至超过客户的质量期望。这种高质量的产品不仅能够满足市场需求,还能为企业赢得良好的声誉,增强市场竞争力。

(2)采购对保证企业生产有节奏、持续进行起着关键作用。稳定、高质量的原材料供应是生产活动顺利进行的基础。采购部门通过与供应商建立长期稳定的合作关系,确保在需要时能够获得所需数量和质量的产品,使生产计划得以有条不紊地执行。

(3)采购还关系到企业产品生产和使用环节的安全。选择符合安全标准的原材料和零部件,可以降低生产过程中的安全风险,保障员工的人身安全和企业的财产安全。同时,高质量的产品也能减少因质量问题导致的客户投诉和产品召回,降低企业的法律风险和经济损失。

(4)采购还有助于全面质量管理的成功实施。通过采购过程中的质量控制,企业可以建立起完善的质量管理体系,从源头上控制产品质量,提高整体质量管理水平。

二、采购管理

(一)采购管理的含义

微课
认知采购
管理

采购管理是指对企业采购活动执行过程进行的管理活动,目的是保障企业物资供应,满足项目的需求,同时从采购的角度为企业节约成本,降本增效。采购管理的范围广泛,不仅涵盖制订采购计划、对采购活动的管理、对采购人员的管理、采购资金的管理、运储的管理、采购评价和采购监控,还包括建立采购管理组织、采购管理机制、采购基础建设等。此外,采购管理也涉及与供应商的合作管理,通过与供应商建立良好的长期合作关系,向供应商下达订单,监督供应商的服务质量,以确保按时交付所需的原材料和服务。

(二)采购管理的目标

采购管理的目标具有多元化和综合性,其核心在于以最低的总成本为企业提供满足其需要的物料和服务。具体目标可以细分为以下几个方面:

1. 降低采购成本

这是采购管理的首要目标。通过谈判、招标等方式获取最优的价格和质量,降低采购成本。同时,优化采购流程、减少采购环节、降低库存等方式也有助于降低采购成本。

2. 提高采购效率

采购管理追求高效,通过优化采购流程、建立供应商数据库、采用电子采购等方式来提高采购效率。加强与供应商的沟通和协作,确保采购过程的顺畅和高效。

3. 保证采购质量

确保采购物料和服务的质量稳定可靠。通过建立供应商评估体系、严格的质量控制标准、质量检测等方式来保障采购质量。同时,与供应商建立长期稳定的合作关系,共同提高产品和服务的质量。

4. 降低采购风险

采购过程中涉及的风险需要得到有效管理，包括供应商风险、市场风险、质量风险等。通过合理的供应商选择、合同条款制定以及风险管理措施的实施，降低采购风险。

5. 提高供应链管理水平

采购管理是供应链管理的重要组成部分，其目标是提高整个供应链的运作效率和稳定性。通过加强与供应商、物流等各方面的协作，优化供应链的流程和信息传递，实现供应链的高效运作。

在实际工作中，企业往往难以全部实现总体目标，因此采购部门应当在这些总体目标中寻找一个合理的平衡点，实现企业利益最大化。

（三）采购管理的内容

采购管理的内容涵盖了企业采购活动的方方面面，以确保采购过程的顺利进行和采购目标的实现。以下是采购管理的主要内容：

1. 采购计划与需求分析

根据企业的生产、经营计划，制订采购计划，明确采购的数量、时间、品种、质量、价格等指标。同时，深入了解企业所需采购的物品品类、数量以及采购的具体时间要求，确保采购计划与企业需求相匹配。

微课
确认采购需求

2. 供应商选择与管理

通过对供应商进行综合评价，选出具有稳定性、可靠性、质量好、价格合理的供应商。建立与供应商的长期合作关系，实现采购目标。这包括对供应商的资质、信誉、产品质量、价格、交货能力等方面进行综合评估，以确保供应商能够满足企业的采购需求。

3. 采购流程管理

包括采购需求的审批、采购订单的生成、供应商交货、验收和付款等环节。需要建立合理的采购流程，确保采购活动的规范化和流程化。此外，对采购过程进行监控和管理，确保采购活动的顺利进行。

4. 采购合同管理

建立合理的采购合同制度，明确采购双方的权利和义务，制定合理的采购合同条款和条件。这有助于保障采购目标的实现，避免合同纠纷。

5. 采购成本控制

通过谈判、比价等方式降低采购成本，同时关注库存成本和运输成本的控制。有效的成本控制有助于提高企业的经济效益和竞争力。

6. 市场分析与预测

对市场的供需情况、价格趋势、技术发展等进行分析和预测，为采购决策提供依据。这有助于企业把握市场动态，制定合理的采购策略。

学习笔记

7. 采购风险管理

识别和评估采购过程中可能出现的风险，如供应商风险、质量风险、交货风险等，并采取相应的措施进行防范和控制。

采购管理总流程如图1-2所示。

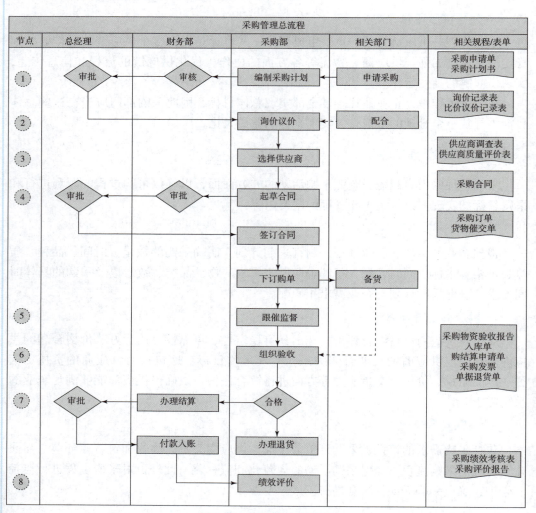

图1-2 采购管理总流程

任务二 认知供应链管理

一、供应链

（一）供应链的含义

中华人民共和国国家标准《物流术语》（GB/T 18354—2021）对供应链和物流分

案例学习
推动供应链
的创新与
变革

微课
供应链术语

别定义为：

供应链（Supply Chain）：生产及流通过程中，围绕核心企业的核心产品或服务，由所涉及的原材料供应商、制造商、分销商、零售商直到最终用户等形成的网链结构。

物流（Logistics）：根据实际需要，将运输、储存、装卸、搬运、包装、流通加工、配送、信息处理等基本功能实施有机结合，使物品从供应地向接收地进行实体流动的过程。

供应链的网链结构模型如图1-3所示。

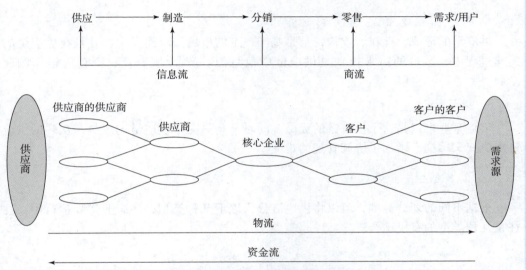

图1-3 供应链的网链结构模型

商流、物流、资金流和信息流是流动过程中的四大组成部分（简称"四流"），由这"四流"构成了一个完整的流动过程。"四流"互为存在，密不可分，相互作用，既是独立存在的单一系列，又是一个组合体。通常情况下，物流从供应商到用户的方向流动，资金流的流动方向与之相反，而信息流、商流则是双向的，因为用户的需求信息是向上游反馈的，而供应商的供应信息则是向下游传递。商流是物流、资金流和信息流的起点，也可以说是后"三流"的前提，没有商流一般不可能发生物流、资金流和信息流。反过来，没有物流、资金流和信息流的匹配和支撑，商流也不可能达到目的。"四流"之间往往互为因果关系。

（二）供应链的特征

从供应链的结构模型可以看出，供应链是一个网链结构，通常由核心企业及其供应商、供应商的供应商和客户、客户的客户组成。一个企业是一个节点，节点企业和节点企业之间是一种需求与供应关系。供应链主要具有以下特征：

1. 网链结构

因为供应链节点企业组成的跨度（层次）不同，供应链往往由多个、多类型甚至

扩展学习
商流、资金流和信息流的含义

多国企业构成，所以供应链结构模式比一般单个企业的结构模式更为复杂。

2. 协同共赢

供应链各节点企业以信息共享为基础，以优化供应链绩效为目标，进行协同决策，始终从全局观点出发，采取一种"共赢"的原则，相互信任、团结和同步，提高整个供应链的柔性和实现整个供应链价值的最优化。

3. 动态适应

供应链管理因企业战略和适应市场需求变化的需要，其中节点企业需要动态地更新，这就使供应链具有明显的动态性。

4. 需求驱动

供应链的形成、存在、重构，都是基于一定的市场需求而发生，并且在供应链的运作过程中，客户的需求拉动是供应链中信息流、产品/服务流、资金流运作的驱动源。

5. 交叉重合

节点企业可以是这个供应链的成员，同时又是另一个供应链的成员，众多的供应链形成交叉结构，增加了协调管理的难度。

（三）供应链的主要类型

根据不同的划分标准，可以将供应链分为以下几种类型，在企业实际运行中，往往是几种类型的有机结合。

1. 稳定供应链和动态供应链

根据供应链存在的稳定性，可以将供应链分为稳定的和动态的供应链。基于稳定、单一的市场需求而组成的供应链稳定性较强，而基于相对频繁变化、复杂的需求而组成的供应链动态性较高。在实际管理运作中，需要根据不断变化的需求，相应地改变供应链的组成。

2. 平衡供应链和非平衡供应链

根据供应链容量与客户需求的关系可以划分为平衡供应链和非平衡供应链。一个供应链具有一定的，相对稳定的设备容量和生产能力（所有节点企业能力的综合，包括供应商、制造商、运输商、分销商、零售商等），但客户需求处于不断变化的过程中，当供应链的能力满足客户需求时，供应链处于平衡状态，而当市场变化加剧，造成供应链成本增加、库存增加、浪费增加等现象时，企业不是在最优状态下工作，供应链则处于不平衡状态。平衡供应链和非平衡供应链如图1-4所示。

平衡的供应链可以实现各主要职能（采购/低采购成本、生产/规模效益、分销/低运输成本、市场/产品多样化和财务/资金运转快）之间的均衡。

3. 经济性供应链和反应性供应链

根据供应链的功能模式（物理功能和市场中介功能）可以把供应链划分为两种：经济性供应链和反应性供应链。经济性供应链主要体现供应链的物理功能，即以最低的成本将原材料转化成零部件、半成品、产品，以及在供应链中的运输等。反应性供

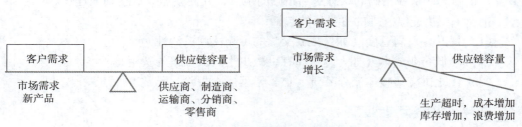

图 1-4 平衡供应链和非平衡供应链

应链主要体现供应链的市场中介的功能,即把产品分配到满足客户需求的市场,对未预知的需求作出快速反应等。经济性供应链与反应性供应链的比较如表 1-1 所示。

表 1-1 经济性供应链与反应性供应链的比较

对比项	经济性供应链	反应性供应链
基本目标	以最低的成本供应客户预约的需求	尽可能快地对不可预测的需求作出反应,使缺货、降价、库存最小化
制造的核心库存策略	产生高收入而使整个链的库存最小化	配置多余的缓冲库存,布置好零件和成品的缓冲库存
提前期	尽可能短的提前期(在不增加成本的前提下)	大量投资以缩短提前期
供应商的标准产品设计的策略	以成本和质量为核心绩效最大化而成本最小化	以速度、柔性、质量为核心用模块化设计,以尽可能延迟产品差别化

4. 推动式供应链和拉动式供应链

根据供应链对客户需求的执行顺序,可以将供应链分为推动式供应链和拉动式供应链。

推动式供应链是以制造商为核心,产品生产建立在需求预测的基础上,通常是在客户订货前进行生产,产品生产出来后再考虑销售给不同的客户,客户处于被动接收的末端。在拉动式供应链中,产品生产由需求驱动,不需要以预测需求相协调的,可以根据客户订单实现定制化服务,按订单组装和配置。

二、供应链管理

(一) 供应链管理的含义

中华人民共和国国家标准《物流术语》(GB/T 18354—2021)对供应链管理定义为:供应链管理(Supply Chain Management,SCM):从供应链整体目标出发,对供应链中采购、生产、销售各环节的商流、物流、信息流及资金流进行统一计划、组织、协调、控制的活动和过程。

(二) 供应链管理的目标

供应链管理的目标是要将客户所需的正确的产品能够在正确的时间、按照正确的数量、正确的质量和正确的状态送到正确的地点，并使整体效益达到最佳化。

企业采用供应链管理的主要目的包括：

（1）提升客户满意度（如：提高交货的可靠性和灵活性）。

（2）降低企业成本（如：降低库存，减少生产及分销的费用）。

（3）优化供应链整体流程品质（如：错误成本去除，异常事件消弭）。

（三）供应链管理的原理

1. 资源横向集成原理

资源横向集成原理揭示的是新经济形势下的一种新思维。在经济全球化迅速发展的今天，企业仅靠原有的管理模式和自己有限的资源，已经不能满足快速变化的市场对企业所提出的要求。企业必须放弃传统的纵向管理模式，横向集成外部相关企业的资源，形成"强强联合，优势互补"的战略联盟，结成利益共同体去参与市场竞争，以提高服务质量的同时降低成本，快速响应客户需求的同时给予客户更多选择。

2. 系统原理

供应链是一个系统，是由相互作用、相互依赖的若干组成部分结合而成的具有特定功能的有机整体。供应链管理是围绕核心企业，通过对商流、物流、资金流、信息流的控制，把供应商、制造商、分销商、零售商、直到最终用户连成一个整体的管理系统。供应链管理也需要采用系统原理，从系统角度实现供应链全局优化的过程。

3. 多赢互惠原理

供应链是相关企业为了适应新的竞争环境而组成的一个利益共同体，其密切合作是建立在共同利益的基础之上，各成员企业之间通过一种协商机制，来谋求一种多赢互惠的目标。供应链管理将企业之间的竞争转变为供应链之间的竞争，强调核心企业通过与供应链中的上下游企业之间建立战略伙伴关系，以强强联合的方式，使每个企业都发挥出各自的优势，在价值增值链上达到多赢互惠的效果。

4. 合作共享原理

合作共享原理具有两层含义：一是合作；二是共享。

企业要想在竞争中获胜，就必须将有限的资源集中在核心业务上，而将本企业中的非核心业务交由全球范围内在该业务方面有竞争优势的相关企业合作完成，充分发挥各自独特的竞争优势，从而提高供应链系统整体的竞争能力。

实施供应链合作关系意味着管理思想与方法的共享、资源的共享、市场机会的共享、信息的共享、先进技术的共享以及风险的共担。其中，信息共享是实现供应链管理的基础，准确可靠的信息可以帮助企业作出正确的决策。

5. 需求驱动原理

供应链的形成、存在、重构，都是基于一定的市场需求，在供应链的运作过程中，客户的需求是供应链中商流、物流、资金流、信息流运作的驱动源。

6. 快速响应原理

供应链企业必须能对不断变化的市场作出快速反应，必须要有很强的产品开发能力和快速组织产品生产的能力，源源不断地开发出满足客户多样化需求的、定制的"个性化产品"去占领市场，以赢得竞争。

7. 同步运作原理

供应链是由不同企业组成的功能网络，其成员企业之间的合作关系存在着多种类型，供应链系统运行业绩的好坏取决于供应链合作伙伴关系是否和谐，只有和谐而协调的系统才能发挥最佳的效能。供应链管理的关键就在于供应链上各节点企业之间的密切合作以及相互之间在各方面良好的协调。

8. 动态重构原理

供应链是动态的、可重构的。供应链是在一定的时期内，针对某一市场机会，为了适应某一市场需求而形成的，具有一定的生命周期。当市场环境和客户需求发生较大的变化时，围绕着核心企业的供应链必须能够快速响应，能够进行动态快速重构。

（四）供应链管理的内容

供应链管理包括五大基本内容：

1. 计划

这是 SCM 的策略性部分。需要有一个策略来管理所有的资源，以满足客户对产品的需求。好的计划是建立一系列的方法监控供应链，使它能够有效、低成本地为客户递送高质量和高价值的产品或服务。

2. 采购

选择能为产品和服务提供货品和服务的供应商，和供应商建立一套定价、配送和付款流程并创造方法监控和改善管理，并把对供应商提供的货品和服务的管理流程结合起来，包括提货、核实货单、转送货物到生产部门并批准对供应商的付款等。

3. 生产

安排制造、测试、包装和准备送货所需的活动，是供应链中测定内容最多的部分，包括质量水平、产品产量和工人的生产效率等的测定。

4. 配送

也称为物流，是维护客户订单、建立仓库网络、提货并送货到客户手中、建立货品计价系统、接收付款。

5. 退货

这是供应链中的问题处理部分。建立网络接收客户退回的次品和多余产品，并在客户应用产品出问题时提供支持。

供应链运作参考模型使 SCM 标准化，这对于跨企业的 SCM 来说，具有重要意义。供应链的运作参考（SCOR）模型如图 1-5 所示。

（五）供应链管理的运营机制

供应链成长过程体现在企业在市场竞争中的成熟与发展之中，通过供应链管理的合作机制、决策机制、激励机制和自律机制等来实现满足客户需求等功能目标，从而

微课
麦德龙：限定目标群的供应链管理

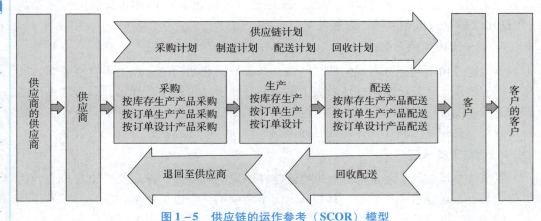

图 1-5 供应链的运作参考（SCOR）模型

实现供应链管理的最终目标：社会目标（满足社会需求）、经济目标（创造最佳利益）和环境目标（保持生态与环境平衡）的合一。

1. 合作机制

供应链合作机制体现了战略伙伴关系和企业内外资源的集成与优化作用。基于这种企业环境的产品制造过程，从产品的研究开发到投放市场，周期大大地缩短，而且客户导向化程度更高，模块化、简单化产品、标准化组件，使企业在多变的市场中柔性和敏捷性显著增强。

2. 决策机制

由于供应链企业决策信息来源不再仅限于一个企业内部，而是处于开放的信息网络环境下，不断进行信息交换和共享，达到供应链企业同步化、集成化计划与控制的目的，处于供应链中的任何企业决策模式应该是基于互联网的开放性信息环境下的群体决策模式。

3. 激励机制

供应链管理和任何其他的管理思想一样，都是要使企业在竞争中在"TQCSF"上有上佳表现（T 为时间，指反应快，如提前期缩短，交货迅速等；Q 指质量，产品、工作及服务质量高；C 为成本，企业要以更少的成本获取更大的收益；S 为服务，企业要不断提高客户服务水平，提高客户满意度；F 为柔性，企业要有较好的应变能力）。缺乏均衡一致的供应链管理业绩评估指标和评估方法，是目前供应链管理研究的弱点和导致供应链管理实践效率不高的一个主要原因。为了掌握供应链管理的技术，必须建立、健全业绩评价和激励机制。

4. 自律机制

自律机制要求在供应链企业向行业的领头企业或最具竞争力的竞争对手看齐，不断对产品、服务和供应链业绩进行评价，并不断改进，以使企业能保持自己的竞争力和持续发展。自律机制主要包括企业内部的自律、对比竞争对手的自律、对比同行企业的自律和比较领头企业的自律。

任务三　认知供应链采购管理

一、供应链采购

（一）采购与供应链的关系

案例学习
联想供应链管理与采购战略

采购与供应链之间存在紧密的关系，主要体现在以下几个方面：

1. 采购是供应链管理中的关键环节

采购部门负责选择和购买企业所需的原材料、零部件、设备和能源等资源，这些资源是供应链从供应商到最终消费者之间所有流程和活动的基础。采购决策会直接影响到供应链的效率和成本，因此采购部门在供应链管理中扮演着至关重要的角色。

2. 采购与供应链管理有共同的目标，即提高效率和降低成本

采购部门通过选择合适的供应商、制定合理的采购计划以及实施有效的供应商管理，来确保供应链的稳定性和可靠性。同时，供应链管理通过优化采购、生产、物流等环节的流程，来提高整个供应链的效率和响应速度。

3. 采购与供应链管理需要相互协调和支持

采购部门需要了解销售部门的销售预测和需求计划，以便及时采购所需的物料和产品。同时，采购部门还需要与物流部门合作，协调货物的运输和仓储，以确保供应链的顺畅运作。这种协调与合作有助于企业在竞争激烈的市场环境中保持优势。

4. 采购与供应链管理之间还需要建立紧密的合作关系

供应商的选择、价格谈判、交期管理等都是采购部门需要关注的重点，而这些都直接影响到供应链的可靠性和效率。因此，采购部门需要与供应链中的其他部门共同应对供应链风险，确保供应链的持续性和稳定性。

综上所述，采购与供应链之间存在着密切的关系，二者相互依存、相互关联。在实践中，企业需要加强采购与供应链管理的协调与合作，以确保供应链的高效、稳定和可靠，从而为企业的发展提供有力的支持。

（二）供应链采购

微课
认知供应链采购

供应链采购是一种基于需求的采购模式，它强调企业与供应商之间的合作和友好关系。在供应链采购中，企业及时将产品需求信息及库存信息传递给供应商，供应商则根据这些信息安排调整自己产品的生产，并按最优方式向企业供货，从而使供应链成本最小化。

这种采购模式与传统采购有着显著的区别。传统的采购模式往往是一种利益互斥、对抗性竞争的环境，而供应链采购则注重建立友好合作的环境。在供应链采购中，企业与供应商之间形成了一种战略伙伴关系，使采购活动更加和谐、高效。

为了实现供应链采购的目标，企业需要借助各种管理工具，如 ERP、供应商管理软件等。这些工具可以帮助企业建立好的供应关系网络，优化采购链条，减少中间环节的交流和耗时。同时，它们还能帮助企业进行采购需求管理、采购执行管理和物流管理，确保采购活动的顺利进行。

二、供应链采购管理

供应链采购管理是一种综合性的管理方法，旨在优化整个供应链中的采购活动，确保物料和服务的及时、高效供应，以满足企业的生产和经营需求。

在供应链采购管理中，企业首先会对供应商进行严格的筛选和评估，选择那些能够提供高质量、稳定供应的合作伙伴。通过与供应商建立长期稳定的合作关系，企业可以确保所需物料和服务的及时供应，同时降低采购成本。

此外，供应链采购管理还强调对采购过程的监控和控制。企业会制定明确的采购计划和流程，确保采购活动的规范化和标准化。同时，通过采用先进的采购技术和工具，如电子采购系统、数据分析等，企业可以实时掌握采购进度和成本情况，及时发现和解决问题。

在供应链采购管理中，企业与供应商之间的信息共享也是非常重要的。通过建立信息共享平台，企业可以实时了解供应商的库存、生产能力和价格等信息，以便更好地安排采购计划和调整采购策略。同时，供应商也可以了解企业的需求变化和市场趋势，以便更好地满足企业的需求。

总的来说，供应链采购管理是以供应链整体优化为目标，通过有效的供应商管理、采购策略制定、采购流程管理、供应商协同和供应链风险管理等手段，实现采购过程的优化和成本控制，为企业的可持续发展提供有力支持。

能力训练

一、专业基础知识训练

扫码同步测试1，完成专业基础知识训练。

二、岗位能力训练

企业/行业采购与供应链调研

（一）训练目的

通过本次实训项目，使学生了解企业/行业采购情况和供应链运行情况，运用所学的相关知识分析实际问题，培养学生思辨能力和供应链管理意识。

（二）训练组织

（1）分组：按照"组内异质、组间同质"的原则，将学生分为若干个小组，每组3~5人。

（2）调研渠道：通过网络和实际企业调研相结合。

（3）调研企业：选择制造业企业和流通业企业，最好是校企合作企业。

(4) 调研方式：实际企业调研采用访谈调研，行业情况可以采用网络资料收集。
(5) 学生制订调研计划并拟定访谈提纲，教师进行必要指导。

（三）训练内容

(1) 调研某个企业主营业务情况和经营情况，了解企业日常采购业务情况、供应商情况和客户情况；了解企业整个业务运营情况。
(2) 通过对单个企业情况的了解，描述企业采购方式和采购流程。
(3) 进一步描述企业所在行业供应链运行情况。

（四）训练要求

每组提交一份调研报告，该报告至少包括以下内容：
(1) 企业的基本概况（企业简介、主营业务情况、供应商情况、客户情况）。
(2) 企业采购方式、采购业务基本流程。
(3) 企业所在行业的供应链的运作情况。

任务工作单、任务检查单、任务评价单如表1-2~表1-4所示。

表1-2 任务工作单

学习单元	采购与供应链
任务名称	企业/行业采购与供应链调研
任务描述	(1) 调研某个企业主营业务情况和经营情况，了解企业日常采购业务情况、供应商情况和客户情况；了解企业整个业务运营情况。 (2) 通过对单个企业情况的了解，描述企业采购方式和采购流程。 (3) 进一步描述企业所在行业供应链运行情况
任务要求	提交一份调研报告，该报告至少包括以下内容： (1) 企业的基本概况（企业简介、主营业务情况、供应商情况、客户情况）。 (2) 企业采购方式、采购业务基本流程。 (3) 企业所在行业的供应链的运作情况

一、任务资讯

本任务是根据所给的任务素材资料、要求，设计一份采购质量解决报告。为完成该任务，应该具备采购的质量控制知识，请回答以下问题。
(1) 什么是采购与采购管理？
(2) 一般的企业采购业务流程是怎样的？
(3) 采购管理和供应链管理包括哪些内容？

二、任务实施

(1) 回答问题，做好知识准备。
(2) 了解企业的基本情况。
(3) 了解企业采购流程和供应链运作情况。
(4) 站在供应链的高度认识采购问题。
(5) 提出供应链与采购的协同管理策略。

表1-3 任务检查单

学习单元	采购与供应链
任务名称	企业/行业采购与供应链调研

续表

检查项目	检查标准	学生自查	教师检查
准备工作	能够通过各种渠道查阅相关资料,为完成任务做好准备		
掌握知识	能够准确地掌握本单元所涉及的理论知识		
运用能力	在完成任务的过程中能够正确、合理地运用所学的知识		
学习能力	能够在教师的指导下进行自主地学习,全面地掌握相关知识		
工作态度	认真执行计划,工作态度认真,一丝不苟,保证每个环节工作质量		
团队合作	积极与他人合作,团队意识强,能够共同完成工作任务		
运用工具	能够利用网络资源、工具书等进行二手资料的查询		
完成情况	能够按照工作要求,按时保质保量地完成工作任务		
结果质量	能够利用基础数据,正确地编制中长期采购计划		
检查评价	班级		姓名		第 组
	教师签字			时间	

表1-4 任务评价单

学习单元	采购与供应链			
任务名称	企业/行业采购与供应链调研			
评价类别	评价项目	学生自评	小组互评	教师评价
理论知识 (20%)	引导问题回答			
专业能力 (40%)	理论知识运用(10%)			
	任务完成情况(10%)			
	任务检查全面性和准确性(5%)			
	任务结果质量(15%)			

续表

评价类别	评价项目	学生自评	小组互评	教师评价
方法能力（20%）	查找资料，自主学习（10%）			
	解决问题方法（10%）			
社会能力（20%）	团队合作（10%）			
	敬业精神（10%）			
评价评语	班级		姓名		成绩	
	教师签字			时间	

教学反馈

教学反馈表如表1-5所示。

表1-5 教学反馈表

本项目我学到的知识	
本项目我掌握的技能	
本项目我没有听懂的内容	
本项目我最喜欢的内容	
对本项目教学，我的建议	

项目二　设计供应链组织结构

知识目标

（1）理解企业组织的概念和不同类型。
（2）掌握企业组织结构设计的内容及其影响因素。
（3）掌握采购组织的类型和职能。
（4）理解采购组织结构设计的内容。

技能目标

（1）能够判断不同企业组织的类型。
（2）能够辨析不同类型的组织结构。
（3）能够辨析供应链管理组织结构的发展阶段。
（4）能够识别采购组织的类型。
（5）能够绘制采购组织结构图并描述岗位职责。

素养目标

（1）培养诚实守信、廉洁自律的职业道德，符合采购人员的职业道德要求。
（2）具备与人沟通、团队合作和解决问题的能力。

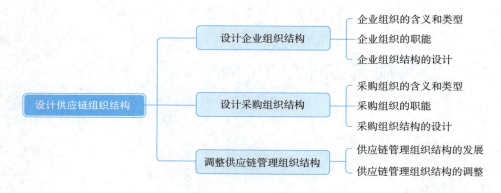

 引导案例

海尔打造孵化小微创客的平台型组织

一、平台型组织的转型背景

企业的发展取决于两个变量：战略和组织。战略决定组织，组织从属于战略。海尔基于当前网络化战略下的一体化、开放社会化、快速资源整合的核心竞争力，要求构建平台型组织，以满足员工创客化、用户个性化的需求。

海尔组织从传统层级式到面向用户的倒三角式再到资源充分流动的平台式，其转型颠覆了传统的集团公司业态，形成一个创业孵化平台。

二、平台型组织转型的内涵

平台的主要职能是聚散资源、交换价值，形成持续颠覆性创新的生态圈。它遵循四个原则：零基原则、增值原则、资源聚合原则、优于社会原则。其基本单元是"小微"，由创客在海尔孵化平台上自主注册而成。小微是全流程的，能够直接创造用户资源、用户价值，能够自驱动、自优化、自演进，可以利用社会化的资源、社会化的资金来进行创业。小微成员按单聚散，而不再是固定的组织、固定的人，从而在一定程度上保证组织的柔性化和灵活度。小微与平台之间是同一目标下价值交换的市场关系，以及同一目标下的共赢共享关系。

三、平台型组织转型的创新点

海尔平台型组织转型的创新点体现在三个方面：价值链、协同关系、资源配置，海尔平台型组织转型的创新点如表2-1所示。

表2-1 海尔平台型组织转型的创新点

	传统组织	平台组织	创新表现
价值链	直线串联	同步并联 闭环迭代优化	产品与服务结合，满足有效需求； 公司价值链向社会价值链转变

续表

	传统组织	平台组织	创新表现
协同关系	部门职能化	共享化 交易化 价值链增值	全流程对最终结果负责的契约关系； 员工创客，利润共享
资源配置	归口管理	平台零距离 权重关联模式	市场交易化、价值化； 无障碍快速反应资源支持； 依据战略选择性投资

第一是价值链创新。传统组织常见的价值链是直线串联的，如研发结束后制造，制造结束后营销，一环一环下来，总流程很长，无法快速满足用户需求，所以海尔将价值链转变成同步并联，各个节点共同响应用户需求、共享用户信息，从产品最初的设计到最后销售结束，全流程信息共享，实现了价值链从串联到并联的转变。

第二是协同关系创新。传统组织的部门之间是职能化协作关系，平台型组织的组织单元（小微）之间是共赢共享的市场交易关系。小微直接创造用户需求，平台为小微提供优于社会的资源支持，小微还可以在生态平台上快速吸引更优质的资源，这就会激励平台持续追求卓越，提升竞争力。小微间的市场交易关系促使小微和平台同步发展，共同进步。

第三是资源配置创新。传统组织的资源配置是职能化归口管理，平台组织的资源配置是市场交易化的经济核算模式。小微一旦了解到用户需求，有了满足用户需求的投入产出方案，便可以将资源投入使用，不再需要各节点的审批，能以最快速度响应市场用户需求。而平台要做的就是不断优化生态圈资源，整合外部一流社会资源以满足小微的需求。

总之，平台型组织的显著特点是中间层消失，流程由串联节点到并联平台，资源可以无障碍进入，追求利益双方的共赢共享，实现利益最大化。

任务一　设计企业组织结构

一、企业组织的含义和类型

（一）企业组织的含义

企业组织是指依法设立的，拥有生产要素的所有权或经营权，以盈利为目的，为社会提供产品或服务，自主经营、自负盈亏的生产或经营性组织。它主要由为了实现共同目标的众人组成，具有规范的秩序、职权层次、沟通系统和成员协调系统。

（二）企业组织的类型

企业组织的类型多种多样，根据不同的分类标准，可以划分为不同的类型。从法律的角度来看，企业组织可以分为：

1. 独资企业

由个人出资经营，归个人所有和控制，由个人承担经营风险和享有全部经营收益的企业。

2. 合伙企业

由两个或两个以上的自然人通过订立合伙协议，共同出资经营、共负盈亏、共担风险的企业组织形式。

3. 公司制企业

以营利为目的，由股东出资形成的企业法人。股东以其认缴的出资额或认购的股份为限对公司承担责任，公司以其全部资产对公司的债务承担责任。

另外，按所有制结构不同，企业还可分为国有企业、集体企业、私营企业、外资企业和混合所有制企业；按企业规模不同，企业还可分为大型企业、中型企业、小型企业和微型企业。

每种企业组织形式都有其独特的优点和适用场景，选择哪种形式取决于企业的具体需求、经营目标以及市场环境等因素。因此，企业在选择组织形式时，需要综合考虑各种因素，以选择最适合自己的组织形式。

二、企业组织的职能

（一）企业组织的活动职能

1. 基于法约尔管理理论的企业活动职能

古典管理理论的主要代表人、管理过程学派的创始人亨利·法约尔在一般管理理论中提出经营和管理是两个不同的概念，经营是指引导或指导一个组织趋向一个目标，而管理是指管理者通过各种职能和手段来实现目标的过程。他提出企业的全部经营活动包括 6 项职能，即技术职能（生产、制造、加工）、商业职能（采购、销售、交易）、财务职能（筹集和利用资本）、安全职能（员工及财产保护）、会计职能（财产清点、成本核算、统计等）和管理职能（计划、组织、协调和控制）。

2. 基于波特价值链的企业活动职能

世界管理思想家、竞争战略之父、哈佛商学院教授迈克尔·波特的价值链理论是一种关于企业竞争优势的理论，它强调通过组织、管理和控制企业内部各种部门之间的活动，实现企业内部价值创造，并最终实现企业价值的最大化。

波特认为，企业的生产经营活动可以分成基本活动和辅助活动两类。基本活动涉及企业生产、营销、来料储运、成品储运、售后服务等，直接创造价值；而辅助活动则包括人事、财务、计划、研究与开发、组织制度等，这些活动虽不直接创造价值，但却为基本活动的顺利进行提供了条件。这些互不相同但又相互关联的生产经营活动，构成了一个创造价值的动态过程，即价值链。波特价值链如图 2-1 所示。

扩展学习
价值链与
供应链的
区别与联系

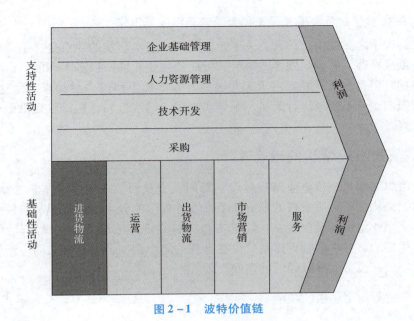

图 2-1　波特价值链

（二）企业组织的管理职能

1. 法约尔的五大管理职能

法约尔认为管理是一种具有普遍意义的独立活动，有一套自己的知识体系，可以应用于一切机构。越是高层的管理者或越是大型的企业，对管理能力的需求和运用比重越大。法约尔提出了管理五要素（也称职能），即计划、组织、指挥、协调和控制，形成了一个完整的管理过程，如图 2-2 所示。

扩展学习
法约尔的
五大管理
职能详解

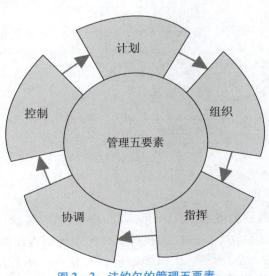

图 2-2　法约尔的管理五要素

扩展学习
德鲁克关于管理者的五项主要工作

2. 德鲁克的企业两大基本职能和管理者五项主要工作

现代管理学之父彼得·德鲁克关于企业的两大基本职能的观点是：企业的宗旨和使命就是创造顾客，并满足顾客的需要。由此产生企业的两项基本职能：市场营销和创新。市场营销关注了解顾客需求，并通过有效的销售和推广活动来满足这些需求；而创新则强调企业不断地进行产品、服务或流程上的改进和创造，以提供更有价值的东西给顾客。

三、企业组织结构的设计

企业组织结构是进行企业流程运转、部门设置及职能规划等最基本的结构依据。企业的组织架构是一种决策权的划分体系以及各部门的分工协作体系。它根据企业的总目标，把企业管理要素配置在一定的方位上，确定其活动条件，规定其活动范围，形成相对稳定的、科学的管理体系。没有合理的组织架构，企业将如同一盘散沙，无法有效运作，甚至可能导致经营的彻底失败。

（一）企业组织结构的类型

1. 直线制组织结构

直线制组织结构是最早使用且最为简单的一种组织结构类型。特点是低部门化、宽管理跨度、集权式。它是各级部门从上到下垂直领导，下级部门只接受一个上级的指令，各级负责人对所属部门的一切问题负责，不另设职能机构（如生产、销售、会计等活动职能），但可安排职能人员协助负责人工作，这意味着一切经营管理职能都归部门负责人。直线制组织结构如图2-3所示。

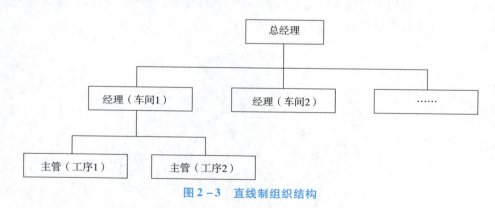

图2-3 直线制组织结构

2. 职能制组织结构

职能制组织结构是一种根据组织中的不同职能来划分部门的组织结构形式。各级部门除了负责人外，还设立专门的职能机构，称为职能制组织结构，如生产、销售、采购、会计、研发、人力资源等，上级职能部门有权向下级行政或职能部门发号施令。下级部门要接受上级行政或职能部门的多头指挥。职能制组织结构如图2-4所示。

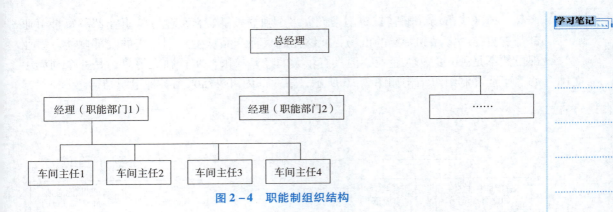

图 2-4 职能制组织结构

3. 直线职能制组织结构

直线职能制组织结构是在直线制和职能制的基础上，通过取长补短，结合这两种形式的优点而建立起来的。这种组织结构形式在现代工业中非常常见，特别是在大中型组织中。直线职能制组织结构的核心特点是将企业管理机构和人员分为两类：直线领导机构和人员，以及职能机构和人员。直线领导机构和人员按命令统一原则对各级组织行使指挥权，负责决策和指挥，并在自己的职责范围内有一定的决定权。而职能机构和人员则按专业化原则，从事组织的各项职能管理工作，为直线指挥人员提供业务指导和支持。直线职能制组织结构如图 2-5 所示。

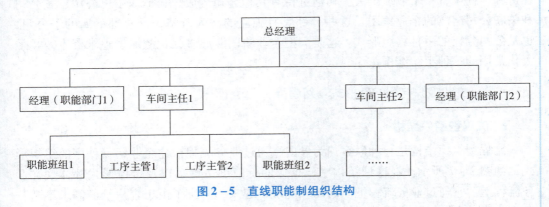

图 2-5 直线职能制组织结构

4. 矩阵制组织结构

矩阵制组织结构是一种将按职能划分的部门和按产品（或项目、服务等）划分的部门结合起来，组成一个矩阵形的组织结构。在这种结构中，同一名员工既同原职能部门保持组织与业务上的联系，又参加产品或项目小组的工作。这种结构形式通常适用于公司与机构的人员组织形式，特别是当需要为某项特别任务成立专案小组时。对于矩阵制组织结构，企业既可以灵活采用，也可以形成长效机制。

5. 事业部制组织结构

事业部制组织结构是一种常见的组织结构形式，它是一种高度分权化的结构，旨在满足企业规模扩大和多样化经营对组织机构的要求。在事业部制结构中，企业按照产品、地区或市场（顾客）等因素设立多个独立核算、自负盈亏的事业部。每个事业部都有自己的产品和特定的市场，能够完成某种产品从生产到销售的全部职能。事业部虽然不是独立的法人企业，但具有较大的经营权限，实行独立核算，是一个利润中心。事业部制组织结构如图2-6所示，事业部内可灵活采用各种组织结构。

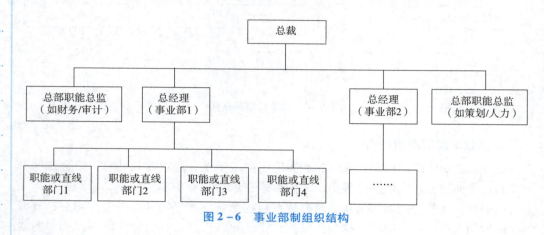

图2-6 事业部制组织结构

6. 控股型组织结构

控股型组织结构是一种在非相关领域开展多种经营的企业常用的组织结构形式。在这种结构中，一个或多个大公司通过持有其他公司的股权，形成由母公司、子公司和关联公司组成的企业集团。这些分部具有独立的法人资格，是总部下属的子公司，也是公司分权的一种组织形式。这是大型企业集团实施多元化战略、追求资本效益最大化常用的一种组织结构。

（二）企业组织结构的新形式与新趋势

1. 流程型组织结构

流程型组织结构是一种以客户为导向，通过业务流程搭建企业运行秩序的组织形式，如图2-7所示。在这种结构中，企业的价值创造活动以及价值形式都体现在业务流程上。它通过业务流程把不同的职能统一起来，解决了由于客户价值需求不断分散而出现的职能部门之间的协作不畅等问题。相对于直线型、职能型等传统组织结构形式而言，流程型组织结构更加适应多变的市场环境，需要不断创新，是一种开放型的、适应互联网时代的组织结构。

2. 网络型组织结构

网络型组织结构是随着现代信息技术的发展而兴起的一种新型组织结构形式。它利用信息、通信和网络等先进技术，将企业的上下游供应商、生产商以及最终消费者等相互组成临时联盟，以适应快速变化的市场环境。网络型组织结构的核心是一个小规模的经理小组或核心组织，他们的工作是直接监督公司内部开展的各项活动，并协调外部机构之间的关系，通过合同与其他组织进行制造、分销、营销或其他关键业务的经营活动，从而使其能够将大部分职能从组织外部"购买"，进而集中精力做自己

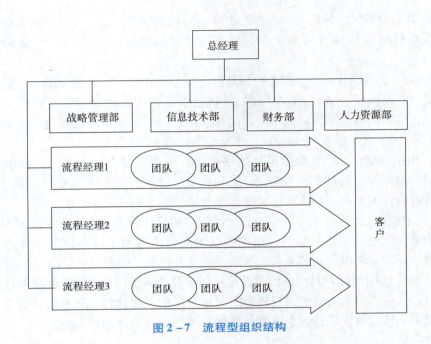

图 2-7 流程型组织结构

最擅长的事。网络型组织结构如图 2-8 所示。

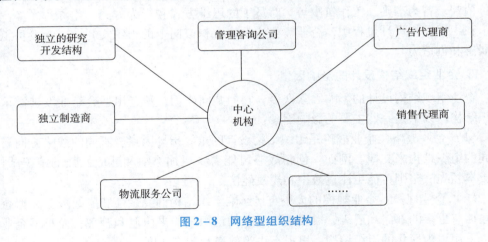

图 2-8 网络型组织结构

（三）企业组织结构的设计

1. 企业组织结构设计的内容

企业组织结构设计的内容涉及多个方面，旨在确保组织能够有效地实现其目标和战略。以下是企业组织结构设计的主要内容：

（1）组织环境分析：这是组织结构设计的基础，需要对企业的内外部环境进行深入的剖析。包括市场状况、竞争态势、技术发展、法律法规等外部因素，以及企业的资源、能力、文化等内部因素。通过环境分析，企业可以明确自身的优势和劣势，为组织结构设计提供依据。

(2) 组织发展目标的确立：根据组织环境分析的结果，企业需要制定明确的发展目标。这些目标应该具有可衡量性、可实现性和挑战性，以指导组织结构设计的方向。

(3) 组织职能设计：企业需要根据其战略任务设计经营、管理职能。这包括确定企业需要完成哪些任务和活动，以及如何将这些任务和活动分配给不同的部门和岗位。同时，还需要考虑如何协调不同部门和岗位之间的工作，以确保整个组织的顺畅运作。

(4) 组织部门设计：在职能设计的基础上，企业需要进一步设计具体的部门结构。这包括确定部门的数量、名称、职责和权限，以及部门之间的关系。部门设计应该遵循精简高效的原则，避免职能重叠和浪费资源。

(5) 工作岗位设计：工作岗位设计是组织结构设计的重要一环。它需要明确每个岗位的职责、权限、工作标准等，以确保员工能够清楚地了解自己的工作内容和要求。同时，还需要考虑员工的职业发展路径和晋升机会，以激发员工的工作积极性。

(6) 组织协同设计：组织协同设计是指如何使不同部门和岗位之间能够高效地协作和配合。这包括建立有效的沟通渠道、制定合理的工作流程、促进信息共享和建立协调机制等。通过协同设计，企业可以确保各部门和岗位之间的顺畅运作，提高组织的整体效能。

(7) 组织文化设计：组织文化是企业组织结构设计的重要组成部分。它包括企业的价值观、行为准则、工作氛围等，对员工的思维方式和行为方式产生深远影响。因此，在组织结构设计过程中，企业需要注重培育积极向上的组织文化，以激发员工的归属感和创造力。

2. 企业组织结构设计的影响因素

企业组织结构设计的影响因素众多，它们共同作用，塑造出适合企业发展需求的组织结构。以下是一些主要的影响因素：

(1) 企业战略：企业战略是组织结构设计的重要指导因素。不同的战略方向需要不同的组织结构来支撑。例如，创新战略可能需要更加灵活和适应性强的组织结构，而成本领先战略则可能更注重效率和规模经济。

(2) 企业规模：企业规模的大小直接影响组织结构的复杂性和层级数。大型企业往往拥有更多的部门和层级，需要更加复杂的组织结构来协调和管理；而小型企业则可能采用更为简化的组织结构，以提高决策效率和响应速度。

(3) 技术因素：随着技术的发展，企业组织结构也在不断演变。例如，信息技术的广泛应用使企业可以更加便捷地进行远程协作和沟通，从而减少了组织结构的地理限制。同时，生产技术的进步也要求组织结构能够适应新的生产方式和流程。

(4) 组织文化：组织文化是企业内部的一种软实力，它影响着员工的行为和思维方式。组织结构设计需要考虑与组织文化的契合度，以确保员工能够积极地参与到组织活动中来。

(5) 人员素质：员工的素质和能力也是影响组织结构设计的重要因素。企业需要根据员工的实际情况来设计合适的组织结构，以充分发挥他们的潜力，提高组织的整体效能。

任务二　设计采购组织结构

一、采购组织的含义和类型

（一）采购组织的含义

采购组织是指负责为企业购买物资或设备的组织单位，其主要职责包括调查市场价格、协调供应商以及为公司购买设备提供服务。采购组织是由采购人员按照一定的规则组成的采购团队。负责整个企业采购活动的计划、组织、协调、控制，保证企业物资的供应。

案例学习
IBM 的全球
采购组织

微课
采购组织的
含义和类型

（二）采购组织的类型

现代企业有着多元化的组织结构，企业需要根据自身的情况和特点选择适当的采购组织类型。目前比较典型的采购组织有 4 种类型：分散型采购组织、集中型采购组织、混合型采购组织和跨职能采购小组。

1. 分散型采购组织

分散型采购组织是指与采购相关的职责和工作由不同部门执行的采购组织形式。分散型采购组织结构如图 2-9 所示。

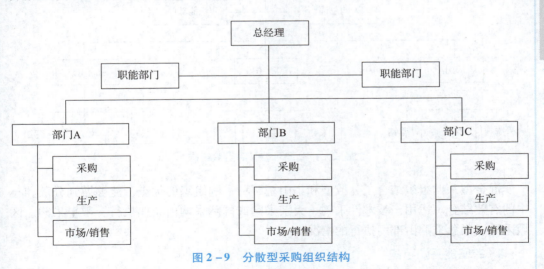

图 2-9　分散型采购组织结构

扩展学习
分散型采购
组织的优缺
点和适用性

2. 集中型采购组织

集中型采购组织是指将采购相关的职责或工作，集中授权一个部门执行的采购组织形式。集中型采购组织结构如图 2-10 所示。

3. 混合型采购组织

混合型采购组织是一种结合了集中采购和分散采购特点的组织结构。在公司一级

扩展学习
集中型采购
组织的优缺
点和适用性

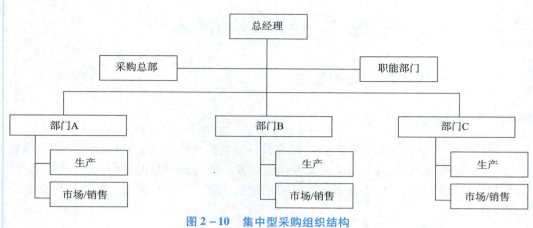

图 2-10 集中型采购组织结构

的层次上,存在公司采购部门,负责制定采购战略、选择供应商以及进行采购程序与方针的设计。同时,独立的经营单位也进行战略和具体采购活动,负责日常业务交易。这种结构旨在平衡成本和速度,充分发挥集中采购和分散采购的优势。混合型采购组织结构如图 2-11 所示。

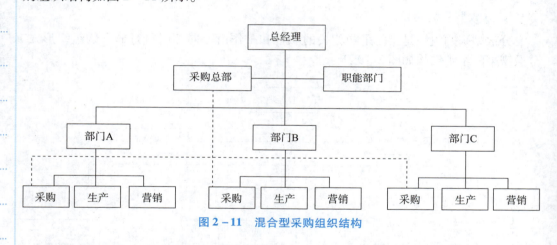

图 2-11 混合型采购组织结构

混合型采购组织结合了分散型和集中型两种采购组织的优点,能够做到分散和集中的有效结合。适用于技术性采购、大宗采购或国际采购由企业执行,零星采购、区域采购、紧急采购由部门执行的情况。

4. 跨职能采购小组

跨职能采购小组是采购中相对较新的组织形式,它通常是为了一个特定的采购项目或连续性的采购任务而组建,由采购、研发、生产、营销、质检、财务等职能部门的成员共同组成的采购团队。这种组织形式旨在整合不同职能部门的采购需求和专业能力,以提高采购效率和创新能力。跨职能采购小组结构如图 2-12 所示。

项目二 设计供应链组织结构

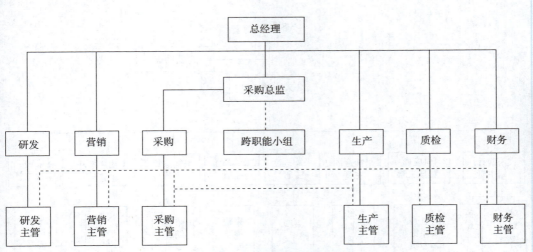

图 2-12 跨职能采购小组结构

扩展学习
跨职能采购小组的优缺点和适用性

二、采购组织的职能

采购组织的职能是确保企业的采购活动能够高效、有序地进行，以满足企业的生产和经营需求。采购组织的职能涵盖了从需求分析、供应商选择、合同管理到采购执行、成本控制和质量管理的全过程，确保企业的采购活动能够高效、有序地进行。

三、采购组织结构的设计

采购组织结构的设计旨在确保采购活动的顺利进行和高效完成。首先，要明确采购组织的定位和角色。采购组织负责与企业外部供应商进行沟通和合作，确保企业所需物资和服务的及时供应。在设计采购组织结构时，需要充分考虑其在企业整体运营中的地位和作用。其次，要根据企业的规模和业务需求来确定采购组织的规模和结构。对于规模较小的企业，可以设立简单的采购部门，由少数专业人员负责采购工作；而对于规模较大、业务需求复杂的企业，则需要建立更为完善的采购组织体系，包括采购部门、供应商管理部门、合同管理部门等多个职能单元。

下面以采购管理职能的设置岗位为例，说明如何设置采购岗位，如何明确采购岗位职责，配置采购人员。

（一）设置采购岗位

根据采购作业流程，将采购计划、供应商管理、采购合同、采购进度、采购质量、采购成本、采购结算、采购绩效等管理工作分由不同人员负责，由此设置不同的采购岗位。采购部门组织结构如图 2-13 所示。

扩展学习
采购组织职能详解

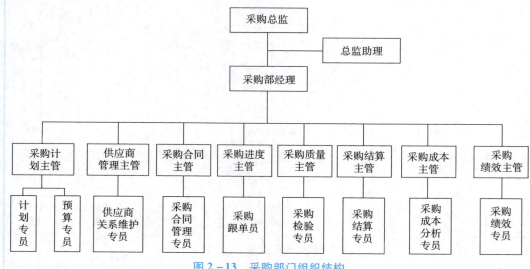

图 2-13 采购部门组织结构

（二）明确采购岗位职责

从上图可以看出，企业按照采购管理职能在采购部门下设 8 个分部，每个分部专门负责一项采购管理职能。从管理层次上分为 4 级：采购总监、采购经理、采购主管和采购专员。确定采购岗位后，还要明确每个岗位的职责。

（三）配置采购人员

企业根据岗位职责要求，确定岗位的任职资格，据此配置相应的采购人员。每一岗位的任职资格包括任职条件、专业能力、职业能力、专业知识和职业素质五个方面，由此构成了岗位素质模型，即岗位胜任力模型。采购总监、采购经理、采购主管和采购专员的岗位素质模型如图 2-14～图 2-17 所示。

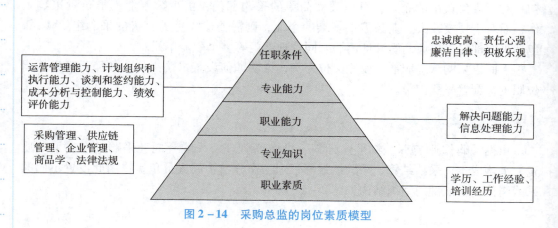

图 2-14 采购总监的岗位素质模型

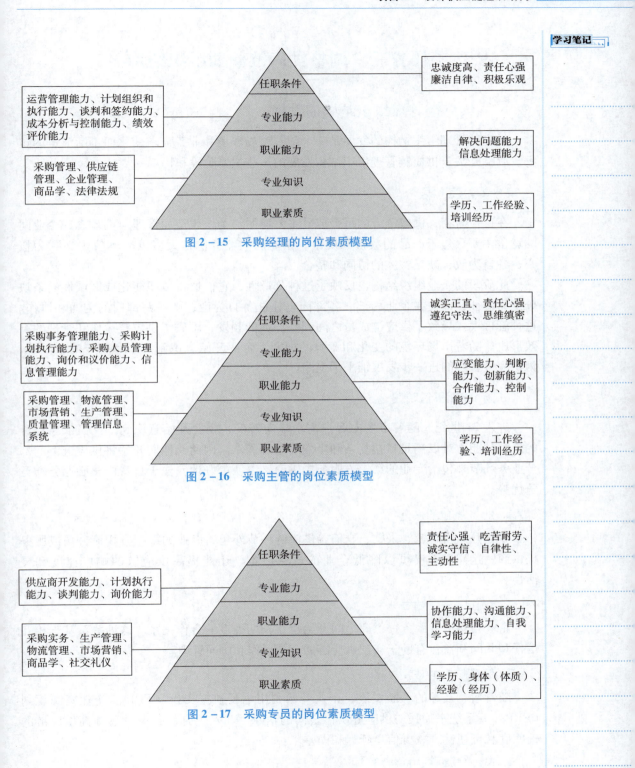

图 2-15 采购经理的岗位素质模型

图 2-16 采购主管的岗位素质模型

图 2-17 采购专员的岗位素质模型

任务三　调整供应链管理组织结构

一、供应链管理组织结构的发展

供应链管理组织结构的发展是一个随着市场环境和业务需求变化而不断演进的过程。以下是关于供应链管理组织结构发展的一些主要阶段和特点：

（一）萌芽阶段

在这一时期，供应链上的每个成员主要遵循"为了生产而管理"的理念，企业间的竞争主要聚焦于产品的数量和质量。企业间的业务协作大多以"本位主义"为核心，各自为政，缺乏整体的协同和整合。

此阶段的企业组织结构也反映了这种分散性，它们通常以职能化或区域性的条块分割为特征，即使在企业内部，各部门也往往各自为政，缺乏跨部门的沟通和协作。这种管理模式导致了供应链成员之间利益冲突的频发，阻碍了供应链运作和管理的有效形成。随着市场环境的变化和竞争的加剧，企业开始意识到协作和整合的重要性，为供应链管理的进一步发展铺平了道路。

（二）局部外包阶段

进入21世纪，随着市场向客户需求导向转变，企业开始意识到，仅仅依靠自身的资源和能力难以满足日益复杂和多变的市场需求。因此，他们开始将供应链上的部分业务环节外包给专业的第三方服务提供商，以便更好地专注于自身的核心业务和竞争优势。

1. 业务外包的兴起

企业开始将物流、采购、仓储等供应链环节外包给专业的第三方物流公司或服务提供商。这样做不仅可以降低企业的运营成本，还能提高供应链的响应速度和灵活性。

2. 合作关系的建立

企业与第三方服务提供商之间开始建立长期稳定的合作关系。这种关系基于相互信任和共同利益，有助于实现供应链的高效运作和协同管理。

3. 信息技术的应用

随着信息技术的不断发展，企业开始利用电子数据交换（EDI）、企业资源规划（ERP）等系统来加强与供应链伙伴之间的信息共享和沟通。这有助于提高供应链的透明度和可视性，减少信息延迟和误差。

4. 风险管理意识的提升

随着外包业务的增加，企业开始意识到供应链风险的重要性。他们开始加强风险管理，通过多元化供应商、建立应急计划等方式来降低潜在风险。

(三) 全面整合阶段

在供应链全面整合阶段，企业不再满足于简单的业务外包和局部优化，而是开始寻求对整个供应链的全面整合和优化。这一阶段的主要目标是实现供应链各环节的无缝衔接和高效协同，以降低成本、提高响应速度并增强竞争优势。

1. 全面的梳理和分析

通过数据分析和市场调研，企业可以识别出供应链中的瓶颈和浪费，为后续的整合工作提供指导。

2. 建立跨部门的协同机制

通过成立专门的供应链管理部门或团队，统筹协调各部门的资源和力量，确保供应链整合工作的顺利进行。

3. 加强与合作伙伴的紧密合作

通过建立长期稳定的合作关系，实现资源共享、风险共担和利益共赢。

4. 关注供应链风险管理

通过识别和分析潜在风险，制定相应的应对策略和措施，确保供应链的稳定和可靠。

(四) 组织结构优化阶段

在这一阶段，企业不仅关注供应链运作的效率，更重视组织结构的灵活性和响应能力，以适应市场的快速变化和满足客户的多样化需求。

1. 强调跨部门协同

通过设立跨部门的工作小组或项目管理团队，实现供应链各环节的无缝衔接和高效协同。

2. 建立敏捷型组织

适应市场的快速变化，能够及时调整供应链策略，应对突发事件和市场需求波动。

3. 强化信息技术应用

通过大数据分析、云计算等技术手段，提升供应链的智能化水平，优化决策和运营过程。

4. 注重人才培养与引进

通过内部培训和外部招聘等方式，提升整体供应链管理水平。

5. 优化供应链网络

通过选择合适的供应商、分销商和物流合作伙伴，优化供应链网络布局，降低运营成本，提高供应链的整体效率。

6. 风险管理与持续改进

建立风险预警和应对机制。同时，通过持续改进和优化供应链流程，提升供应链的可靠性和稳定性。

二、供应链管理组织结构的调整

供应链管理组织结构的调整是一个持续且复杂的过程，旨在优化企业内部的资源配置，提升供应链的运作效率，并更好地满足市场需求。以下是供应链管理组织结构调整的主要方面：

（一）强化核心职能部门的作用是关键

企业需要对供应链管理中的核心职能部门进行加强和整合，如采购、物流、生产等，以确保这些部门能够高效协作，形成合力。同时，通过引入先进的供应链管理理念和工具，提升这些部门的专业能力和管理水平。

（二）建立跨部门协同机制是必要措施

企业需要打破部门壁垒，促进各部门之间的信息共享和沟通。通过设立跨部门的工作小组或项目管理团队，实现供应链各环节的无缝衔接和高效协同。此外，建立明确的责任分工和考核机制，确保各部门能够积极参与并承担相应责任。

（三）引入先进的供应链管理理念和技术手段也是重要方面

企业可以借鉴行业最佳实践，引入精益供应链、敏捷供应链等先进理念，以指导组织结构的调整和优化。同时，利用现代信息技术和数字化工具，如物联网、大数据、人工智能等，提升供应链的透明度和可视化程度，提高决策效率和准确性。

（四）优化供应链网络布局

企业需要根据市场需求和资源配置情况，选择合适的供应商、分销商和物流合作伙伴，形成稳定可靠的供应链网络。同时，通过优化库存管理、运输配送等环节，降低运营成本，提高供应链的响应速度和灵活性。

（五）加强人才培养和引进

企业需要重视供应链管理专业人才的培养和引进，建立一支具备专业素养和创新能力的供应链管理团队。通过内部培训和外部招聘等方式，不断提升整体供应链管理水平。

能力训练

一、专业基础知识训练

扫码同步测试2，完成专业基础知识训练。

同步测试2

二、岗位能力训练

采购与供应链管理组织结构调研

供应链管理经理、专员职业能力要求

（一）训练目的

通过本次实训项目，使学生了解企业采购和供应链管理的组织结构情况，运用所学的相关知识分析实际问题，培养学生的思辨能力和供应链系统观。

（二）训练组织

（1）分组。按照"组内异质、组间同质"的原则，将学生分为若干个小组，每组2~5人。

（2）调研渠道。网络二手资料调研和实际企业现场调研相结合。

（3）调研企业。类型不限，优先选择制造型企业和流通型企业，最好是校企合作企业，至少需对1家企业进行现场调研。

（4）调研方式。实际企业现场调研需提前拟定访谈提纲（不少于5个问题，教师进行必要指导），对企业采购与供应链管理中层以上岗位人员进行访谈，该企业所在行业背景情况可以采用网络资料收集。

（三）训练内容

（1）调研选定企业的基本信息，如主营业务、经营现状、所处行业供应链特征、供应链上的主要主体（尤其是上游）。

（2）调研选定企业的采购与供应链管理组织结构，如采购与供应链管理的协同关系、采购与供应链管理相关岗位的层级、组织结构对采购业务流程的适配情况、相关岗位情况等。

（3）基于调研信息对该企业采购与供应链组织结构进行评价，形成调研报告。

（四）训练要求

每组提交一份调研报告，该报告至少包括以下内容：

（1）企业的基本概况（企业简介、主营业务情况、企业所在行业供应链情况、供应商情况等）。

（2）企业采购与供应链管理组织结构（画出组织结构图，并用文字解读）。

（3）企业采购与供应链管理核心岗位情况（选择2~3个核心岗位描述岗位职责和能力要求）。

（4）思考与评价（应用本章所学知识分析该企业采购与供应链管理的组织结构，如类型、特征、优缺点等，结合企业经营和运作情况加以评价）。

任务工作单、任务检查单、任务评价单如表2-2~表2-4所示。

表2-2 任务工作单

学习单元	采购与供应链的组织结构
任务名称	企业采购与供应链组织结构调研

学习笔记

续表

任务描述	（1）调研选定企业的基本信息，如主营业务、经营现状、所处行业供应链特征、供应链上的主要主体（尤其是上游）。 （2）调研选定企业的采购与供应链管理组织结构，如采购与供应链管理的协同关系、采购与供应链管理相关岗位的层级、组织结构对采购业务流程的适配情况、相关岗位情况等。 （3）基于调研信息对该企业采购与供应链组织结构进行评价。 （4）形成调研报告
任务要求	每组提交一份调研报告，该报告至少包括以下内容： （1）企业的基本概况（企业简介、主营业务情况、企业所在行业供应链情况、供应商情况等）。 （2）企业采购与供应链管理组织结构（画出组织结构图，并用文字解读）。 （3）企业采购与供应链管理核心岗位情况（选择2~3个核心岗位描述岗位职责和能力要求）。 （4）思考与评价（应用本章所学知识分析该企业采购与供应链管理的组织结构，如类型、特征、优缺点、是否相融合相协同等，结合企业经营和运作情况加以评价）

任务资讯

为完成任务，应该具备采购和供应链管理组织结构的知识，请回答以下资讯问题。
（1）什么是组织结构？什么是采购和供应链管理的组织结构？
（2）组织结构有哪些常见类型？各有什么优缺点？
（3）采购的组织结构有哪些常见类型？各有什么优缺点和适用性？
（4）采购职能在供应链管理组织结构中处于何种位置？

任务实施：
（1）回答资讯问题，做好知识准备。
（2）通过网络，调查企业的基本情况及其行业供应链的基本特征。
（3）实地走访，访谈企业采购和供应链管理的组织结构情况，了解企业供应链及采购业务运作情况。
（4）分析企业采购与供应链组织结构的类型、特点。
（5）站在供应链的视角下，结合企业运作情况认识和评价其组织结构的优劣

表2-3 任务检查单

学习单元	采购与供应链的组织结构		
任务名称	企业采购与供应链组织结构调研		
检查项目	检查标准	学生自查	教师检查
准备工作	能够通过各种渠道查阅相关资料，为完成任务做好准备		
掌握知识	能够准确地掌握本单元所涉及的理论知识		
运用能力	在完成任务的过程中能够正确、合理地运用所学的知识		
学习能力	能够在教师的指导下进行自主地学习，全面地掌握相关知识		

续表

检查项目	检查标准	学生自查	教师检查
工作态度	认真执行计划，工作态度认真，一丝不苟，保证每个环节工作质量		
团队合作	积极与他人合作，团队意识强，能够共同完成工作任务		
运用工具	能够利用网络资源、工具书等进行二手资料的查询		
完成情况	能够按照工作要求，按时保质保量地完成工作任务		
结果质量	能够条理化呈现调研数据，并进行自己的分析和评价		
检查评价	班级： 姓名： 第 组		
	教师签字： 时间：		

表 2-4 任务评价单

学习单元	采购与供应链的组织结构			
任务名称	企业采购与供应链组织结构调研			
评价类别	评价项目	学生自评	小组互评	教师评价
理论知识（20%）	资讯问题回答			
专业能力（40%）	理论知识运用（10%）			
	任务完成情况（10%）			
	任务检查全面性和准确性（5%）			
	任务结果质量（15%）			
方法能力（20%）	查找资料，自主学习（10%）			
	解决问题方法（10%）			
社会能力（20%）	团队合作（10%）			
	敬业精神（10%）			

续表

评价类别	评价项目		学生自评	小组互评	教师评价
评价评语	班级	姓名	成绩		
	教师签字		时间		

教学反馈

教学反馈表如表 2-5 所示。

表 2-5 教学反馈表

本项目我学到的知识	
本项目我掌握的技能	
本项目我没有听懂的内容	
本项目我最喜欢的内容	
对本项目教学，我的建议	

项目三　匹配供应链战略

 知识目标

（1）了解供应链战略的含义与特点。
（2）掌握供应链战略的内容。
（3）熟悉核心竞争力和业务外包的内涵。
（4）理解供应链战略与竞争战略、职能战略的关系。

 技能目标

（1）能够识别企业核心竞争力和实施业务外包。
（2）能够制定供应链战略规划总体框架。
（3）能够根据产品特点进行供应链战略匹配。

 素养目标

（1）培养长远意识、全局意识、团队协作意识和严谨科学的态度。
（2）培养统筹规划、理论联系实际的能力。
（3）树立以供应链战略提升产业及国家竞争力的意识。

思维导图

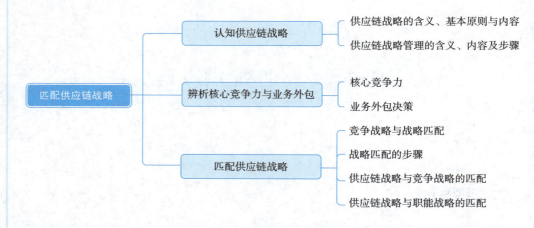

引导案例

技术驱动提升供应链效率，国美实施智能化供应链战略

全球制造业的竞争格局已经发生了新的变化，以廉价劳动力为核心竞争力的生产方式已成为过去，现在的工厂需要通过数字化技术转型来提升制造水平，以应对市场多样化的需求。随着新一代信息技术的推进，智能化产品和服务加速发展，同时也为工业设备商带来了新的机会。

首先，中国正在大力推动传统制造向智能制造转型，从制造大国转变为制造强国。智能制造是一个复杂的生产系统，需要引入工业机器人等先进设备，并将所有生产设备联网，创建一个更加智能的供应链，从而减少企业的运行成本，提升行业竞争力。智能供应链升级为制造业带来新机遇。

其次，企业需要通过定义新规则、新流程来衡量和改善运营，重新评估资源分配。例如，人员和资产等角色在大数据分析的基础上，可以了解更多的流程信息，从而能够作出明智的决策，使工作人员和机器整体效率最大化。

再次，公司还将需要了解的产品、资产、人员和流程在配送中心和仓库、生产线等任何特定阶段的进展情况，通过实时监控发现一些潜在问题，并推进各个阶段的合理安排。

最后，将整个供应链系统透明化管理，厂商和合作伙伴，以及其他生态系统利益相关者建立紧密联系，为相关产品和资产分配不同的人员和技术，以合作的方式推动价值链的升级发展，使整个供应链系统更加协调。

总的来说，制造系统越来越智能化，通过更高的透明度和对产品使用的深刻见解，企业可以提供超出常规产品更多的增值服务。随着越来越多新技术的出现，制造业将获得更多的新机会，企业还可以考虑使用区块链技术，推动企业向更高水平发展。

在快速变化的市场中，企业的响应能力十分重要，在企业转型升级的过程中，除了想方设法降低生产成本之外，还要掌握市场的真实需求，快速推出适应市场的产品。目前，越来越多的制造商将其供应链重新设计为更智能、更灵活的系统，在较大程度上提高他们适应市场需求的能力，并获得全新的竞争优势。

作为国民零售品牌的国美电器（简称"国美"）也开始实施智能化供应链战略。"市场上只有供应链而没有企业，真正的竞争不是企业与企业之间的竞争"。国美不论打造超级卖场还是发力互联网，都竭力从效率源头重塑供应链。同时，"智能化供应链才是未来零售实力硬核"的思想不断发酵。近年来，国美借助大数据、AI 技术，对供应链体系进行了数字化改造，实现了端到端的数据化、自动化和智能化。具体来看，通过数据建模、"人机一体"的供应链管理系统和智能算法为国美智慧型供应链赋能，通过分析用户和行业的变化趋势，预测未来场景，优化算法模型，从而更加贴近用户的实际需求。

国美智慧供应链在快速反应、高效决策、持续优化等高效运营上成效显著。近几年来，公司整体采购效率提升了 70%，智能定价、铺货调拨、仓配交付系统也能根据市场变化及时调整策略。同时，运用基于大数据模型的销量预测方法，使决策准确性提升了 35%，在库存总成本不变的情况下，有效提升了商品整体的丰富度和有货率。

就仓储物流而言，国美实行以城市配送为主，以仓储为中心向外辐射的 B2C 模式。目前，国美建立了店、仓、配一体化物流服务平台，已有仓储面积 300 万 m^2，预计新增 200 万 m^2，实现物流全网络覆盖。尽管面临 C2C 个人电商平台的大量冲击，但只要提升流通效率，就足以弥补重资产运营的不足。2019 年，国美推出供应链云仓项目，刷新了仓储体系的"大脑"，大大提升了仓储物流效率。云仓系统通过计算，将全国城市骨干中心仓储优化为以区域为中心的共享云仓模式，实现了区域资源共享。随着仓配效能的提升，配送 1 小时极速到达成为现实。

此外，供应链的高效协同促使国美第四次"商业模式创新"，并形成了实体店、国美 APP、国美美店"三端合一"的线上线下融合的多元化零售渠道，努力探索分享经济、订制包销、社交电商等新模式。这种营销方式大大拓宽了单品的用户接受面，其利用朋友间的信任关系，利用便捷支付、快速物流支撑，给用户带来了全新的购物体验。

任务一　认知供应链战略

一、供应链战略的含义、基本原则与内容

（一）供应链战略的含义

供应链战略是企业为了在竞争激烈的市场环境中获得竞争优势而制定的战略规划，它涉及企业与供应链上下游的所有合作伙伴之间的关系和合作模式，旨在满足消费者需求并提高企业的绩效。这一战略是与供应链如何满足客户需求密切相关的长期决策，包括为满足客户需求而对产品、服务和供应方法进行的选择，供应链和物流网

案例学习
小米手机的
供应链战略

络的架构及能力,以及与供应商、客户之间的关系类型的确定。

在实施供应链战略的过程中,企业需要关注多个方面。例如,与战略伙伴的选择就尤为重要,企业应寻求强强联手,通过相互协调、相互融合,增强合作伙伴之间稳定、互信的合作关系,以最大化产品优势,提升市场竞争力,最终实现利益最大化。同时,企业还要不断提升自身的综合实力,强化生存能力,提升匹配度,以构建稳定强大的供应链。

供应链战略的意义在于提高企业竞争力,降低成本,提高效率和质量。通过优化供应链,企业可以减少库存储备并保持适当的库存水平,从而降低库存成本。此外,供应链战略的实施也有助于企业与供应链上下游的合作伙伴建立更紧密的关系,共同应对市场挑战,实现共赢。

(二)供应链战略的基本准则

供应链战略的基本准则涉及多个方面,它们共同构成了供应链战略的核心框架,指导企业在制定和实施供应链战略时,关注客户需求、协同工作、持续改进、关注可持续性和风险管理等方面,以实现供应链的高效运作和企业的持续发展。

1. 客户导向

供应链管理应始终从顾客需求出发,确保产品和服务能够按时、按质地达到客户要求。这意味着企业需要对市场有深入的了解,能够及时捕捉和响应客户需求的变化,通过优化供应链流程和服务水平,提升客户满意度。

2. 战略协同

供应链管理与企业的战略目标应保持一致,并与其他部门如销售、市场营销等协同工作。这要求企业在制定供应链战略时,要充分考虑企业战略的整体布局,确保供应链战略与企业战略相互支持、相互促进。

3. 持续改进

企业应不断寻找提高效率和降低成本的机会,并采取相应措施进行改进。这包括优化流程、引入新技术、培训员工以及与合作伙伴分享最佳实践等。通过持续改进,企业能够适应市场变化,保持竞争力。

4. 可持续性

在当前关注环境可持续发展的时代背景下,供应链的可持续性变得越来越重要。企业需要考虑减少对环境的影响、提高资源利用效率,并确保供应链活动符合道德和社会责任标准。这有助于企业在实现经济效益的同时,也积极承担社会责任,树立良好的企业形象。

5. 风险管理

为了保证供应链的稳定性和可靠性,企业需要制定有效的风险管理策略。这包括建立备份供应商网络、多样化供应源、合理规划库存以及与关键合作伙伴建立紧密的关系。通过积极管理风险,企业能够更好地应对不可预见的事件,减少对业务造成的影响。

扩展学习
采购与采购管理的区别与联系

（三）供应链战略的内容

供应链战略的内容涵盖了企业在生产和销售过程中，通过合理的规划和管理，使供应链中的各个环节协同配合，以最小化成本、最大化效益的方式实现企业战略目标的一系列活动。具体来说，供应链战略的内容主要包括以下几个方面：

1. 合作战略

与供应链成员建立长期、稳定、互信的战略合作关系，实现资源共享、风险共担和利益共赢。这种关系的建立需要基于高度信任，并强调协同发展和共同利益。

2. 竞争战略

基于对市场环境的深入分析和对竞争对手的了解，制定有针对性的竞争策略，通过提升供应链效率、降低成本、优化服务等方式，增强企业的竞争优势。

3. 流程优化

通过引入先进的供应链管理理念和技术手段，对供应链流程进行持续优化，提高运作效率、降低成本、缩短交付周期。这可能包括使用供应链管理软件、物流跟踪系统、数据分析工具等。

4. 供应链设计

确定供应链网络结构、布局和资源配置，包括供应商选择、仓储和物流设施的位置，以及合理的库存管理策略。设计应考虑产品特性、市场需求和成本效益等因素。

5. 库存优化

通过优化库存策略，减少库存储备并保持适当的库存水平，以降低库存成本并避免缺货风险。

6. 风险管理

识别、评估和管理供应链中可能出现的风险，如供应商破产、自然灾害等，确保供应链的稳定性和连续性。

此外，供应链战略还强调各职能战略之间的联系，包括采购、生产、销售、仓储和运输等，确保这些环节能够无缝衔接，形成强大的协同效应。

二、供应链战略管理的含义、内容及步骤

（一）供应链战略管理的含义

供应链战略管理是指企业在供应链管理中制订和执行的长期计划和决策，以实现其战略目标，并提高供应链的效率和竞争力。这一战略涵盖了供应链中的各个环节，包括供应商、制造商、分销商和最终消费者，旨在通过优化这些环节之间的协作和流程，实现整体供应链绩效的提升。

具体来说，供应链战略管理涉及对供应链网络的规划、设计、协调和控制，以确保供应链的高效运作和响应市场需求。这包括供应商的选择与评估、库存管理、物流

配送、订单处理等方面的工作。通过有效的供应链战略管理，企业可以降低运营成本、提高运营效率、减少库存积压和缺货风险，从而增强市场竞争力。

在实施供应链战略管理时，企业需要关注多个方面，包括市场需求、竞争环境、技术发展趋势等。同时，还需要与供应链合作伙伴建立长期稳定的合作关系，共同应对市场挑战和风险。通过加强供应链中的信息共享和沟通，可以提高供应链的透明度和响应速度，进而提升整体供应链的绩效。

总之，供应链战略管理是企业实现战略目标、提升供应链效率和竞争力的重要手段。通过优化供应链流程、加强合作伙伴关系和提高供应链的响应速度，企业可以在激烈的市场竞争中保持优势地位。

（二）供应链管理战略规划的内容

供应链管理战略规划的内容主要包括以下几个方面：

1. 目标设定

明确供应链的战略目标，这些目标应与企业的整体战略目标相一致，并能够满足市场需求和客户期望。目标可能包括成本优化、交付速度提升、灵活性增强、质量控制等。

2. 供应链设计

确定供应链网络结构、布局和资源配置。这包括供应商选择、仓储和物流设施的位置，以及合理的库存管理策略。设计应充分考虑到产品特性、市场需求和成本效益等因素。

3. 合作伙伴关系管理

建立和维护与供应链各参与方的有效合作伙伴关系，包括供应商、分销商和物流服务提供商等。合作伙伴关系的协同合作对于供应链的成功至关重要。

4. 业务流程优化

对供应链的核心业务流程进行评估和优化，包括采购、生产计划、库存管理、订单处理、物流运输等。通过流程优化，可以提高效率、降低成本和缩短交付周期。

5. 技术和信息系统支持

选择和应用适当的技术和信息系统来支持供应链的可见性、协调和决策制定。这些技术和系统可能包括电子数据交换、供应链规划和跟踪系统等。

在规划过程中，企业还需考虑风险管理，包括识别供应链中可能出现的各种风险，并制定相应的预防和应对措施。同时，供应链的绩效评估也是战略规划的重要组成部分，通过建立供应链绩效指标，及时评估供应链的表现，并进行持续改进。

（三）供应链战略管理的步骤

供应链战略管理的步骤主要包括以下几个方面：

1. 分析企业当前所处的供应链

企业需要对现有的供应链进行全面分析，了解其运作情况、存在的问题以及潜在的风险。

2. 供应链的比较

企业需要对不同的供应链模式进行比较，评估其优劣，以便选择最适合自身发展的供应链模式。

3. 供应链再造

在比较的基础上，企业可能需要对现有的供应链进行再造，优化供应链结构，提高供应链的运作效率。

4. 供应商的考察与评估

选择合适的供应商是供应链战略管理的关键步骤。企业需要对潜在供应商进行详细的考察和评估，确保其能够满足企业的需求。

5. 结成供应链战略联盟

为了进一步提高供应链的协同效率，企业可以与关键供应商和分销商结成战略联盟，共同应对市场挑战。

6. 建立供应链物流信息系统

利用现代信息技术，建立高效的供应链物流信息系统，实现信息的实时共享和协同，提高供应链的透明度和响应速度。

7. 供应链管理开始运转

在上述步骤完成后，供应链管理正式进入运转阶段，企业需要密切关注供应链的运作情况，确保各项战略措施得到有效执行。

8. 绩效评估

最后，企业需要对供应链管理的绩效进行评估，通过设定明确的绩效指标，衡量供应链管理的成效，并根据评估结果进行持续改进。

在整个过程中，企业需要保持高度的灵活性和适应性，不断调整和优化供应链战略，以应对市场环境和客户需求的变化。同时，企业还需要加强与供应链各参与方的沟通和协作，共同推动供应链管理的持续改进和发展。

任务二　辨析核心竞争力与业务外包

一、核心竞争力

（一）核心竞争力的概念

党的二十大报告指出："深化国资国企改革，加快国有经济布局优化和结构调整，推动国有资本和国有企业做强做优做大，提升企业核心竞争力。"核心竞争力是指企业在经营过程中形成的不易被竞争对手仿效的、能带来超额利润的独特能力。它是企业在特定市场中所拥有的独特资源、能力和优势，使企业能够在市场竞争中取得长期的成功和优越性地位。这种能力基于客户长期价值，并具有难以模仿性和市场延展

案例学习
新发展理念
下的企业
核心竞争力

性，能够为企业的长期发展和竞争提供核心支撑。

对供应链管理来说，核心竞争力尤为重要。有效的供应链管理能够识别并满足客户需求，具有快速响应市场变化的能力。此外，企业还需要集中资源从事某一领域的专业化经营，逐步形成自己在经营管理、技术、产品、销售、服务等诸多方面与同行的差异，从而培养独特的核心竞争力。

总的来说，核心竞争力是企业赢得竞争的基础和关键，企业需要不断优化供应链管理，提升核心竞争力，以实现长期稳定发展。

（二）核心竞争力的特征

核心竞争力的特征主要体现在以下几个方面：

1. 独特性

核心竞争力是企业的独特能力，不易被其他企业轻易模仿或转移。这种独特性源自企业长期的学习、创造和在市场竞争中的不断磨炼，是企业在某一领域或某一环节上形成的独特优势。这种独特性使企业在市场上具有区分度，能够脱颖而出。

2. 扩散性

核心竞争力如同一个"技能源"，具有强大的扩散效应。企业可以将其核心竞争力应用到不同的产品或服务中，通过一定的方式衍生出一系列的产品或服务，从而拓展企业的业务范围和市场领域。

3. 增值性

核心竞争力的最终目标是实现用户看重的价值。这种能力能够真正为用户提供根本性的好处，帮助企业创造更多的价值。只有那些能够为用户带来实实在在的好处的能力，才能成为企业的核心竞争力。

4. 可变性

核心竞争力不是一成不变的。随着市场环境的变化和竞争对手的进步，企业的核心竞争力可能会逐渐丧失其优势地位。因此，企业需要时刻保持警惕，不断学习和创新，以适应市场的变化并维护自己的竞争优势。

（三）核心竞争力的识别

核心竞争力的识别是一个关键且复杂的过程，涉及多个维度和层面的分析。

1. 识别核心竞争力的主要步骤和考虑因素

（1）价值分析。

首先，要识别那些能够为客户带来独特价值的产品或服务特性。这通常涉及深入理解客户的需求和期望，并评估企业在满足这些需求方面的表现。核心竞争力往往体现在企业能够提供的独特价值上，这些价值可能源自产品的创新性、服务的优质性或成本的有效性。

（2）稀缺性分析。

其次，要评估企业在市场上所拥有的资源的稀缺性。核心竞争力通常建立在企业独特且难以复制的资源上，这些资源可能包括专利、专有技术、品牌声誉、独特的供应链管理等。这些资源的稀缺性使企业在竞争中具有优势。

（3）持续性分析。

核心竞争力应具有一定的持久性，能够支持企业在较长时间内保持竞争优势。因此，在识别核心竞争力时，需要考虑其可持续性和未来发展的潜力。这要求企业关注那些能够持续创造价值并适应市场变化的能力和资源。

（4）综合性分析。

最后，要从整体的角度考虑企业的核心竞争力。核心竞争力通常不是单一的，而是由多个相互关联的因素共同构成的。因此，在识别过程中，需要综合考虑企业的技术、管理、市场、品牌等多个方面，以找出那些能够形成整体竞争优势的因素。

2. 在识别核心竞争力的过程中，企业还需要注意以下几点

（1）关注市场动态。

时刻关注市场变化和竞争对手的动态，以便及时调整和优化自身的核心竞争力。

（2）强化内部沟通。

确保企业内部各部门之间对核心竞争力的理解和认识保持一致，以便形成合力推动企业发展。

（3）持续创新。

通过技术创新、管理创新等方式不断提升和优化企业的核心竞争力，以适应不断变化的市场环境。

（四）核心竞争力的构建

构建核心竞争力是企业长期发展和市场竞争的关键。以下是构建核心竞争力的几个关键步骤：

1. 明确战略定位

首先，企业需要明确自身的战略定位，包括市场定位、产品定位、品牌定位等。通过深入了解市场需求和竞争态势，确定企业的发展方向和竞争优势，为构建核心竞争力奠定基础。

2. 资源整合与优化

企业需要整合内外部资源，包括技术、人才、资金、信息等，形成独特的资源组合。同时，通过优化资源配置，提高资源利用效率，降低成本，增强企业的竞争力。

3. 技术创新与研发

技术创新是构建核心竞争力的关键。企业应加大研发投入，培养创新团队，关注前沿技术动态，推动技术创新和成果转化。通过拥有自主知识产权和核心技术，形成技术壁垒，提升企业的市场竞争力。

4. 品牌建设与推广

品牌是企业形象和市场地位的体现。企业应加强品牌建设，提升品牌知名度和美誉度。通过有效的市场推广和营销手段，增强消费者对品牌的认同感和忠诚度，形成品牌优势。

5. 组织管理与流程优化

企业应优化组织结构和流程,提高管理效率。通过建立科学的决策机制、激励机制和约束机制,激发员工的积极性和创造力。同时,加强内部管理,确保产品质量和服务水平,提升客户满意度。

6. 合作与联盟

企业可以积极寻求与产业链上下游企业的合作与联盟,共同研发新技术、新产品,实现资源共享和优势互补。通过合作与联盟,企业可以拓展市场渠道,降低风险,提升整体竞争力。

7. 企业文化与价值观

构建核心竞争力还需要塑造积极向上的企业文化和价值观。企业应注重培养员工的责任感和使命感,激发员工的归属感和创新精神。通过企业文化建设,增强企业的凝聚力和向心力,为构建核心竞争力提供有力支撑。

二、业务外包决策

(一) 业务外包的内涵

业务外包,也称为资源外包或资源外置,是企业整合利用其外部最优秀的专业化资源,以达到降低成本、提高效率、充分发挥自身核心竞争力和增强企业对环境的迅速应变能力的一种管理模式。其核心思想是企业将其非核心业务交由合作企业完成,以便将更多的资源和精力集中在核心业务上,进而创造和保持长期的竞争优势。

业务外包涉及多个领域,包括但不限于人力资源、信息技术、财务、客户服务、生产制造等。在业务外包中,委托公司通常与外部服务提供商签订合同,明确服务的范围、质量标准、费用结构等关键条款。通过业务外包,企业能够专注于其核心业务,同时利用外部的专业知识和资源来提高效率、降低成本或获得更高的质量水平。

业务外包的本质是企业重新定位,重新配置企业的各种资源,将资源集中于最能反映企业相对优势的领域,塑造和发挥企业自己独特的、难以被其他企业模仿或替代的核心业务。由于发包方和承包方专注于各自擅长的领域,更高的生产效率提供了更快捷的产品和服务,从而取得了时间竞争的优势。

因此,业务外包被视为一种企业引进和利用外部技术与人才,帮助企业管理最终用户环境的有效手段,并在市场竞争中日益受到企业的关注。

(二) 业务外包的优点

业务外包的优点主要体现在以下几个方面:

1. 提升企业核心竞争力

通过将非核心或辅助性业务外包给外部专业机构,企业可以集中资源于核心业务,从而专注于自身的核心竞争力,更好地满足市场需求,实现差异化竞争。

2. 降低企业综合成本

外部专业机构通常具有更高的专业性和规模优势，通过外包，企业可以降低在人力资源、设备投入、技术研发等方面的成本。同时，企业无须承担额外的培训、招聘和福利等费用，从而减轻财务压力。

3. 提高运营效率和质量

外部专业机构拥有丰富的经验和专业知识，能够更高效地完成任务，提高产品质量和服务水平。此外，外包还可以帮助企业缩短项目周期，快速响应市场变化。

4. 降低用工风险

业务外包有助于企业降低用工风险，避免与劳动者发生劳动纠纷等所带来的风险。同时，外包商通常负责其员工的招聘、培训和管理，从而减轻企业的管理负担。

5. 优化资源配置

企业可以根据自身需求和市场变化，灵活调整外包业务的范围和规模，实现资源的合理配置。这有助于企业更好地应对市场波动和竞争压力。

6. 增强灵活性和创新能力

通过外包，企业可以更加灵活地应对市场变化和客户需求，同时借助外部资源推动创新，提高企业的竞争力和市场地位。

然而，企业在实施业务外包时也需注意选择合适的合作伙伴、制定合理的合同条款并加强风险管理，以确保外包策略的顺利实施和取得预期效果。

（三）业务外包的主要形式

业务外包的主要形式多种多样，涵盖了企业运营中的多个环节和领域。以下是一些主要的形式：

1. 临时服务和临时工外包

企业为了应对临时性、辅助性的服务需求，如自助餐厅、邮件管理、门卫等，会选择外包给专业的服务提供商。同时，企业也倾向于使用临时工而非长期雇佣工，因为临时工通常对失业有较强的危机感，且报酬结构特殊，使他们对待工作更加认真负责，效率也更高。

2. 子公司或子网

为了获得竞争优势，一些企业会将原有的控制导向、纵向一体化的组织结构分解为独立的业务部门或公司，形成母公司的子公司或子网公司。这样的结构有助于企业更加灵活地应对市场变化，提高运营效率。

3. 与竞争者合作外包

在某些情况下，企业会选择与竞争对手合作，共同投入资源到某项任务中。这种合作不仅可以分散开发新产品的风险，还能使企业获得比单独行动更高的创造性和灵活性。

4. 销售外包

这包括销售代理和特许经营两种形式。销售代理是企业将产品销售任务交给专业的销售代理公司来完成，而特许经营则是企业授权其他企业按照其成熟的经营模式进行运作。

5. 管理外包

企业将部分管理职能，如财务管理、人力资源管理、物流管理等，交给外部的专业公司来执行。这样，企业可以专注于其核心业务，提高整体运营效率。

6. 智力资源外包

这包括咨询外包和研发外包。咨询外包是企业利用外部的专业咨询机构来提供战略、管理等方面的建议；研发外包则是企业将研发任务交给外部的专业研发团队来完成。

除此之外，还有一些特定领域的外包形式，比如物流外包、IT外包等，这些都是根据企业的具体需求和行业特点来确定的。

任务三　匹配供应链战略

一、竞争战略与战略匹配

（一）竞争战略

竞争战略是指企业在同一使用价值的竞争上采取进攻或防守的长期行为。它是企业总体经营战略的重要组成部分，主要目的在于创建相对于竞争对手的战略优势。

竞争战略主要有三种类型：成本领先战略、差异化战略和集中化战略。成本领先战略侧重于通过有效途径降低成本，使企业的全部成本低于竞争对手，从而获取竞争优势。差异化战略则强调企业产品与竞争对手产品之间的明显区别，形成独特的、对顾客有价值的特性。集中化战略则是将企业或事业部的经营活动集中于某一特定的购买者集团、产品线的某一部分或某一地域市场，通过瞄准特定用户群体或细分市场来获取竞争优势。

企业在制定竞争战略时，需要敏锐观察市场变化，分析行业趋势，确保主业值得长期经营及投资。对于大型企业来说，如果主业是衰退行业或可能被革命性产品取代，应及早发现并及时研发新产品。中小企业则可以通过提供客户更需要的产品、控制成本、创新以及从内部培养人才等方式来构建竞争战略。

总的来说，竞争战略是企业为获取市场竞争优势而采取的一系列长期行为和决策，它需要企业根据市场环境、行业趋势和自身资源能力来制定，并在执行过程中不断进行调整和优化。

（二）战略匹配

战略匹配可以被视为战略所必须具备的主要功能之一，它涉及公司寻求的竞争优势与公司用以获取这些竞争优势的流程能力、管理政策之间的一致性。战略匹配主要分为外部匹配和内部匹配。

1. 外部匹配

主要是指人力资源战略和企业经营发展战略应保持一致，与企业的发展阶段对等，并充分考虑组织管理的动态因素，与组织特点相适应。外部匹配所包含的人力资源战略和企业经营发展战略的内在关系，也可以称之为"纵向整合"。

2. 内部匹配

可以称之为"横向整合"，它是对人力资源管理的各类政策和实践应用中的内在一致性进行发展和强化来得到实现的。简而言之，就是将互补的人力资源活动同步开展，从而保持较高的统一性，实现互为补充的目的。

战略匹配分析是根据机会、威胁分析和优势、劣势分析的结论，利用战略匹配工具制定可行战略备选方案的过程。在进行战略匹配分析时，需要运用一些定性或定量的工具和方法，如 SWOT 分析矩阵、波士顿矩阵等。

总的来说，战略匹配是一个涉及多个层面和维度的复杂过程，它要求企业在制定和实施战略时，充分考虑内外部环境、资源能力、组织特点等因素，确保战略的有效性和可持续性。

二、战略匹配的步骤

战略匹配的步骤主要包括以下几个方面：

（一）理解顾客

这是战略匹配的首要步骤。企业需要深入理解每一个目标顾客群的需求，这有助于企业确定预期的成本和服务要求。通过深入了解顾客的需求和偏好，企业能够更精准地定位市场，为后续的战略制定提供重要依据。

（二）理解供应链

供应链是企业运营的重要组成部分，不同类型的供应链设计用于完成不同的任务。企业需要明确其供应链的设计目的和功能，以便更好地协调和管理供应链资源。通过优化供应链管理，企业可以提高运营效率，降低成本，增强市场竞争力。

（三）获取战略匹配

在理解了顾客和供应链的基础上，企业需要实现战略匹配。这意味着企业的供应链反应能力应与潜在需求不确定性保持一致。潜在需求不确定性越高，供应链的反应能力就应越强。通过调整和优化供应链策略，企业可以确保供应链与市场需求相匹配，实现战略匹配。

除了以上三个核心步骤外，企业还需要在实际操作中不断监控和评估战略的实施情况，并根据实际情况进行调整和优化。在实施战略匹配的过程中，企业需要充分考虑市场环境、竞争态势、资源状况以及企业能力等因素，确保战略的有效性和可持续性。

总的来说，战略匹配是一个复杂而关键的过程，它要求企业全面考虑内外部因素，通过深入理解顾客和供应链，实现战略与市场需求的有效匹配，从而提升企业的竞争力和市场地位。

三、供应链战略与竞争战略的匹配

供应链战略与竞争战略的匹配是企业成功实施战略管理的关键。为了实现两者的匹配，企业需要采取以下步骤：

（一）明确核心目标和定位

竞争战略主要关注如何在市场中与竞争对手有效竞争，满足客户需求，实现盈利增长。而供应链战略则侧重于优化供应链流程，降低成本，提高运营效率，确保产品和服务的及时交付。

（二）对需求进行深入分析

了解客户的购买偏好、需求变化以及市场竞争态势，有助于企业确定合适的竞争战略。同时，对供应链的能力和资源进行评估，明确供应链的优势和劣势，以便制定与之匹配的供应链战略。

（三）实现在关键领域的匹配

在成本控制方面，竞争战略可能要求企业降低成本以获取价格优势，而供应链战略则需要通过优化采购、生产、物流等环节来降低整体成本。在服务质量方面，竞争战略可能强调快速响应客户需求，而供应链战略则需要确保供应链的灵活性和可靠性，以满足客户的交货要求。

（四）建立持续的战略评估和调整机制

市场环境和企业内部条件都在不断变化，因此企业需要定期对供应链战略和竞争战略进行评估，根据实际情况进行调整和优化。通过持续改进和调整，确保供应链战略与竞争战略始终保持匹配状态。

总之，供应链战略与竞争战略的匹配是企业实现战略目标、提升市场竞争力的重要途径。企业需要关注市场需求、客户需求、供应链能力和资源等多个方面，制定合适的战略并不断优化调整，以确保两者之间的匹配和协调。

四、供应链战略与职能战略的匹配

供应链战略与职能战略的匹配对于企业的成功至关重要。以下是关于如何实现两者匹配的一些关键步骤和考虑因素：

（一）明确战略目标

企业需要明确其整体战略目标和各个职能部门的战略目标。这包括供应链战略、市场营销战略、财务战略等。这些目标应该相互协调，共同支持企业的整体发展。

案例学习
思科系统公司的全球供应链管理

（二）理解供应链战略

供应链战略关注原材料的获取、物料运输、产品制造或服务的运作、产品分销以及后续服务等环节。明确供应链战略的核心目标，如降低成本、提高效率或增强灵活性，是实现匹配的基础。

（三）职能战略与供应链战略的协调

各个职能部门的战略需要与供应链战略保持协调。例如，市场营销战略可能强调快速响应市场变化和客户需求，这就要求供应链战略具备足够的灵活性和响应能力。财务战略可能关注成本控制和资金流动，供应链战略则需要在保证质量的同时降低成本。

（四）优化资源配置

企业需要根据供应链战略和职能战略的需求，优化资源配置。这包括人力资源、物力资源、技术资源等。确保资源在各部门之间得到合理分配，以支持战略目标的实现。

（五）建立协同机制

为实现供应链战略与职能战略的匹配，企业需要建立各部门之间的协同机制。通过加强沟通、信息共享和合作，确保各部门在战略执行过程中保持高度一致。

（六）持续监控与调整

市场环境和企业内部条件都在不断变化，因此企业需要持续监控供应链战略与职能战略的匹配情况。一旦发现不匹配或问题，应及时进行调整和优化，以确保战略的有效实施。

能力训练

一、专业基础知识训练

扫码同步测试3，完成专业基础知识训练。

同步测试3

二、岗位能力训练

洞察企业采购战略规划

（一）训练目的

通过本次实训项目，使学生明晰采购战略规划制订的基本概念，企业采购战略与企业供应链战略和企业竞争战略之间的关系。进一步了解企业采购战略制定的过程和采购战略的提出依据，培养学生分析问题的能力和知识运用能力。

（二）训练组织

（1）按照"组内异质、组间同质"的原则，进行分组，每组3~5人。

采购总监职业能力要求

（2）调研渠道：网络二手资料调研和实际企业现场调研相结合。

（3）调研企业：类型不限，优先选择制造型企业和流通型企业，最好是校企合作企业，至少需对1家企业进行现场调研。

（4）调研方式：采取网络调查和现场企业调查相结合的方法。实际企业现场调研需提前拟定访谈提纲，对企业采购中层以上岗位人员进行访谈。

（三）训练内容

（1）调研选定企业的基本信息，如主营业务、经营现状、采购状况、所处行业供应链特征、供应链上的主要节点企业的基本情况。

（2）调研选定企业的企业竞争战略、供应链战略和采购战略情况。

（3）基于调研信息对该企业采购战略规划进行评价，形成调研报告。

（四）训练要求

每组提交一份调研报告，该报告至少包括以下内容：

（1）企业的基本概况（企业简介、主营业务情况、企业所在行业供应链情况、供应商情况、采购状况等）。

（2）企业所采取的竞争战略、供应链战略和采购战略，说明企业现有战略的内在关联性。

（3）应用本章所学知识分析和评价该企业采购战略规划。

任务工作单、任务检查单、任务评价单如表3-1~表3-3所示。

表3-1　任务工作单

学习单元	供应链战略与采购战略
任务名称	洞察采购战略规划
任务描述	（1）调研选定企业的基本信息，如主营业务、经营现状、采购状况、所处行业供应链特征、供应链上的主要节点企业的基本情况。 （2）调研选定企业的企业竞争战略、供应链战略和采购战略情况。 （3）基于调研信息对该企业采购战略规划进行评价，形成调研报告
任务要求	每组提交一份调研报告，该报告至少包括以下内容： （1）企业的基本概况（企业简介、主营业务情况、企业所在行业供应链情况、供应商情况、采购状况等）。 （2）企业所采取的竞争战略、供应链战略和采购战略，说明企业现有战略的内在关联性。 （3）应用本章所学知识分析和评价该企业采购战略规划
一、任务资讯 本任务是根据所给的任务素材资料，要求制定合适的供应链战略和采购战略。为完成该任务，应该具备战略分析和制定的知识，请回答以下资讯问题。 （1）企业竞争战略定位有哪几种，这几种分别适合什么样的市场需求品类特点？ （2）供应链战略有哪几种？分别适合哪种企业竞争战略定位？ （3）采购战略有哪几种？分别适合哪种供应链战略？ 二、任务实施： （1）回答资讯问题，做好知识准备。 （2）根据该企业市场需求品类特点，制定合适的供应链战略和采购战略	

表 3-2 任务检查单

学习单元	供应链战略与采购战略		
任务名称	洞察采购战略规划		
检查项目	检查标准	学生自查	教师检查
准备工作	能够通过各种渠道查阅相关资料，为完成任务做好准备		
掌握知识	能够准确地掌握本单元所涉及的理论知识		
运用能力	在完成任务的过程中能够正确、合理地运用所学的知识		
学习能力	能够在教师的指导下进行自主地学习，全面地掌握相关知识		
工作态度	认真执行计划，工作态度认真，一丝不苟，保证每个环节工作质量		
团队合作	积极与他人合作，团队意识强，能够共同完成工作任务		
运用工具	能够利用网络资源、工具书等进行二手资料的查询		
完成情况	能够按照工作要求，按时保质保量地完成工作任务		
结果质量	能够根据市场需求品类特点，制定合适的供应链战略和采购战略		
检查评价	班级	姓名	第 组
	教师签字		时间

表 3-3 任务评价单

学习单元	供应链战略与采购战略			
任务名称	洞察采购战略规划			
评价类别	评价项目	学生自评	小组互评	教师评价
理论知识（20%）	引导问题回答			
专业能力（40%）	理论知识运用（10%）			
	任务完成情况（10%）			
	任务检查全面性和准确性（5%）			
	任务结果质量（15%）			

学习笔记

续表

评价类别	评价项目	学生自评	小组互评	教师评价
方法能力（20%）	查找资料，自主学习（10%）			
	解决问题方法（10%）			
社会能力（20%）	逻辑思维（10%）			
	敬业精神（10%）			
评价评语	班级： 　　 姓名： 　　 成绩：			
	教师签字： 　　　　　时间：			

教学反馈

教学反馈表如表 3-4 所示。

表 3-4　教学反馈表

本章我学到的知识	
本章我掌握的技能	
本章我没有听懂的内容	
本章我最喜欢的内容	
对本章教学，我的建议	

项目四　管理供应商

知识目标

(1) 了解供应商调查的目的。
(2) 熟悉供应商调查的渠道。
(3) 掌握选择供应商的标准。
(4) 了解供应商分类管理的目的。
(5) 掌握供应商分类管理的标准和方法。
(6) 明确供应商考核的目标和标准。

技能目标

(1) 能够熟练掌握并合理运用供应商的调查方法。
(2) 能够正确选择供应商。
(3) 能够正确管理各类供应商。
(4) 能够正确评估供应商。

素养目标

(1) 具有供应链的全局观念与供应链上下游企业合作精神。
(2) 具有社会责任意识和勇于担当的精神，弘扬中华民族的优良传统。
(3) 养成诚实守信、客观公正的品质和认真履约的契约精神。

学习笔记

思维导图

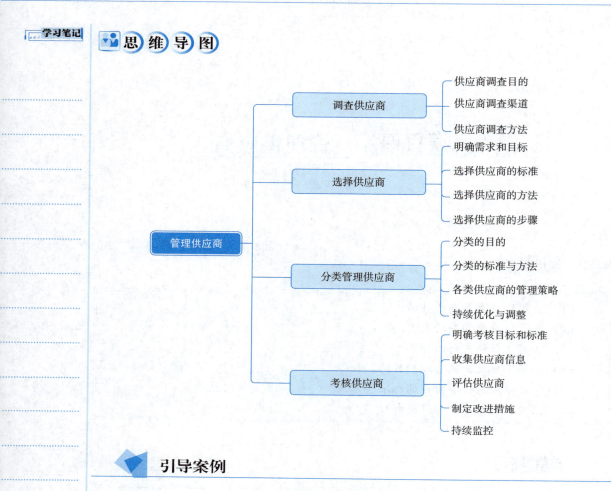

引导案例

采购4.0——站在供应链高度做采购

采购是供应链的上游环节，属于供应链的一个职能，要想管理好采购，就要站在供应链的高度，以"始"为"终"来管理。

在实践中，很多企业被需求驱动，稳定地逐阶升级，这种需求从低向高依次为：保证供应的需求；获得最优价格的需求；总成本最低的需求；与供应链伙伴创造价值，实现多赢的需求。采购系统的需求驱动如图4-1所示。

根据企业采购系统层级和需求驱动层级，结合企业实践经验，从采购管理的关键主体（人）与关键手段（事）两个维度，把采购管理分为以下4个阶段。

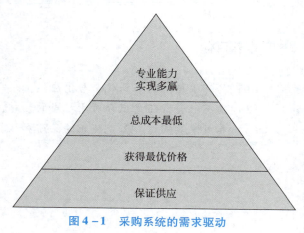

图4-1 采购系统的需求驱动

一、采购1.0：供应采购

企业创办初期的首要任务是生产产品。企业对采购的第一要求是保证供应、追求效率、避免推诿，加之要控制人员成本，往往把所有采购责权都放在采购人员身上。在这个阶段，企业高层管理者基于信任选人用人，而又因为缺少有效的流程管控，容易产生信任危机。整体特征为认知型，因此将这个阶段定义为采购1.0。

采购1.0的主要特征是：负责物品单一，规模效益差；绩效管理靠"人"；忙于业务，缺少管理；无处申冤被误解；要求与现实不一致。

采购1.0的主要特征引发了企业的不良后果，归纳起来有4个急需解决的问题：第一，从供应链层面如何避免拖欠供应商货款；第二，企业如何保障供应，优化流程；第三，企业如何做好绩效管理来支持采购产出绩效；第四，从企业层面如何实现采购阳光化，保障流程合规。在这个阶段，企业主要解决保证供应的问题。

二、采购2.0：阳光采购

在采购1.0阶段后期，保证供应的任务基本解决，但是采购系统深层次的问题开始显现：采购绩效完全依赖采购人员的个人能力；采购过程不透明、不规范；管理层无法监管采购过程；企业经常出现买贵的情况；企业采购无法自证清廉，产生内部信任危机；腐败事件一旦曝光，危害触目惊心；不能产生让企业满意的绩效等。外部竞争环境也要求企业降本增效，对采购系统实施规范化、阳光化管理。因此，在企业高层管理者的推动下，采购系统向新的阶段迈进：采购工作重心从业务层级上升到管理层级，采购工作目标从保证供应上升到追求价格最优。从此，企业进入采购2.0阶段。与采购1.0阶段相比，采购2.0阶段具有4个明显特征：管理集中化、过程阳光化、分工专业化、流程信息化。

采购2.0阶段的实现途径有：将采购价格优势作为重要目标，倒逼企业推行采购阳光化管理，其主要手段有对采购的集中化管理、招标采购、"采"与"购"职能专业化分工。为了使采购流程固化，提高采购效率，实行阳光化采购，企业着手推行信息化。

三、采购3.0：战略采购

企业推行采购2.0，建立了权责明确的采购管理制度和流程，取得了较好的降本效果。但是采购2.0以采购价格为导向，通过迫使供应商降价来实现企业利润最大化。随着供应商一轮一轮的降价，一些深层次的问题显现：降价使供应商的利润空间越来越小，降价效益不断递减；长期压价造成供应商合作意愿下降，影响长期合作；以价格为导向的招标，造成好的供应商难以引进，差的供应商不肯离开；低价造成一系列质量问题，影响最终产品质量等。因此，一味降低供应商的价格已经不再奏效，企业要持续降本增效，就必须进行采购系统升级，建立健全降本的长效机制，这时，企业进入了采购3.0阶段。

采购3.0阶段的实现途径有：以降低生命周期总成本为目标，推动采购系统上升到战略采购层级。推行战略采购，就是要对供应商资源进行分析、分类、整合和优化，使供应商资源能够与企业战略发展相匹配。在降本环节，企业对内部的不合理品类进行整合优化，通过推行标准化和通用化（简称"标通化"），使供应物料品类减少，生产复杂程度降低，单一物料需求倍增，供方生产成本下降，质量上升。供应链的复杂程度也随之降低。在标准化、通用化后期，企业对内部规格和标准进行优化，包括对老产品进行 VA 分析和对新产品进行 VE 分析，从而给企业带来更多的利润和竞争力。

四、采购 4.0：价值采购

在采购 3.0 阶段，企业推行战略采购，拆除了部门墙，通过消除企业内部的浪费和减少内耗降低成本。当浪费和内耗削减到一定程度时，企业还要大幅度降低成本，这就必须跳出企业的一亩三分地，发动供应链上下游企业共同参与，降低供应链成本。这是一种全局性、系统性降本，可以形成供应链生态系统。供应链生态系统是指供应链上下游企业互助共赢，产生价值创造的乘法效应。采购管理层级由企业内部协同进入供应链生态系统，管理目标由成本管理升级为价值创造。这时，企业进入采购 4.0 阶段。与采购 3.0 阶段相比，采购 4.0 阶段具有 5 个明显特征：跳出围墙、价值创造、高效协同、互助提升、定位升级。

采购 4.0 阶段的实现途径有：①理念先行。要想可持续发展，就必须先树立统一的核心理念，通过供应链上下游进行价值创造，多赢合作，实现可持续发展。②协同机制。在共同理念的基础上，还必须建立健全供应链上下游协同机制，建立好的规则与文化，作为供应链协同的总体指导原则。③科学规划。在建立健全协同机制的基础上，还必须对供应商之间的物流、信息流和资金流进行总体策划和科学规划，以保证信息共享、物流最优、资金流健康运转。④供方帮扶。有些供应商在认识、能力和技术上可能与企业的要求存在差距，此时需要对供应商进行辅导，提升供应商的管理能力，解决供应商发展中遇到的问题。⑤供方参与。有些供应商具有较强的研发能力，企业应该让供应商参与新产品研发，利用供应商的专业能力改善企业的产品和流程，充分发挥供应商的能力，利用供应商的价值。⑥持续改善。在此基础上，持续改善，打造多赢生态系统，实现可持续发展。

任务一 调查供应商

案例学习
深入调查
供应商

调查供应商是供应商管理工作中的重要环节，其目的在于了解供应商的基本情况、信誉度、生产能力、质量能力等方面，以便企业做出明智的采购决策。以下是进行供应商调查时需要注意的关键点和方法：

一、供应商调查目的

供应商调查目的主要要包括以下几点：

（一）了解供应商的基本情况

这是初步调查的主要目标，通过收集供应商的名称、地址、生产能力、产品种类、价格水平、质量状况以及市场份额等基本信息，企业可以对供应商有一个全面的认识。这些信息不仅有助于企业选择合适的供应商，还能帮助企业了解整个资源市场的情况。

（二）评估供应商的能力与信誉

通过对供应商进行深入调查，企业可以进一步了解供应商的生产能力、质量管理体系、交货能力以及售后服务等。同时，供应商的信誉度也是企业需要考虑的重要因素，良好的信誉可以保证供应商的稳定性和可靠性。

（三）确保供应链的稳定性与效率

通过对供应商的调查，企业可以确保供应链的稳定性和高效性，避免因供应商的问题导致生产中断或产品质量问题。这有助于企业提高生产效率，降低运营成本，提升市场竞争力。

（四）优化供应商选择与管理

通过对多个供应商进行调查和比较，企业可以选择出最适合自己需求的供应商，形成稳定的供应关系。同时，根据供应商的表现，企业可以及时调整供应商名单，优化供应商结构，提高采购效益。

二、供应商调查渠道

供应商的信息主要来源于以下渠道：
（1）互联网/在线数据库。
（2）公司名录（黄页）和购买者指南。
（3）供应商目录/手册。
（4）当前及过去的供应商记录。
（5）采购物资的展览和会议。
（6）商业杂志。
（7）商务指南。

扩展学习
寻找供应商的常用途径

三、供应商调查方法

供应商调查方法主要包括以下几种：

（一）访问调查法

这是最直接且常用的方法。通过访问供应商的市场部、销售部、生产部等相关部门人员，获取第一手资料。访问的形式可以是面谈、电话沟通或视频会议等。在访问过程中，需要准备好问卷或调查提纲，以便更有针对性地收集信息。

（二）问卷调查法

设计一份详细的问卷，发送给供应商填写。问卷内容可以涵盖供应商的基本信息、生产能力、质量管理体系、交货能力、售后服务等方面。通过问卷调查，可以系统地收集供应商的信息，便于后续分析和比较。

1. 调查问卷的类型

（1）根据调查方式的不同，调查问卷可分为派员访问调查问卷、电话调查问卷、邮寄调查问卷、网上调查问卷和座谈会调查问卷。

（2）根据问卷填答方式的不同，调查问卷可分为自填式问卷和访问式问卷。

（3）根据调查者对问卷控制程度的不同，调查问卷可分为结构型问卷和非结构型问卷。

2. 调查问卷的设计

调查问卷的设计应遵循目的性、可接受性、顺序性、简明性、匹配性原则。在设计调查问卷时，需要注意以下问题：

（1）根据企业自身需要设计内容和格式。
（2）问卷内容具体，且容易理解。
（3）问卷应便于供应商填写与反馈。
（4）问题设计确实可以了解供应商信息。
（5）收集的资料应有逻辑关系、可系统化，便于计算机处理。
（6）问卷应易于整理、统计和分析。

3. 调查问卷的使用

使用调查问卷进行调查时，要注意问卷的发放与回收。问卷的发放可以采用电话调查法、面谈调查法、邮寄调查法、留置调查法、网络调查法等方式。需要考虑调查问卷的回收和问卷的有效性。

4. 调查问卷的分析

调查问卷的分析可以使用打分法，通过打分，采用加权评价方法对供应商进行评价。

（三）实地考察法

为了解供应商的工艺能力和质量标准，确认其是否有提供符合成本、交期、质量物料的能力，应该到供应商企业进行现场考察。实地考察内容主要有：组织机构、管理流程；系统运行、体系审核、合规；生产能力、市场现场管理；文化与沟通。在供应商实地考察中，应该使用统一的评分卡进行评估。

（四）资料研究法

收集和分析供应商的宣传资料、产品样本、财务报告、行业报告等公开资料。这些资料可以帮助企业了解供应商的市场地位、竞争状况、技术实力等。

（五）试验法

对于某些关键产品或服务，可以通过试验的方式来评估供应商的质量和能力。例如，可以要求供应商提供样品进行测试，或者合作完成一个小规模的项目来观察其表现。

在实际操作中，企业可以根据具体需求和情况，综合运用以上方法进行供应商调查。同时，为了确保调查结果的准确性和客观性，企业还需要注意以下几点：
(1) 设计合理的调查方案和问卷，确保能够全面、准确地收集供应商的信息。
(2) 选择合适的调查人员和团队，确保他们具备相关的专业知识和经验。
(3) 对收集到的信息进行认真分析和比较，以便做出明智的决策。
(4) 遵守相关的法律法规和道德规范，尊重供应商的权益和隐私。

通过以上方法和注意事项，企业可以更加全面、深入地了解供应商的情况，为选择合适的供应商和优化供应链管理提供有力支持。

任务二　选择供应商

选择供应商是一个综合性和系统性的过程，涉及多个方面。

一、明确需求和目标

企业需要明确自身的采购需求，包括所需产品的种类、规格、数量以及质量要求等。同时，企业也需要设定选择供应商的目标，例如降低成本、提高产品质量、优化供应链管理等。

案例学习
重新选择
供应商

二、选择供应商的标准

以下是选择供应商时需要考虑的一些主要标准：

（一）商品质量

商品质量是选择供应商的首要标准。企业应确保供应商提供的产品符合质量标准，并能满足其生产或销售需求。对供应商进行实地考察，了解其质量管理体系和产品质量控制流程，是确保商品质量的有效途径。

（二）成本效益

成本效益是选择供应商时的重要考虑因素。这包括产品的采购价格、运输费用、关税等。企业需要综合评估各项成本，以选择性价比最高的供应商。同时，企业还应考虑长期合作的成本效益，如供应商提供的折扣、优惠等。

（三）供货能力

供货能力包括供应商的生产能力、交货准时性以及库存管理能力等。企业应选择那些具备足够生产能力、能够按时交货且库存管理有序的供应商，以确保供应链的稳定性。

（四）服务水平

服务水平包括供应商在售前、售中和售后提供的服务质量和态度。企业应关注供应商的响应速度、问题解决能力以及服务态度等方面，选择那些能够提供优质服务、愿意与企业建立长期合作关系的供应商。

（五）技术实力

技术实力是评估供应商创新能力和持续发展潜力的重要指标。企业应关注供应商的研发能力、技术创新以及新技术应用能力等，选择那些具备较强技术实力的供应商，从而确保企业能够获取到具有竞争力的产品。

（六）信誉与合规性

供应商的信誉和合规性也是选择过程中的关键要素。企业应了解供应商的商业信誉、行业声誉以及是否遵守相关法律法规等，以确保合作的稳定性和合法性。

（七）合作关系与兼容性

企业与供应商之间的合作关系和兼容性同样重要。企业应选择那些能够与其建立良好合作关系、愿意共同解决问题并实现双赢的供应商。同时，双方之间的企业文化、价值观等也应相互兼容，以促进合作的顺利进行。

企业通过科学评估和比较不同供应商的综合实力，可以选择出最适合自身需求的优质供应商，为企业的稳定发展提供有力保障。

三、选择供应商的方法

1. 直观判断法

直观判断法是一种主观性较强的判断方法，主要是倾听和采纳有经验的采购人员的意见，或者直接由采购人员凭经验做出判断。其特点是运作方式简单、快速、方便，但是缺乏科学性，受掌握信息详尽程度的限制。直观判断法适用于选择企业非主要原材料的供应商。

2. 评分法

评分法是依据对供应商评价的各项指标，按照供应商的优劣档次，分别对各供应商进行评分，选得分最高者为最佳供应商。它是一种主观选择评价供应商的变量方法。

每个评分标准分为五个档次并赋予不同的分值，即极差（0分）、差（1分）、较好（2分）、良好（3分）、优秀（4分），满分40分。采购企业对供应商的评分表如表4-1所示。

表4-1 采购企业对供应商的评分表

序号	项目	极差	差	较好	良好	优秀
1	产品质量					√
2	技术服务能力				√	
3	交货速度			√		
4	能否对客户需求做出迅速反应				√	

续表

序号	项目	极差	差	较好	良好	优秀
5	供应商信誉				√	
6	产品价格				√	
7	延期付款期限				√	
8	销售人员的才能和品德					√
9	人际关系					√
10	产品说明书及使用手册的优劣			√		
合计得分		31 分（百分制 78 分）				

3. 综合评分法

综合评分法是指规定衡量供应商各个重要标准的加权分数，根据以往交易的统计资料，分别计算各供应商的得分，选择得分最高者为最终供应商。它是一种客观选择方法。它的基本操作步骤如下：

（1）针对采购资源和内部客户要求列出评价指标和相应权重。
（2）列出所有的备选供应商。
（3）由相关人员对各供应商的各项指标打分。
（4）对各供应商的所有指标得分加权求和得到综合评分。
（5）按照综合评分将供应商排序，选择得分最高，即综合评价结果最好的供应商。

实战训练
运用综合评分法选择供应商

4. 成本分析法

对于采购商品质量与交付时间均满足要求的供应商，通常要进行采购成本比较。采购成本一般包括售价、采购费用、运输费用等各项支出的总和。

四、选择供应商的步骤

（一）市场调研和初步筛选

企业需要进行市场调研，了解潜在供应商的市场地位、产品特点、价格水平等信息。基于这些信息，企业可以初步筛选出符合自身需求的供应商名单。

实战训练
运用成本分析法选择供应商

（二）深入调查和评估

对于初步筛选出的供应商，企业需要进行深入调查和评估。这包括以下几个方面：

1. 供应商的基本信息

了解供应商的企业规模、经营历史、财务状况等，以评估其稳定性和可靠性。

2. 产品质量和技术能力

考察供应商的产品质量、技术水平和研发能力，确保其能够提供符合企业要求的产品。

3. 生产和交货能力

评估供应商的生产设备、工艺流程以及交货周期等，以确保其能够满足企业的生产需求。

4. 价格和成本

比较不同供应商的价格水平，结合产品质量和交货能力等因素，选择性价比最优的供应商。

5. 售后服务和合作态度

了解供应商的售后服务体系以及合作意愿和态度，确保双方能够建立良好的合作关系。

（三）综合比较和决策

在深入调查和评估的基础上，企业需要对潜在供应商进行综合比较和决策。这可以通过制定评分卡或评估矩阵来实现，对各个供应商的各个方面进行打分和排名，最终选择出最适合企业的供应商。

（四）签订合同和建立合作关系

确定供应商后，企业需要与供应商签订采购合同，明确双方的权利和义务。同时，企业还需要与供应商建立长期稳定的合作关系，通过定期沟通、共同解决问题等方式，确保供应链的稳定性和高效性。

需要注意的是，选择供应商并不是一次性的工作，而是一个持续的过程。企业需要定期对供应商进行绩效评估，根据评估结果对供应商名单进行调整和优化，以适应市场变化和企业发展需求。

微课
谈判策略和技巧

案例学习
万达供应商管理进化之道

微课
供应商管理

任务三　分类管理供应商

供应商分类管理是一种有效的供应链管理策略，它根据供应商的特点、业务需求和合作关系等因素，将供应商划分为不同的类别，并为每个类别制定相应的管理策略和资源分配计划。

一、分类的目的

供应商分类管理的主要目的在于优化资源配置、提高管理效率、降低风险和促进合作关系的深化。通过对供应商进行科学分类，企业可以更加精准地把握供应商的特点和需求，制定针对性的管理策略，从而实现供应链的优化和整体绩效的提升。

二、分类的标准与方法

（一）分类标准

1. 供应商资质与实力

这包括供应商的注册资本、经营规模、技术实力、生产能力等方面。通过评估这些方面，企业可以判断供应商的整体实力和潜在合作价值。

2. 采购金额与业务量

根据供应商与企业之间的采购金额和业务量大小，可以判断供应商对企业的重要性和贡献度。

3. 风险程度

这涉及供应商供货的稳定性、质量的可靠性、交货期的准时性等因素。对供应商的风险程度进行评估，有助于企业规避潜在风险。

4. 信用状况

考查供应商的履约能力、信誉记录以及对待商业合作的态度，确保合作的可靠性和稳定性。

5. 合作历史与关系

考虑与供应商的合作历史、默契程度以及未来合作潜力，有助于企业维护和发展长期稳定的合作关系。

（二）分类方法

1. 按重要性分级

（1）伙伴型：长期战略合作，共同研发，共享资源。
（2）优先型：重要供应商，优先保障合作与资源。
（3）重点型：对企业业务有一定影响的供应商。
（4）商业型：普通商业合作，满足基本需求。

2. 按绩效分级

（1）外部：潜在供应商，尚未建立合作。
（2）潜在：有合作意愿，但未实际合作。
（3）合格：合作稳定，表现良好。
（4）合作：深度合作，关系紧密。
（5）淘汰：表现不佳，可能终止合作。

3. 按供应环节分级

（1）一级：直接供应核心产品或服务。
（2）二级：提供辅助产品或服务。

4. 80/20 规则分类

（1）重点供应商：占采购总价值 80% 的 20% 的供应商。
（2）普通供应商：占采购总价值 20% 的 80% 的供应商。

5. 按交易关系稳定性分类

（1）短期目标型：短期合作关系。
（2）长期目标型：长期稳定的合作关系。
（3）渗透型：逐步深入的合作。

（4）联盟型：建立战略联盟。
（5）纵向集成型：垂直整合供应链。

在实际应用中，企业可以根据自身的行业特点、业务需求和市场环境，选择合适的分类标准和方法，对供应商进行科学分类，并制定相应的管理策略，以实现供应链的优化和整体绩效的提升。同时，随着市场环境的变化和企业需求的调整，供应商分类也需要进行动态调整和优化。

三、各类供应商的管理策略

（一）战略供应商

对于提供关键产品或服务、对企业发展具有重要影响的战略供应商，企业应建立长期稳定的合作关系，共同制订发展计划，确保供应稳定和质量可靠。同时，双方应加强沟通与协作，共同应对市场变化和挑战。

（二）优先供应商

对于提供重要产品或服务、合作关系较为紧密的优先供应商，企业应给予更多的关注和支持，鼓励其改进产品和服务质量，提高竞争力。同时，建立有效的激励机制，确保双方的合作关系持续发展。

（三）普通供应商

对于提供一般性产品或服务的普通供应商，企业可采取一般管理策略，确保基本供应需求得到满足。同时，定期评估其绩效和合作意愿，为潜在的合作机会做好准备。

（四）淘汰供应商

对于表现不佳、无法满足企业需求的淘汰供应商，企业应果断终止合作，避免潜在风险。同时，总结经验教训，优化供应商选择和评价标准。

四、持续优化与调整

供应商分类管理是一个动态的过程，需要随着市场环境和企业需求的变化进行持续优化和调整。企业应定期评估供应商的分类标准和管理策略的有效性，根据评估结果进行调整和改进。同时，加强与供应商的沟通与协作，共同推动供应链的优化和发展。

总之，供应商分类管理是一种有效的供应链管理策略，有助于企业优化资源配置、提高管理效率、降低风险和促进合作关系的深化。通过科学分类和精准管理，企业可以实现供应链的稳定、高效运行，提升整体运营效率和市场竞争力。

微课
汽车制造商不同的供应商合作方式

任务四　考核供应商

考核供应商是供应链管理中的关键环节,它涉及对供应商的综合评价,以确保供应商能够满足企业的采购需求,并提供优质的产品和服务。以下是考核供应商的一般步骤和考虑因素:

一、明确考核目标和标准

考核供应商的目标和标准在供应链管理中至关重要,它们确保企业能够选择到最合适的供应商,并与之建立长期稳定的合作关系。以下是考核供应商的主要目标和标准:

(一) 考核供应商的主要目标

1. 确保供应稳定性和可靠性

这是考核供应商的首要目标。供应商需要能够按时、按量、按质地提供产品或服务,以满足企业的生产或运营需求。

2. 优化采购成本

通过考核,企业可以筛选出价格合理、性价比高的供应商,从而在保证质量的前提下降低采购成本。

3. 提升供应链整体效率

与优秀的供应商合作,可以减少供应链的摩擦和浪费,提升整个供应链的运行效率。

4. 促进供应商的持续改进和创新

通过考核和反馈,激励供应商不断提升自身能力和服务水平,推动企业供应链的不断优化和创新。

(二) 考核供应商的主要标准

1. 质量标准

考核供应商提供的产品或服务的质量水平,包括合格率、不良品率、可靠性等指标。

2. 交货期标准

评估供应商的交货能力和交货准时率,确保供应商能够按时履行合同。

3. 价格标准

比较不同供应商的价格水平,结合产品质量和交货期等因素,综合评估供应商的性价比。

4. 服务水平标准

考查供应商在售后服务、技术支持、响应速度等方面的表现,确保供应商能够为

案例学习
某制造企业
考核供应商

实战训练
处理质量
不合格货物

扩展学习
加强采购
交货期管理

企业提供及时、有效的服务。

5. 信誉和声誉标准

评估供应商的信誉和声誉，了解其在市场上的口碑和表现，确保与诚信、可靠的供应商合作。

6. 创新和持续改进能力标准

考察供应商是否具备创新意识和持续改进能力，能够为企业提供新的产品或服务，提升供应链的竞争力。

7. 合规性和社会责任标准

确保供应商遵守法律法规，履行社会责任，关注环境保护和员工福利等方面的问题。

在考核过程中，企业需要制订详细的考核方案，明确考核指标和评分标准，采用科学的考核方法，确保考核结果的公正性和客观性。同时，企业还需要与供应商保持良好的沟通，及时将考核结果反馈给供应商，促进双方的合作与发展。

二、收集供应商信息

企业需要收集关于供应商的相关信息，包括供应商的基本情况、经营能力、财务状况、技术实力等。这些信息可以通过与供应商的交流、实地考察、查阅相关资料等方式获取。同时，还需要收集供应商过去的表现记录，如交货记录、质量报告、售后服务反馈等，以便对供应商进行全面评估。

三、评估供应商

根据收集到的信息，企业可以对供应商进行评估。评估可以包括定性评估和定量评估两种方式。定性评估主要依赖于主观判断和经验，可以对供应商的能力、态度、合作精神等方面进行评价。定量评估则基于数据和统计方法，可以对供应商的质量、交货期、成本等具体指标进行量化分析。

在评估过程中，企业还可以考虑采用一些先进的考核方法，如加权指数法、层次分析法等，以提高评估的准确性和客观性。

扩展学习
供应商考核方法和首要指标

四、制定改进措施

根据评估结果，企业需要制定相应的改进措施和行动计划。对于表现优秀的供应商，可以给予更多的合作机会和激励措施；对于表现不佳的供应商，需要与其进行沟通，指出问题并要求其限期整改；对于无法满足企业需求的供应商，则需要考虑更换新的合作伙伴。

五、持续监控

考核供应商不是一次性的活动，而是一个持续的过程。企业需要定期对供应商进行监控和评估，以确保其始终能够保持较高的服务水平。同时，还需要及时将评估结果反馈给供应商，以便其了解自身的优势和不足，并采取相应的改进措施。

在考核供应商时，企业还需要充分考虑环境和社会因素。例如，供应商的环保政策、能源消耗、废物处理等方面是否符合企业的可持续发展要求；供应商是否遵守相关法律法规，是否具有良好的商业道德和职业操守等。这些因素对于企业的长期发展和品牌形象具有重要影响。

总之，考核供应商是一个复杂而重要的过程，需要企业投入足够的时间和精力。通过科学、公正的考核，企业可以筛选出优秀的供应商，建立长期稳定的合作关系，为企业的持续发展和竞争优势提供有力保障。

能力训练

一、专业基础知识训练

扫码同步测试4，完成专业基础知识训练。

同步测试4

二、岗位能力训练

采购检验专员、跟单专员、成本专员职业能力要求

填写退货单、制订交货延误解决方案、分析采购成本

（一）训练目的

（1）通过本次训练，使学生掌握退货单据的编制方法。

（2）通过本次训练，使学生能够明确造成交货延迟的主要原因，在发生延误时能够采取相应方法来解决问题。

（3）通过本次训练，使学生能够掌握运用学习曲线方法分析供应商成本的基本思路，掌握学习曲线分析法。

（二）训练组织

（1）以小组为单位分工完成实训任务，每个组员完成相应任务并署名。

（2）综合实训室内每人一台上网电脑，并安装采购与供应链实训软件。

（三）训练背景资料

AAA公司定期向恒久橡胶公司采购自行车轮胎。2018年2月1日，负责仓库管理的采购检验专员在检验货物过程中，发现订单编号为CGDD20180118012的自行车轮胎（物料编号：5741200027；规格型号：COUNTRYDRY2；单价：51.30元）出现了"轮胎重量不足、纹理及色泽不符"等质量问题。经统计，300条轮胎中不合格率为4%。他将相关情况反馈给了厂家，对方同意换货。

采购质量主管安排采购检验专员编制一张退货单（编号：TH20180201001），并记录供应商的供货质量问题，督促供应商提出改进计划，进行质量跟踪。

恒久橡胶公司供货一直非常准时，近期有些批次的自行车轮胎出现延期交货的情况。采购进度控制主管安排采购订单专员分析交货延迟的原因，并提出解决方案。

AAA公司准备采购一种新型的自行车轮胎，已知学习曲线为80%。AAA公司采购成本主管指派采购成本专员根据供应商报价，对这种新型的自行车轮胎进行采购成

本分析。采购成本专员了解到，公司准备采购 300 条，同时收到供应商的报价是每条 69 元。自行车轮胎的单位成本如下：

物料：40 元

人工：10 元（单位产品平均每小时 10 元，共 1 h）

制造费用：10 元（假设是人工成本的 100%）

总成本：60 元

利润：9 元（以总成本的 15% 计）

单位价格：69 元

采购成本专员通过调查还了解到，行业工资标准为 8 元/h，单位产品所耗用的物料为 200 g，该物料市场批发价格为 150 元/kg。

（四）训练要求

（1）以采购检验专员的身份编制退货单并跟踪质量问题。

（2）以采购订单专员的身份分析交货延迟原因，提出解决方案。

（3）以采购成本专员的身份思考下列问题：

①如果 AAA 公司追加 300 条轮胎订单，按照给定学习曲线的期望收益，单位产品的价格是多少？

②如果期间费用率为 10%，成本利润率为 15%，销售税率为 10%，用成本加成法计算，该产品的出厂价格是多少？

任务工作单、任务检查单、任务评价单如表 4-2 ~ 表 4-6 所示。

表 4-2　任务工作单 1

学习单元	控制供应链采购过程
任务名称	填写退货单据
任务描述	2018 年 2 月 1 日，负责仓库管理的采购检验专员在检验货物过程中，发现订单编号为 CGDD20180118012 的自行车轮胎（物料编号：5741200027；规格型号：COUNTRY DRY 2；单价：51.30 元）出现了"轮胎重量不足、纹理及色泽不符"等质量问题。经统计，300 条轮胎中不合格率为 4%。他将相关情况反馈给了厂家，对方同意换货。 　　采购质量主管当天安排采购检验专员编制了一张退货单（编号：TH20180201001），记录供应商的供货质量问题，并督促供应商提出改进计划，进行质量跟踪
任务要求	以采购检验专员的身份在采购管理系统中编制退货单
任务资讯	本任务是根据所给的任务素材资料，要求设计一份采购质量解决报告。为完成该任务，应该具备采购的质量控制知识，请回答以下资讯问题。 （1）什么是质量和质量规范？质量和质量规范有哪些不同？ （2）用什么方法检验采购物资的质量，出现质量问题，一般解决的途径是什么？ 任务实施： （1）回答资讯问题，做好知识准备。 （2）根据采购验收结果，填写退货单

表4-3　任务工作单2

学习单元	控制供应链采购过程
任务名称	制定交货延误解决方案
任务描述	恒久橡胶公司向 AAA 公司供货一直非常准时，近期有些批次的自行车轮胎出现延期交货的情况。AAA 公司采购进度控制主管安排采购跟单专员分析交货延迟的原因，并提出解决方案
任务要求	以采购跟单专员的身份分析交货延误的原因，并提出解决方案

任务资讯
　　本任务是根据所给的任务素材资料，拟订一份延迟交货的解决方案。为完成该任务，应该具备采购进度控制相关的知识，请回答以下资讯问题。
　　(1) 造成延期交货有哪些原因，应如何处理？
　　(2) 如何进行物料的跟催

任务实施：
(1) 回答资讯问题，做好知识准备。
(2) 分析交货延期的原因。
(3) 提出解决方案

表4-4　任务工作单3

学习单元	控制供应链采购过程
任务名称	分析采购成本
任务描述	AAA 公司准备采购一种新型的自行车轮胎，已知学习曲线为 80%。AAA 公司采购成本主管陈平指派采购成本专员根据供应商报价，对这种新型的自行车轮胎进行采购成本分析。采购成本专员张思慧了解到，公司准备采购 300 条，同时收到供应商的报价是每条 69 元。自行车轮胎的单位成本如下： 物料：40 元 人工：10 元（单位产品平均每小时 10 元，共 1 h） 制造费用：10 元（假设是人工成本的 100%） 总成本：60 元 利润：9 元（以总成本的 15% 计） 单位价格：69 元 　　采购成本专员通过调查了解到，行业工资标准为 8 元/h，单位产品所耗用的物料为 200 g，该物料市场批发价格为 150 元/kg
任务要求	以采购成本专员张思慧的身份分析采购成本

任务资讯
　　本任务是根据所给的任务素材资料，要求运用所学的成本分析方法进行采购成本分析。为完成该任务，请回答以下资讯问题。
　　(1) 供应商的产品成本一般包括哪些项目？其中哪些为固定费用，哪些为变动费用？
　　(2) 什么是学习曲线？学习曲线的原理是什么

任务实施：
(1) 回答资讯问题，做好知识准备。
(2) 运用学习曲线分析供应商成本

学习笔记

表4-5 任务检查单

学习单元	控制供应链采购过程		
任务名称	填写退货单、制订交货延迟解决方案、分析采购成本		
检查项目	检查标准	学生自查	教师检查
准备工作	能够通过各种渠道查阅相关资料,为完成任务做好准备		
掌握知识	能够准确地掌握本单元所涉及的理论知识		
运用能力	在完成任务的过程中能够正确、合理地运用所学的知识		
学习能力	能够在教师的指导下进行自主地学习,全面地掌握相关知识		
工作态度	认真执行计划,工作态度认真,一丝不苟,保证每个环节工作质量		
团队合作	积极与他人合作,团队意识强,能够共同完成工作任务		
运用工具	能够利用网络资源、工具书等进行二手资料的查询		
完成情况	能够按照工作要求,按时保质保量地完成工作任务		
结果质量	能够利用基础数据,正确地编制中长期采购计划		
检查评价	班级	姓名	第 组
	教师签字		时间

表4-6 任务评价单

学习单元	控制供应链采购过程			
任务名称	填写退货单、制订交货延迟解决方案、分析采购成本			
评价类别	评价项目	学生自评	小组互评	教师评价
理论知识(20%)	引导问题回答			
专业能力(40%)	理论知识运用(10%)			
	任务完成情况(10%)			
	任务检查全面性和准确性(5%)			
	任务结果质量(15%)			

续表

评价类别	评价项目	学生自评	小组互评	教师评价
方法能力（20%）	查找资料，自主学习（10%）			
	解决问题方法（10%）			
社会能力（20%）	团队合作（10%）			
	敬业精神（10%）			
评价评语	班级　　　　姓名　　　　成绩			
	教师签字　　　　时间			

教学反馈

教学反馈表如表 4-7 所示。

表 4-7　教学反馈表

本章我学到的知识	
本章我掌握的技能	
本章我没有听懂的内容	
本章我最喜欢的内容	
对本章教学，我的建议	

项目五　建立供应链合作伙伴关系

 知识目标

(1) 掌握供应链合作伙伴的内涵和特征。
(2) 掌握委托代理的基本原理。
(3) 理解供应链企业间的委托代理关系。
(4) 掌握供应链联盟的建立与运作理论。
(5) 掌握建立与维护供应商合作伙伴关系的基本内容。

 技能目标

(1) 能够分析现实中逆向选择与道德风险问题,提出应对措施。
(2) 能够设计特定行业的供应链联盟的体系框架。
(3) 能够建立和维护供应商合作伙伴关系。

 素养目标

(1) 树立供应链成员之间关系共建、共赢、共享思想。
(2) 培养遵守职业道德、遵守合约、严格自律的品质,建立良好的营商环境。

思维导图

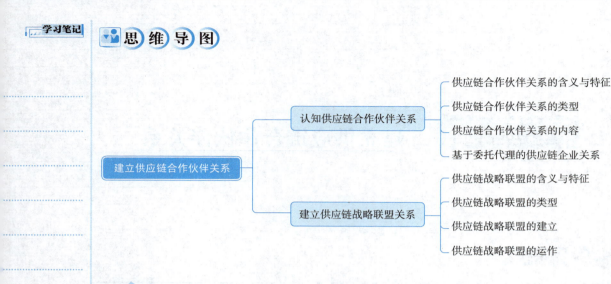

引导案例

益邦物流荣获最佳合作伙伴奖

在 BAT 等互联网巨头加持下,新零售如狂风般席卷已发展成熟的电商市场,让无数企业不得不参与到这场涉及线上服务、线下体验、产业边界、客户体验、企业成本与效率等方面的混战之中。

市场被重新定义之时,谁能勇于站上风口浪尖,往往便能获得成功。在新零售时代的大潮中,广州中草集化妆品有限公司(下称中草集)便是勇敢的先行者。这个知名的化妆品牌以"品质就是生命"的经营理念,开发出过百种广受消费者欢迎的中草药化妆品,并在近年来以年均增长率超 50%的速度,成为国内单一品牌专卖店中脱颖而出的黑马。

截至 2018 年,中草集在国内已经拥有超过 600 家专卖店,遍布全国各大省市自治区,入驻大润发、沃尔玛、万达、家乐福、华润万家、永辉超市等大型商超,并打通天猫、京东等平台与线下专卖店共享会员体系,成为国内少有的实现新零售体系运作的化妆品品牌。

在跨越全国、打通线上线下的营销体系中,物流供应链成了带动消费者体验,从而提升品牌知名度、美誉度甚至销售业绩的一条重要纽带,寻找一家具备优秀供应链运营服务能力、拥有丰富运营经验及行业理解的第三方物流与供应链管理的供应商合作,是不少优秀化妆品品牌的共同选择。

2018 年 7 月,益邦供应链(益邦物流)成了中草集的独家第三方物流与供应链管理供应商,协同益邦供应链咨询与益邦物流科技的智慧与技术保障,益邦供应链在短期内就为中草集建立了一套行业领先的销售物流供应链服务体系。通过投入 DPS 分拣作业流水线、WMS 个性化系统与精益供应链管理等现代物流管理手段,项目的运作在仓库设施设备升级、管理系统升级、操作人员培训上都获得了重大进展,获得了中草集的高度认可和赞誉。

合作期间，益邦供应链通过持续改善客户供应链管理的库存准确率、入库及时率、出库准确率、库存报表提交率、准时到达率、订单跟踪率、回单交付率等重要指标。同时通过定制化的专业售后服务体系，有效控制了货物运输迟到、货物丢失、货损货差等物流异常事件，大幅提升物流效益及终端客户满意度。

2018年12月25日，在2019年中草集年会上，凭借优越的物流供应链运营服务，益邦供应链一举斩获了《2019年中草集年会暨1001店计划》最佳合作伙伴奖。在中草集业务持续稳定发展的过程中，益邦物流作为重要的供应链战略合作伙伴，通过为中草集提供全方位的精益供应链解决方案和运营管理，并结合业务的实际需要，优化操作流程和提高运作质量，持续提升客户满意度，有力地支持了中草集全国业务的扩张和发展。

资料来源：中国物流与采购网 http://www.chinawuliu.com.cn/

任务一　认知供应链合作伙伴关系

一、供应链合作伙伴关系的含义与特征

（一）供应链合作伙伴关系的含义

供应链合作伙伴关系（Supply Chain Partnership，SCP）是一种在供应链内部两个或两个以上独立的成员之间形成的协调关系，这种关系旨在实现某个特定的目标或效益。这种关系可以定义为供应商与制造商之间在一定时期内的共享信息、共担风险、共同获利的协议关系。这种战略合作伙伴关系形成于集成化供应链管理的环境下，具有特定的目标和利益的企业之间。

扩展学习
分合作伙伴关系的界定

建立供应链合作伙伴关系的目的在于通过提高信息共享水平，减少整个供应链产品的库存总量、降低成本和提高整个供应链的运作绩效。这有助于降低供应链总成本，降低库存水平，增强信息共享，改善相互之间的交流，保持战略合作伙伴关系，并产生更大的竞争优势。通过实现供应链节点企业的财务状况、质量、产量、交货期、用户满意度和业绩的改善和提高，供应链合作伙伴关系为企业带来了实质性的利益。

案例学习
基于项目的合作伙伴

（二）供应链合作伙伴关系的特征

供应链合作伙伴关系的特征主要体现在以下几个方面：

1. 高度的信任机制

供应链合作伙伴之间建立了深厚的信任基础，他们相互信任、共担风险，这是供应链合作关系的基石。这种信任不仅体现在日常的业务往来中，更体现在面对困难和挑战时，各方能够坦诚沟通、共同应对。

2. 有效的信息共享

合作伙伴之间实现了信息的有效交换和共享，包括成本、进程、质量控制等方面

扩展学习
供应链合作
伙伴关系与
传统企业之
间关系区别

案例学习
分摊上下游
风险，成为
油气市场的
赢家

的信息。这种信息共享有助于各方更好地了解彼此的运营状况和需求，从而做出更准确的决策，提高整个供应链的运作效率。

3. 紧密的合作与参与

在供应链合作关系中，需方往往直接参与供方的产品研制等过程，共同寻求解决问题和分歧的途径。这种紧密的合作与参与有助于增强双方的默契和协作能力，共同推动供应链的优化和发展。

4. 长期稳定的供应合同

供应链合作伙伴之间通常会签订长期稳定的供应合同，确保双方的业务关系得以持续稳定地发展。这种合同关系有助于减少不确定性和风险，提高供应链的可靠性和稳定性。

5. 实现系统双赢为目标

供应链合作伙伴关系强调双方共同的目标和利益，致力于实现系统双赢。通过共同制订有挑战性的改进计划、共同开发和创造，实现双方的长期发展和互利共赢。

此外，从供应链战略合作联盟角度看，供应链合作还具有联合的协同性、合作形式的多样性等特点；而从节点企业角度看，供应链合作则强调个体的优秀性、相对完整性、相互依赖、信息共享、投资、一体化和制度化等方面。

二、供应链合作伙伴关系的类型

（一）根据与制造商的密切程度

1. 重要合作伙伴

与制造商关系密切，数量较少但质量较高。

2. 次要合作伙伴

与制造商关系相对不密切，数量较多。

（二）根据合作伙伴在供应链中的增值作用和竞争实力

1. 战略性合作伙伴

此类合作伙伴在行业中具有较强的竞争力，对下游企业的增值能力也非常强劲，提供的产品附加值高，多为定制化产品。企业与合作伙伴之间形成双赢的战略合作关系。

2. 有影响力的合作伙伴

尽管目前竞争力相对较弱，但增值能力较强，具有良好的潜质，提供的产品通常为定制型、非标准化的产品。

3. 普通合作伙伴

此类合作伙伴的行业竞争力较弱，对下游企业现在和未来产品或服务的贡献也非常有限。

4. 竞争性/技术性合作伙伴

这类合作伙伴可能在技术或某些方面具有竞争优势，但与合作企业之间也存在一定的竞争关系。

合作伙伴关系分类矩阵如图 5-1 所示。

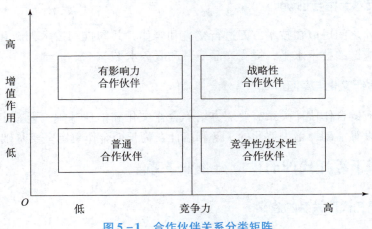

图 5-1　合作伙伴关系分类矩阵

在分类矩阵图中，横轴代表的是合作伙伴在供应链中的竞争力，纵轴代表合作伙伴在供应链中的增值作用。

以上这些分类方式并不是互相排斥的，而是从不同的角度描述了供应链合作伙伴关系的多样性。在实际操作中，一个供应链合作伙伴可能同时具有多种类型的特征。因此，在选择和建立供应链合作伙伴关系时，企业需要根据自身的战略目标和市场环境，综合考虑各种因素，选择最适合自己的合作伙伴类型。

三、供应链合作伙伴关系的内容

（一）信息共享

这是供应链合作伙伴关系的基础。各方需要共享关键信息，包括订单、库存、销售数据、生产计划等，以便更好地协调供应链活动，提高响应速度和决策准确性。通过信息共享，可以减少供应链中的不确定性，降低库存水平，提高整体运营效率。

（二）风险共担

供应链合作伙伴需要共同承担市场风险和运营风险。在面临市场波动、需求变化或供应链中断等风险时，各方应共同制定应对措施，确保供应链的稳定性和可靠性。

（三）利益共享

合作伙伴之间通过协同工作，实现成本降低、效率提升和市场份额扩大等目标，从而共同分享由此产生的利益。这种利益共享机制有助于增强合作伙伴之间的信任和长期合作意愿。

（四）战略协同

供应链合作伙伴需要在战略层面进行协同，共同制订长期发展规划和目标。通过战略协同，可以优化资源配置，提高供应链的整体竞争力。

（五）技术支持与创新

合作伙伴之间可以在技术方面进行交流和合作，共同推动技术创新和升级。这有助于提升供应链的技术水平，提高产品质量和服务水平。

（六）合作文化与信任

建立供应链合作伙伴关系需要双方培养合作文化和信任基础。通过定期沟通、互访和团队建设等活动，增进彼此的了解和信任，为长期合作奠定坚实基础。

四、基于委托代理的供应链企业关系

（一）委托代理关系的含义

基于委托代理的供应链企业关系是一种在供应链管理中形成的重要合作模式。这种关系源于供应链企业间分工合作和相互关联所带来的信息不对称现象。由于供应商和客户之间在供应链中的不同角色和职责，他们之间的信息往往是不对称的，这就导致了委托代理问题的产生。

在委托代理关系中，一方（通常是供应链中的核心企业或采购方）作为委托人，将某些任务或职责委托给另一方（代理人或供应商）来执行。这种关系的基础是信任，因为委托人需要相信代理人能够按照其利益和要求来执行任务。同时，为了确保代理人的行为符合委托人的期望，通常会建立一系列的合同、协议和激励机制来约束和激励代理人的行为。

基于委托代理的供应链企业关系具有几个显著的特点。首先，这种关系强调合作与竞争并存。虽然供应链企业之间存在竞争关系，但在委托代理框架下，他们更注重通过合作来实现共同的目标和利益。其次，这种关系注重信息共享和透明度。委托人需要了解代理人的运营情况、产品质量、交货期等信息，以便做出更好的决策。而代理人也需要向委托人提供必要的信息，以确保双方的利益得到保障。

（二）委托代理关系引发的问题

基于委托代理的供应链企业关系也面临一些挑战。例如，信息不对称可能导致逆向选择问题和道德风险问题。逆向选择问题通常由于供应商可能不具备提供某种质量水平的能力，而做出错误的质量承诺；道德风险问题则可能因为供应商在事后隐藏行动或信息，采取欺骗行为。此外，供应链企业间的资金流不畅通、信息管理弱化等问题也可能影响委托代理关系的稳定性和有效性。

为了克服这些挑战，供应链企业需要加强合作与沟通，建立更加紧密的合作关系。同时，也需要加强信息管理和透明度建设，提高信息共享水平。此外，通过合理

案例学习
福特公司汽车供应商的逆向选择

扩展学习
委托代理关系中"逆向选择"和"道德风险"

的合同设计和激励机制，可以约束代理人的行为，降低道德风险，并促进供应链的整体优化和发展。

任务二 建立供应链战略联盟关系

战略联盟通常是指两个或两个以上企业组织为了一定目标和利益而共同行动、订立盟约所结成的一种组织间合作形式。良好的供应链伙伴关系是供应链联盟建立与运作的基础。供应链成员企业通过建立战略性合作伙伴关系加强合作，通过战略上的合作和协同加强供应链管理，更好地利用供应链的各种资源，从而形成供应链战略联盟。

案例学习
从"宝·玛"合作看如何构建协同供应链

一、供应链战略联盟的含义与特征

（一）供应链战略联盟的含义

供应链战略联盟是指在同一条供应链中，企业之间形成的合作伙伴关系。在这种关系中，各个企业将其资源、能力和核心竞争力结合在一起使用，从而共同实现设计、制造、产品或服务提供上的利益最大化。这种联盟的形成以供应链战略伙伴关系为基础，每个成员企业都在其各自的优势领域为联盟贡献核心能力，以实现优势互补、风险共担和利益共享的目标。

供应链战略联盟是供应链管理思想与战略联盟管理思想的结合，为企业供应链管理提供了一种新方法，同时也为战略联盟的应用开辟了一个新空间。它突破了传统企业组织的有形界限，通过建立合作伙伴关系，有效地整合企业内、外部资源，以实现企业的战略目标。

（二）供应链战略联盟的特征

1. 目标性

供应链战略联盟是围绕着一个共同的目标而建立的，即实现供应链整体的最优化和企业的战略目标。联盟中的各个企业会共同努力，通过协同合作，实现共同设定的目标。

2. 虚拟性

供应链战略联盟并不具备实体形态，而是依靠网络实现信息共享和协同工作。这种虚拟性使联盟可以更加灵活地应对市场变化，提高响应速度。

3. 独立性

尽管形成了联盟关系，但供应链战略联盟中的每个企业仍然是独立的实体，相互间不存在隶属关系。他们保留着自己的决策权和管理权，只是在特定领域和特定目标上进行合作。

4. 互补性

成员企业都拥有自身的核心竞争力，这些核心竞争力在联盟中得以互补，产生协同效应。通过资源共享和优势互补，联盟能够提升整体竞争力，实现更大的价值。

5. 共赢性

供应链战略联盟强调的是共赢原则，即通过合作实现各方利益的最大化。联盟中的企业不再是简单的竞争关系，而是转变为竞合关系，通过合作实现共同发展。

6. 复杂性

由于供应链战略联盟涉及多个企业和多个环节，因此管理起来相对复杂。联盟中的各个企业既存在合作又存在竞争，这种合作与竞争并存的关系增加了管理协调的难度。

7. 风险性

供应链战略联盟也伴随着一定的风险，如联盟管理和合作风险、投资与战略"套牢"风险、技术与知识产权风险等。这些风险需要联盟中的企业共同面对和应对。

综上所述，供应链战略联盟的特征体现了其作为一种新型组织形式的特点和优势，通过整合企业内外资源、实现信息共享和协同工作，有助于提升整个供应链的效率和竞争力。

二、供应链战略联盟的类型

供应链战略联盟的类型有很多种，主要有以下几种分类方式。

（一）按照联盟企业所处的位置划分

1. 横向供应链联盟

横向供应链联盟是指在供应链中承担相同环节任务的实体之间的联盟，例如零售商之间的销售联盟、供应商之间的制造联盟等。这些联盟中的成员企业均处于同一行业或领域中，因此在供应链中处于同一层级。

由于横向供应链联盟的成员企业具有相近的企业性质和生产类似的产品，它们之间除了合作外，还存在竞争关系。这使供应链联盟内部呈现出竞争与合作共存的基础环境。因此，在对横向供应链联盟进行成本分配时，需要充分考虑其同质性和竞合性特征。

此外，横向供应链联盟的建立有助于企业突破传统组织的有形界限，建立战略合作伙伴关系，并通过有效整合企业内、外部资源，实现企业的战略目标。

2. 纵向供应链联盟

纵向供应链联盟是指处于产业链上下游、在生产产品上存在关联的企业之间建立起的合作联盟。这种联盟方式的关键在于根据企业在价值链上的不同地位来实现分工和合作，以实现资源和技术以及其他方面的优势互补，更加关注自身的核心竞争力和核心资源。联盟中的企业利用各自的优势与其他企业形成长期的联盟关系，能够创造更多稳定性价值。

纵向供应链联盟不同于以往的纵向一体化，联盟中的企业各自具有独立性，企业间并无所属及依附关系，只是站在战略的角度紧密联合，长期合作。这种联盟方式能

案例学习
供应链战略联盟是供应链管理的最佳实践

案例学习
R&D 联盟日益成为联盟中的重要形式

够使企业之间的联系更加密切和协调，但在发展中双方继续保持独立的生产和经营模式。

纵向供应链联盟的形成对于整个供应链的优化和企业的协同发展具有重要意义。通过整合供应链上下游的资源，实现信息共享、风险共担和利益共享，可以提高供应链的运作效率，降低运营成本，增强市场竞争力。同时，纵向供应链联盟也有助于企业之间的合作创新，推动技术进步和产业升级。

3. 混合供应链联盟

混合供应链联盟是供应链战略联盟的一种重要形式，它结合了横向供应链联盟和纵向供应链联盟的特点，既包含处于同一层级、承担相同环节任务的实体之间的合作，也包含产业链上下游、在生产产品上存在关联的企业之间的合作。

混合供应链联盟的形成旨在整合供应链中的各种资源，实现资源、技术和其他方面的优势互补。这种联盟方式不仅有助于企业提高生产效率和降低运营成本，还能加强企业间的合作创新，推动整个供应链的持续优化和发展。

在混合供应链联盟中，各成员企业保持独立性的同时，又通过紧密的合作实现共同的目标。它们利用各自的核心竞争力和优势资源，在供应链的不同环节进行协同工作，以实现整个供应链的效益最大化。

此外，混合供应链联盟也有助于增强供应链的灵活性和抗风险能力。通过联盟内部的协调与配合，企业可以更好地应对市场变化、需求波动等不确定性因素，确保供应链的稳定运行。

（二）按照联盟的稳定性划分

1. 稳定供应链联盟

稳定供应链联盟是一种长期稳定的战略合作伙伴关系，由若干供应链实体（如供应商、生产商、分销商等）基于相对稳定、单一的市场需求而组成。这种联盟具有相对固定的合作成员和分工组合，以及较长时间的合作关系。它的形成是为了实现供应链整体的最优化和企业的战略目标，通过整合企业内、外部资源，提高供应链运作的效率和稳定性。

在稳定供应链联盟中，企业之间的合作是长期的、稳定的，它们共享信息、共同承担责任和风险，以实现共同的目标。这种联盟有助于降低交易成本、减少不确定性，提高整个供应链的响应速度和灵活性。同时，它也有助于企业之间建立信任关系，促进合作创新和技术交流。

2. 动态供应链联盟

动态供应链联盟是一种灵活、可变的供应链组织形式，其成员企业根据市场需求和产品生命周期的变化，动态地加入或退出联盟。这种联盟形式的产生源于流通组织在现实经济中不断地进行边界拓展，形成一种动态一体化网络，以适应消费者需求的多样化和快速响应的敏捷制造。

动态供应链联盟的核心优势在于其灵活性和适应性。它能够快速响应市场变化，通过优化资源配置、协调流通交易环节，有效降低供应链交易流通总成本，实现联盟企业最大经济价值。此外，联盟成员间的信息交流机制可以实现信息共享与经济价值转移，降低产业链与供应链流通成本，提高消费者满意度。

（三）按照联盟是否参与股权划分

1. 股权式供应链联盟

股权式供应链联盟是一种特殊类型的供应链战略联盟，它主要通过股权关系将供应链中的不同企业紧密地连接在一起。这种联盟形式的主要特点在于，联盟成员之间通过相互持有股份或共同出资设立新企业等方式，建立起一种基于股权的深层次合作关系。

股权式供应链联盟的形成有助于实现供应链整体的最优化和企业的战略目标。通过股权纽带，联盟成员能够更加紧密地协调彼此的行动，共同应对市场挑战，降低交易成本，提高运营效率。同时，股权式联盟也有助于促进知识共享和技术创新，推动整个供应链的升级和发展。

为了充分发挥股权式供应链联盟的优势并应对潜在风险，企业需要谨慎选择合作伙伴，确保双方在战略目标和价值观上高度一致。同时，建立有效的沟通机制和决策流程，确保联盟内部的顺畅运作。此外，通过合理的股权结构设计和权益分配安排，平衡各方利益，降低潜在冲突的风险。

2. 非股权式供应链联盟

非股权式供应链联盟是一种基于契约或协议而建立的供应链合作关系，与股权式供应链联盟相比，它并不涉及企业间的股权持有或共同出资设立新企业。这种联盟形式更侧重于通过有效整合企业内、外部资源，实现战略目标，并提升整个供应链的竞争力。

非股权式供应链联盟的特点在于其灵活性和相对较低的进入与退出成本。企业可以根据自身需要和市场变化，选择适合的合作伙伴，并通过契约或协议明确双方的权利和义务。这种联盟形式不需要企业间进行复杂的股权交易，因此更容易建立和调整。

此外，非股权式供应链联盟也注重企业间的信任和忠诚。在联盟中，各成员企业需要相互信任、共同协作，以实现整体利益的最大化。这种信任关系的建立和维护对于联盟的稳定性和长期发展至关重要。

（四）按照联盟中能力开发和深化的重点划分

1. 知识型供应链联盟

知识型供应链联盟是一种特殊类型的供应链战略联盟，其核心在于通过知识共享、交流与创新，提升整个供应链的竞争力。这种联盟形式强调知识资源在供应链中的重要性，致力于将各成员企业的知识资源进行整合和优化，以实现知识的增值和创新。

在知识型供应链联盟中，成员企业通常拥有各自领域内的专业知识和技术，通过联盟的形式，这些企业可以共同研发新产品、新技术，共同解决供应链中的技术难题。同时，联盟还可以促进成员企业之间的信息交流和沟通，提高决策效率和响应速度，从而优化整个供应链的运作。

知识型供应链联盟的优势在于其能够整合各成员企业的知识资源，实现知识的共享和创新。这种联盟形式有助于提升企业的技术水平、降低研发成本、缩短产品上市时间，从而增强企业的市场竞争力。此外，知识型供应链联盟还可以促进成员企业之间的合作与信任，建立长期稳定的战略伙伴关系。

为了充分发挥知识型供应链联盟的优势并应对潜在挑战，企业需要积极参与联盟活动，加强与其他成员企业的交流与合作。同时，企业还需要注重自身知识资源的积累和管理，提升企业的知识创新能力。此外，政府和社会各界也应为知识型供应链联盟的发展提供支持和保障，推动供应链的持续创新和发展。

2. 商业型供应链联盟

商业型供应链联盟是供应链战略联盟的一种重要形式，主要侧重于商业利益和市场竞争力的提升。这种联盟通常由具有共同商业目标和利益的企业组成，旨在通过合作实现资源共享、风险共担和利益共享。

商业型供应链联盟的成员企业通常在供应链的不同环节具有各自的优势和资源，通过联盟的形式，可以共同应对市场挑战，提高整体竞争力。联盟成员之间会进行深度的商业合作，包括共同开发市场、共享销售渠道、优化库存管理、提高物流效率等，以实现共同的商业目标。

这种联盟形式有助于降低企业的运营成本，提高运营效率，同时也有助于增强企业的市场影响力。通过商业型供应链联盟，企业可以更好地把握市场机遇，提高客户满意度，从而在激烈的市场竞争中脱颖而出。

3. 综合型供应链联盟

综合型供应链联盟是一种全面而复杂的供应链组织形式，它结合了股权式、非股权式、知识型以及商业型等多种供应链联盟的特点和优势。这种联盟形式旨在通过整合各种资源、知识和能力，实现供应链整体的最优化和企业的战略目标。

综合型供应链联盟的成员企业不仅具有共同的商业目标和利益，还通过股权关系、契约协议等方式建立起紧密而稳定的合作关系。这种联盟形式不仅注重商业利益和市场竞争力的提升，还强调知识共享、技术创新和长期稳定发展。

在综合型供应链联盟中，企业之间可以共享资源、信息和知识，共同研发新产品、新技术，共同应对市场挑战和风险。同时，联盟成员还可以通过合作优化供应链流程、降低运营成本、提高运营效率，从而增强整个供应链的竞争力。

综合型供应链联盟的成功关键在于成员企业之间的信任、合作和共赢精神。企业需要摒弃传统的零和博弈思维，树立合作共赢的理念，积极与其他企业开展深度合作。同时，企业还需要具备足够的管理能力和协调能力，以确保联盟的高效运作和持续发展。

三、供应链战略联盟的建立

（一）建立供应链战略联盟的影响因素

1. 市场需求与竞争环境

随着市场需求的多样化和复杂化，企业面临的市场竞争也日趋激烈。为了应对这种竞争压力，企业需要寻求与其他企业的合作，通过供应链战略联盟来共同应对市场挑战，实现资源共享、风险共担和利益共享。

2. 资源互补与协同效应

供应链战略联盟的建立往往基于企业之间的资源互补性。通过联盟，企业可以获取到自身所缺乏的资源、技术或能力，从而增强自身的竞争力。同时，联盟还可以产生协同效应，使各成员企业能够更有效地利用资源，提高整体运营效率。

3. 降低成本与提高效率

供应链战略联盟有助于降低企业的采购成本、运输成本、库存成本等，从而提高企业的盈利能力。此外，联盟还可以优化供应链的运作流程，减少不必要的浪费和损耗，提高整体运营效率。

4. 风险管理与稳定供应

通过建立供应链战略联盟，企业可以共同应对供应链中的不确定性因素，如供应商破产、自然灾害等。联盟成员可以相互支持，确保供应链的稳定性，降低潜在的风险。

5. 信任与合作关系

供应链战略联盟的成功建立需要基于成员企业之间的信任和合作关系。只有当企业之间能够相互信任、真诚合作时，才能确保联盟的稳定性和长期发展。

6. 战略契合与目标一致性

供应链战略联盟的成员企业需要在战略上保持高度契合，具有共同的发展目标和愿景。只有当各成员企业能够朝着共同的目标努力时，才能实现联盟的整体成功。

（二）建立供应链战略联盟的流程

建立供应链战略联盟流程如图 5-2 所示。

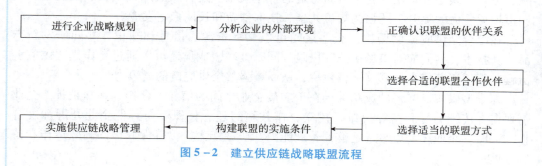

图 5-2　建立供应链战略联盟流程

1. 进行企业战略规划

建立供应链联盟是企业的战略性问题，企业要明确建立供应链联盟的目的，要明确长远目标，企业需要什么样的合作伙伴，合作的领域（技术或产品和服务的组合）和合作潜力等问题。根据建立供应链联盟的目的进行战略规划，确定企业建立供应链联盟的战略规划。

2. 分析企业内外部环境

根据创建战略联盟的目标,企业要全面了解和评价自身环境和外部环境,认真思考企业经营战略、组织结构和人员安排等,推进供应链战略联盟顺利实施。首先,企业要分析自身的优势和劣势,分析自身的核心竞争力、可以利用的资源(包括人力、财力和便利条件等)、需要吸纳的资源等。其次,企业要分析外部环境,包括目标市场现状、客户现实需求和潜在需求,竞争对手的优劣势和发展动向等情况。

3. 正确认识联盟的伙伴关系

供应链联盟企业之间是一种合作竞争关系。对于企业来说,建立供应链战略联盟是一把双刃剑,既可能推动企业的发展,也可能带来重大的损失。因此,供应链联盟企业必须正确地认识和把握相互间的关系,坚持合作竞争的原则,在合作中提高企业竞争力。处于联盟中的企业既要充分信任合作伙伴,尽可能地为合作提供便利和条件,又要注意适当保护自己拥有的核心能力,防止核心技术和核心能力被模仿。

4. 选择合适的联盟合作伙伴

在分析企业内外部环境和充分认识供应链联盟中合作伙伴的合作竞争关系的基础上,根据企业所确定的建立供应链联盟的战略目标,对每个目标合作伙伴进行全面分析,按照一定的标准选择合适的联盟合作伙伴。

选择供应链战略联盟合作伙伴的主要标准是:合作伙伴能帮助企业增加产品价值;合作伙伴能帮助企业开辟新的市场渠道;可以与合作伙伴共享技术,突破技术瓶颈,增强技术力量;可以与合作伙伴共享资源,开拓新的发展领域;合作伙伴可以为企业注入资金。

5. 选择适当的联盟方式

在选定联盟的合作伙伴后,企业根据自己的战略目标和合作需要,与合作伙伴进行协商,选择适当的联盟方式,如股权式联盟或契约式联盟等,明确联盟的权利和义务关系,并对厂址选择、成本分摊、市场份额、知识创新和技术协同等方面进行约定,确保联盟得以顺利实施。

6. 构建联盟的实施条件

供应链战略联盟的实施条件主要包括:确立适当的战略伙伴关系模式;双方就运作模式、利润分配和成本分摊等问题达成一致;建立有效的绩效评价体系;建立共享的信息平台;建立解决双方冲突的机制和机构。

7. 实施供应链战略管理

供应链联盟企业可以重新界定各自的市场边界,对供应链合作关系实施有效的管理,合作开发产品,拓展目标市场,并运用绩效衡量手段,按照已经确定的绩效评价体系,对供应链运营效果进行评价和监控,并将监控结果进行反馈。供应链联盟企业可以定期召开会议,交流并解决协作中的问题和矛盾。必要时可以对供应链业务流程进行重组,对供应链运营进行适当的调整与改进,在动态中实施供应链管理。

四、供应链战略联盟的运作

(一) 建立供应链战略联盟的利益分配机制

建立供应链战略联盟的利益分配机制是确保联盟稳定和持续发展的关键。一个公平、透明且有效的利益分配机制能够激励各成员企业积极参与合作,共同实现联盟目标。

1. 明确利益分配的目标与原则

(1) 目标:确保各成员企业能够公平地分享联盟所带来的利益,激励它们为联盟的成功做出更大贡献。

(2) 原则:利益分配应遵循公平、透明、互惠互利的原则,同时考虑成员企业的投入、贡献和风险承担情况。

2. 评估成员企业的投入与贡献

(1) 投入评估:对成员企业在资金、技术、人力等方面的投入进行量化评估,以确定它们在联盟中的相对价值。

(2) 贡献评估:根据成员企业在产品开发、市场拓展、成本控制等方面的实际贡献,评估其对联盟整体绩效的影响。

3. 考虑风险承担与利益相关性

(1) 风险承担:分析成员企业在联盟运营过程中可能面临的风险,并根据其风险承担情况调整利益分配比例。

(2) 利益相关性:确保成员企业所获得的利益与其在联盟中的贡献和地位相匹配,实现利益与责任的平衡。

4. 确定利益分配方式

(1) 固定分配:根据成员企业的投入和贡献,设定固定的利益分配比例。

(2) 动态分配:根据联盟的实际运营情况和成员企业的实时贡献,动态调整利益分配比例。

(3) 混合分配:结合固定分配和动态分配的特点,制订更加灵活和适应性强的利益分配方案。

5. 建立利益分配监督机制

(1) 设立专门的监督机构或委员会,负责监督利益分配机制的执行情况,确保公平、透明和有效。

(2) 定期对利益分配机制进行评估和调整,以适应联盟发展的需求和市场环境的变化。

6. 加强沟通与协商

(1) 鼓励成员企业之间的沟通与协商,共同解决利益分配过程中出现的问题和分歧。

(2) 通过定期召开会议、分享信息等方式,增进彼此之间的了解和信任,为利益分配机制的实施创造良好的环境。

(二) 建立供应链战略联盟的信任机制

建立供应链战略联盟的信任机制是确保联盟稳定和成功的关键要素。

1. 明确并共享共同目标

所有联盟成员需要清晰了解并认同联盟的战略目标，确保各方行动的一致性。这不仅能够减少误解和冲突，还能提升整体效率和效果。

2. 保持信息的开放和透明

联盟成员之间应定期分享关键信息和数据，以便彼此了解各自的运营状况、挑战和进展。通过信息的共享，可以消除疑虑，增进相互理解和信任。

3. 履行承诺和信守合同

联盟成员需要严格按照合作协议履行各自的职责和义务，不得随意变更或违反协议。只有通过实际行动展示诚信，才能赢得其他成员的信任和尊重。

4. 建立有效的沟通机制

联盟成员之间应建立定期沟通的制度，通过会议、电话、邮件等方式保持密切联系。在沟通中，各方应坦诚交流，及时解决问题，避免误解和猜疑。

5. 培养共同的价值观和企业文化

联盟成员可以通过文化交流、培训等方式，增进彼此之间的了解和认同，形成共同的价值观念和行为准则。这有助于减少文化冲突，提升联盟内部的凝聚力和向心力。

6. 建立奖惩机制

对于履行承诺、积极合作的成员，应给予适当的奖励和表彰；而对于违反协议、损害联盟利益的成员，应给予相应的惩罚和制裁。通过奖惩机制的建立，可以维护联盟的公平和正义，促进成员之间的信任和合作。

(三) 建立供应链战略联盟的任务分配和协调机制

建立供应链战略联盟的任务分配和协调机制，是确保联盟高效运作和达成共同目标的关键环节。

（1）明确联盟的战略目标和整体任务，确保所有成员对联盟的使命和愿景有清晰的认识。在此基础上，对整体任务进行分解，明确各个成员企业在联盟中的角色和职责。这需要根据各成员企业的核心能力和资源优势，合理分配任务，确保每个成员都能发挥其专长，共同为联盟的整体目标贡献力量。

（2）建立任务分配的决策机制。这可以通过设立专门的决策机构或委员会来实现，由联盟成员共同参与，共同决策。在决策过程中，应充分考虑各成员企业的意见和建议，确保决策的科学性和公正性。同时，决策机构应定期对任务分配情况进行评估和调整，以适应市场变化和联盟发展的需要。

（3）在任务分配的基础上，还需要建立有效的协调机制。这包括信息协调、物流协调、生产协调等多个方面。信息协调要求各成员企业及时共享关键信息和数据，确保信息在联盟内部流通畅通，减少信息不对称带来的风险。物流协调则需要优化物流网络，确保物料和产品能够按时、按量、按质地送达目的地。生产协调则要求各成员企业在生产过程中保持紧密配合，确保生产计划的顺利执行。

（4）建立定期沟通机制也是协调机制的重要组成部分。各成员企业应定期召开会议，就联盟的运营情况、任务执行情况、存在的问题和解决方案等进行深入讨论和交流。通过沟通，可以增进彼此之间的了解和信任，及时解决合作过程中出现的问题，推动联盟的稳定发展。

（5）建立激励机制和奖惩制度也是保障任务分配和协调机制有效运行的重要手段。通过设立明确的奖励和惩罚措施，可以激励成员企业更加积极地参与联盟的合作，履行其职责和义务。同时，对于违反协议、损害联盟利益的成员企业，应给予相应的惩罚和制裁，以维护联盟的公平和正义。

（四）建立供应链战略联盟的信息共享机制

建立供应链战略联盟的信息共享机制是确保联盟高效运作和协同发展的关键。

1. 明确信息共享的目标和范围

供应链战略联盟的信息共享旨在提高供应链的透明度和协同性，从而优化资源配置、降低成本并提升整体竞争力。因此，需要明确哪些信息需要共享，以及共享的方式和频率。

2. 建立统一的信息标准和平台

为了实现信息的有效共享，联盟成员需要采用统一的信息标准和格式，确保数据的准确性和一致性。同时，可以建立一个集中的信息共享平台，使成员能够方便地访问和交换信息。

3. 加强信息安全和隐私保护

信息共享涉及敏感的商业信息和数据，因此必须采取严格的安全措施来保护这些信息。这包括使用加密技术、设置访问权限、定期审计等。同时，也需要尊重和保护成员的隐私权益，避免信息泄露和滥用。

4. 促进信息的实时更新和流通

供应链中的信息是不断变化的，因此信息共享机制需要能够实时更新和流通信息。这可以通过建立实时的数据交换系统、使用先进的通信技术等方式实现。

5. 建立有效的激励机制和奖惩制度

为了鼓励成员积极参与信息共享，可以设立一定的奖励措施，如根据信息共享的质量和贡献给予一定的利益分配或优惠。同时，对于不遵守信息共享规则或提供虚假信息的成员，应给予相应的惩罚和制裁。

6. 加强成员之间的信任和合作

信息共享需要成员之间的充分信任和合作，因此需要通过建立信任机制、加强沟通和协商等方式来增进成员之间的互信和合作意愿。

（五）建立供应链战略联盟的共同解决问题机制

建立供应链战略联盟的共同解决问题机制是确保联盟稳定、高效运作的关键环节。

1. 建立问题识别与报告机制

联盟成员应定期检查和评估供应链运作情况，一旦发现潜在问题或异常情况，应及时向联盟管理机构或协调小组报告。这有助于及时发现并解决问题，防止问题扩大化。

2. 设立问题解决小组

该小组应由来自不同成员企业的专业人员组成，具备跨领域、跨职能的知识和技能。小组应定期召开会议，共同分析问题的根源、影响及解决方案，并推动实施。

3. 强调开放沟通与协作

在解决问题的过程中，强调开放沟通与协作至关重要。联盟成员应坦诚交流，共享信息，共同讨论问题的解决方案。通过协作，可以集思广益，找到更优的解决方案，同时增强成员间的信任和凝聚力。

4. 建立知识共享与学习机制

联盟成员应定期分享各自在供应链管理、技术创新、市场趋势等方面的经验和知识，以便共同学习、共同进步。这不仅有助于解决当前问题，还能提升整个联盟的竞争力。

5. 设立奖励机制

为了激励成员积极参与问题解决，可以设立奖励机制。对于在问题解决过程中做出突出贡献的成员，应给予一定的奖励和表彰，以激发其积极性和创新精神。

6. 建立持续改进机制

在问题解决后，应对整个过程进行总结和反思，找出存在的问题和不足，并提出改进措施。通过持续改进，可以不断完善供应链战略联盟的运作机制，提升联盟的整体绩效。

能力训练

一、专业基础知识训练

扫码同步测试5，完成专业基础知识训练。

同步测试5

二、岗位能力训练

供应链合作伙伴关系专员、主管职业能力要求

建立与维护供应链合作伙伴关系

（一）训练目的

通过本次训练，使学生掌握根据现有供应商的资料，运用供应商关系分类方法，

选择伙伴型供应商；通过本次训练，使学生掌握建立供应商档案的方法。

（二）训练组织

（1）以小组为单位分工完成实训任务，每个组员完成相应任务并署名。

（2）综合实训室内每人一台上网电脑。

（三）训练背景资料

AAA公司是一家以生产普通自行车为主，同时也生产山地自行车的企业。公司采购部根据制订的26寸山地自行车零部件采购计划拟外购自行车轮胎。

AAA公司在与自行车零部件供应商合作过程中，供应商主管对现有供应商进行评价，选择可以建立合作伙伴的供应商，通过对拟合作的供应商进行跟踪考察，选择与聚好橡胶公司建立合作伙伴关系。供应商关系专员需要为聚好橡胶公司建立供应商档案。聚好橡胶公司基本信息如表5-1所示。

表5-1 聚好橡胶公司基本信息

公司名称	聚好橡胶公司	成立年份	2004
地址	河北省廊坊市三河市黄土庄镇北	注册资金	10亿
电话	0311-62359987	经营许可证号	33102200699
传真	0311-59462562	是否上市	否
邮箱地址	kefu@hengjiu.com	供应商联系人	许川
官网地址	www.hengjiu.com	联系人电话	13923498564

（四）训练要求

（1）以供应商主管的身份对现有供应商建立和维护合作伙伴关系。

（2）以供应商关系专员的身份将聚好橡胶公司的相关信息录入了采购管理系统中。

任务工作单、任务检查单、任务评价单如表5-2~表5-4所示。

表5-2 任务工作单

学习单元	供应链关系管理
任务名称	建立与维护供应链合作伙伴关系
任务描述	AAA公司在与自行车零部件供应商合作过程中，供应商主管对现有供应商进行评价，选择可以建立合作伙伴的供应商，通过对拟合作的供应商进行跟踪考察，选择与聚好橡胶公司建立合作伙伴关系。同时，供应商关系专员需要为聚好橡胶公司建立供应商档案
任务要求	以供应商主管的身份对现有供应商建立和维护合作伙伴关系，以供应商关系专员的身份将聚好橡胶公司的相关信息录入了采购管理系统中

续表

任务资讯
本任务是根据所给的任务素材资料，要求对自行车零部件供应商进行细分，选择伙伴型供应商，建立和维护与供应商的合作伙伴关系。
为完成该任务，应该具备与供应商调查的相关知识，请回答以下资讯问题。
(1) 如何对供应商进行细分？
(2) 供应商合作伙伴关系需要的条件是什么

任务实施：
(1) 回答资讯问题，做好知识准备。
(2) 建立与维护供应商合作伙伴关系。
提示：按照以下步骤进行：
步骤1：对供应商进行分类。
步骤2：建立供应商伙伴关系。
步骤3：维护供应商伙伴关系。
(3) 录入伙伴型供应商资料，进入供应商池，进行分类管理

表 5-3　任务检查单

学习单元	供应链关系管理		
任务名称	建立与维护供应商合作伙伴关系		
检查项目	检查标准	学生自查	教师检查
准备工作	能够通过各种渠道查阅相关资料，为完成任务做好准备		
掌握知识	能够准确地掌握本单元所涉及的理论知识		
运用能力	在完成任务的过程中能够正确、合理地运用所学的知识		
学习能力	能够在教师的指导下进行自主地学习，全面地掌握相关知识		
工作态度	认真执行计划，工作态度认真，一丝不苟，保证每个环节工作质量		
团队合作	积极与他人合作，团队意识强，能够共同完成工作任务		
运用工具	能够利用网络资源、工具书等进行二手资料的查询		
完成情况	能够按照工作要求，按时保质保量地完成工作任务		
结果质量	能够选择适合的标准和正确的方法选择一家供应商		

续表

检查项目	检查标准		学生自查	教师检查
检查评价	班级		姓名	第　　组
	教师签字		时间	

表 5-4　任务评价单

学习单元	供应链关系管理			
任务名称	建立与维护供应商合作伙伴关系			
评价类别	评价项目	学生自评	小组互评	教师评价
理论知识（20%）	引导问题回答			
专业能力（40%）	理论知识运用（10%）			
	任务完成情况（10%）			
	任务检查全面性和准确性（5%）			
	任务结果质量（15%）			
方法能力（20%）	查找资料，自主学习（10%）			
	解决问题方法（10%）			
社会能力（20%）	团队合作（10%）			
	敬业精神（10%）			
评价评语	班级	姓名		成绩
	教师签字		时间	

教学反馈

教学反馈表如表 5-5 所示。

表 5-5　教学反馈表

本章我学到的知识	
本章我掌握的技能	
本章我没有听懂的内容	
本章我最喜欢的内容	
对本章教学，我的建议	

项目六　控制供应链库存

知识目标

(1) 理解不同类型的库存及其产生的原因和作用。
(2) 掌握供应链运作模式与库存缓冲点的概念。
(3) 掌握 VMI、JMI、CPFR 的基本模式和实施策略。
(4) 掌握连续检查订货模型的再订货点和订货批量的决策方法。
(5) 掌握周期检查订货模型的订货周期和订货批量的决策方法。

技能目标

(1) 能够识别不同类型的库存。
(2) 能够辨析供应链运作模式及供应链存货缓冲点的位置。
(3) 会应用连续检查订货模型，计算经济订货批量和再订货点库存水平。
(4) 会应用周期检查订货模型，计算订货周期和最大库存量。

素养目标

(1) 培养供应链的全局观念，从供应链整体利益出发控制库存和采购。
(2) 培养供应链的系统观念，从供应链系统的角度控制库存和采购。

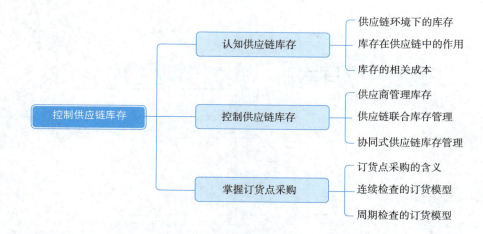

 引导案例

迪士尼采用 RFID 服装库存管理及追踪系统

迪士尼公司采用符合 EPC 标准的无源超高频标签追踪价值 100 万美元的表演服饰，对公园内和游船上表演服装进行有效管理。

对迪士尼主题公园和游船上的库存管理人员来说，服装的库存盘点是件很容易的事。工作人员只需将需要的服装从库房运到基于 RFID 技术的自助服务台，刷一下工作徽章，然后离开。2014 年迪士尼大部分主题公园都安装了该 RFID 解决方案，管理的服装资产接近 100 万美元，极大地提高了服装追踪和库存盘点的效率，且有助于增加服装清洗及保养的可见性。

安装解决方案仅仅一年时间，就将库存盘点时间从 180 小时缩短到 2 小时，同时库存盘点的准确率从原来的 85%～90% 增加到 100%。

过去的几年，迪士尼公司采用高频标签用于服装的追踪管理，主要用于洗衣过程的追踪。为了优化应用效果，标签供应商建议采用超高频标签。目前，迪士尼已经成功测试富士通 WT‑A611 无源 EPC Gen2 标准的 UHFRFID 标签（橡胶外套，专用于追踪洗涤过程）。通过测试，迪士尼对 WT‑A611 型号的超高频标签有了进一步了解，不但具有良好的防水效果，而且读取范围的扩大，库存盘点也变得更容易。实际上，在供应链中，超高频标签已经得到广泛的应用。

迪士尼公司在之前条码管理系统的基础上开发 RFID 软件用于存储读写器读取的数据及相关信息。

迪士尼从服装供货商购买的服装 30%～40% 都内嵌有标签，另外的 60%～70% 需要后续加上。标签一般放在衣服不显眼且易读取的位置。对于材质较硬的服装，要使用黏合剂将标签贴到衣服上。

演员们去库房挑选合适的服装后，带到自助服务台，服务台中安装的 RFID 读写器会读取衣服的 RFID 标签，条形码阅读器会扫描到演员工作证上的编号，并将两者信息通过网络发送到后台管理系统，同时，服务台的屏幕上也会显示借者的姓名和衣服的型号等基本信息，以供核对。

归还服装时，演员们只需将服装放到安装 RFID 天线的斜槽中，服装标签的信息会得到更新，然后输送到洗衣室。整个过程中，标签会记录所在洗衣室的编码以及进出的时间。

通过对收集数据的分析，能够得到服装所在的位置、使用频率以及详细的供货商等信息。更重要的是，加快了公司的库存盘点效率。安装 RFID 系统之前，通过扫描条形码进行库存盘点，花费大量的人力、物力，效率较低。现在，只需要两个工人在一个小时之内便可完成一次盘点，而且操作过程简单。

迪士尼共有 25 个服装库房和 40 个自助服务台，每天大约检查 23 000 件服装。据统计，迪士尼已对 300 万件服装及配饰贴标，追踪的资产达 1.6 亿美元。RFID 系统 2014 年安装以来，已经为迪士尼节约了超过 100 万美元的成本。

资料来源：中国物流与采购网 http://www.chinawuliu.com.cn/

任务一　认知供应链库存

一、供应链环境下的库存

（一）库存的概念

中华人民共和国国家标准《物流术语》（GB/T 18354—2021）对库存的定义是：储存作为今后按预定的目的使用而处于备用或非生产状态的物品。

由于库存占用企业资金和空间，即便是主动设置的库存也需要控制在一定数量范围内，这种控制就称为库存管理。库存管理的重点并不是针对物质意义上的库存物品进行管理，而是将各种物品的库存结构及库存量控制在合理水平上，即解决存什么、存多少、什么时候采购或补货、一次性采购或补货多少等问题。

（二）库存的分类

库存有不同的形式，可以从不同的角度进行分类。不同类型的库存在管理控制方法上有所不同，所以识别库存类型有利于采取适当的管理措施。

1. 按库存在供应链中所处的状态分类

（1）原材料库存：这是指企业储存的生产过程中所需要的各种原材料。在实际运作中，一般也将外购件划归为原材料库存。

（2）在制品库存：这是指处于不同生产阶段的半成品。

（3）维修库存：这是指用于维修和养护设备而储备的配件、零件和材料等。

（4）产成品库存：这是指已经制造完成并等待装运，可以对外销售的制成品的库存。大型生产企业由于生产工序繁多，可能备有原材料库存、在制品库存、维修库存和产成品库存，而商业企业（如储运、配送、批发与零售企业等）通常只有产成品库存。

2. 按库存产生的原因分类

（1）安全库存：中华人民共和国国家标准《物流术语》（GB/T 18354—2021）对安全库存的定义是：用于应对不确定性因素而准备的缓冲库存。

这是为了防止不确定因素的发生，如大量突发市场需求而导致断供等而设置的库存。它的目的是为了确保生产和销售的持续稳定，避免因需求的不确定性导致的停产或供应中断。

（2）周转库存：这是为了保证市场正常供应，根据产品销售任务、流通环节和速度所保持一定数量的库存。它的目的是确保产品在销售过程中的流畅性和连续性。

（3）季节性库存：这是为了调节需求与供应的不均衡、生产速度与供应的不均衡以及各个生产阶段产出的不均衡而设置的库存。它主要出现在生产季节开始之前，目的是为了保证稳定的劳动力和稳定的生产运转。

（4）在途库存：这包括生产加工过程中库存和运输中库存。生产加工过程的库存是指处于加工状态以及为了生产需暂时储存的零部件、半成品和成品的库存；运输过程的库存是指处于运输状态或为了运输的目的而暂时处于储存状态的物品的库存。

（5）投机库存：这是为了避免因物价上涨造成损失或为了从产品价格上涨中获利而建立的库存。企业可能因预计物价上涨而增加库存，以期待在未来以更高的价格销售，从而获取利润。

（6）积压库存：这通常是由于产品变质失效或滞销造成的库存。可能是由于市场需求变化、产品设计变更、生产过剩等原因导致产品无法及时销售，从而形成积压库存。

3. 其他分类角度

按用户需求特征可分为独立需求库存（如最终消费品）和相关需求库存（如原材料）；按需求的重复程度可分为单周期库存（一次性销售的具有时效性或易腐性的产品）和多周期库存（可多次销售、需要重复订货的一般产品）；按库存所处状态可分为储存中的静态库存和运输或加工过程中的动态库存；按库存来源可分为外购库存和自制库存。

注：中华人民共和国国家标准《物流术语》（GB/T 18354—2021）对库存周期的定义是：库存物品从入库到出库的平均时间。

（三）供应链中的库存

在供应链的整个网链结构中，各个企业主体及其物流节点存在着各种类型的库存，合理的库存是供应链上各个环节之间的黏合剂。

1. 供应链中的库存控制

供应链中的库存控制是对制造业或服务业生产、经营全过程的各种物品、产成品以及其他资源进行管理和控制，使其储备保持在经济合理的水平上。库存控制的目标是在满足顾客服务要求的前提下，通过对企业的库存水平进行控制，力求尽可能降低库存水平、提高物流系统的效率，以提高企业的市场竞争力。为了实现这一目标，库存控制会考虑多个方面，如销量、到货周期、采购周期以及特殊季节的特殊需求等。在供应链环境下，库存控制需要考虑供应链的整体绩效，确保各个供应链节点上的企业能够协同地管理库存,降低库存成本,提高供应链的整体效率,实现整体优化。

2. 供应链中的库存位置

(1) 原材料库存位于供应链的上游,是供应商为企业提供生产所需的原材料和零部件。这些库存保证了生产活动的连续性和稳定性,防止因原材料短缺而导致的生产中断。

(2) 在制品库存存在于生产过程中的各个阶段。这包括正在加工中的半成品、等待进一步处理的中间产品等。在制品库存的管理对于确保生产计划的顺利执行和提高生产效率至关重要。

(3) 产成品库存位于供应链的下游,即企业已经完成生产并准备销售的产品。这部分库存的目的是满足市场需求,确保销售渠道的畅通,并为客户提供及时的产品供应。

除了这些基本的库存位置,供应链中还可能存在其他形式的库存,如运输途中的库存、分销中心的库存等。这些库存的位置和数量取决于企业的供应链战略、市场需求、运输条件等多种因素。

需要注意的是,不同行业、不同企业的供应链结构和库存位置可能存在差异。因此,在实际操作中,企业应根据自身的业务特点和需求,灵活调整库存位置和数量,以实现最佳的供应链绩效。

在实践中,除了纯粹的推动式运作方式和拉动式运作方式,还有多种推拉结合的运作方式,而推和拉的分界点往往就是整个供应链上最适合进行库存储备的位置,称为存货缓冲点(DP),供应链中的存货缓冲点如图 6-1 所示。

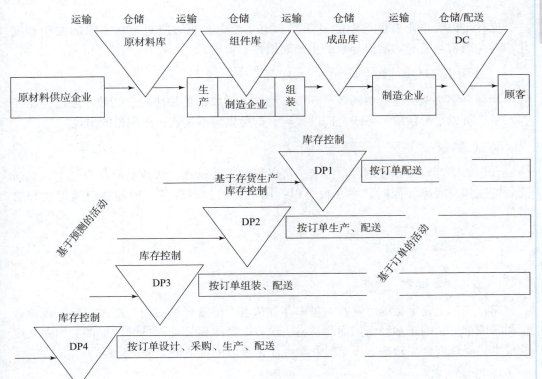

图 6-1 供应链中的存货缓冲点

可见，DP 是供应链中基于预测的活动与基于订单的活动分界处的库存节点。该节点越靠近上游，供应链的定制化程度越高，客户的交货期越长；该节点越靠近下游，供应链的标准化程度越高，整个供应链越追求生产效率，对客户的交货期越短。确定 DP 的位置对于整个供应链协作进行库存控制、共同满足最终客户的需求起到至关重要的作用。

二、库存在供应链中的作用

（一）库存的积极作用

1. 保障生产和销售的连续性

库存能够为企业提供所需的物资、原材料和零部件等，确保生产活动的正常开展。同时，库存还可以保证企业能够随时供应给客户所需的产品和服务，避免因缺货而损失销售机会。

2. 降低成本

库存可以通过批量采购、生产和销售等方式，实现规模效应，从而降低企业的采购、生产和销售成本。此外，合理的库存管理和优化库存结构还可以减少库存积压和滞销，避免资金占用和利息损失，同时也可以减少运输和仓储成本。

3. 应对市场波动

库存可以为企业提供一定的灵活性和应变能力，能够应对市场需求的波动和变化，避免因市场需求增减而导致的生产和销售不稳定。

4. 协调供应链中的各个环节

库存能够协调供应链中的各个环节，使整个供应链更加协同、高效。通过控制库存水平，可以平衡供应与需求之间的差异，避免供应不足或积压现象的出现。

5. 提高客户满意度

合理的库存管理和预测客户需求，可以提前准备库存，快速响应客户订单，提高交货速度和准确率。同时，库存也可以提供更好的售后服务，增加客户满意度和忠诚度。

（二）库存的消极作用

1. 占用大量资金

库存实际上是资金的沉淀，大量库存意味着大量资金被占用，这可能导致企业资金周转困难，影响正常经营。库存材料、设备以及库存管理人员的增加都会加大企业的成本，降低资金周转率，严重时甚至可能使企业的资金链无法正常运行。

2. 增加成本

库存不仅增加了直接的材料成本，还增加了间接的管理成本，如库存设备的维

案例学习
库存导致
资金链断裂

护、保管费用以及管理人员的工资等。这些都会增加企业的运营成本，可能导致利润下降甚至亏损。

3. 掩盖管理问题

库存具有一定的缓冲作用，可能会掩盖企业内部的管理问题，如生产计划不周、产品质量问题等。这使许多管理问题得不到及时暴露和解决，不利于企业及时改进和提升。

4. 产生呆、废料

不适当的库存可能导致大量的呆料和废料产生，给企业带来巨大损失。这些呆、废料不仅占用了企业的仓储空间，还增加了企业的处理成本。

5. 降低灵活性

大量的库存可能使企业对市场变化反应迟钝，降低企业的灵活性。当市场需求发生变化时，企业可能难以迅速调整库存以满足新的需求。

因此，在库存管理中，企业需要权衡库存的积极作用和消极作用，制定合理的库存策略，确保库存水平既能满足生产和销售的需求，又能避免产生过多的消极影响。同时，企业还需要加强内部管理，提高库存周转率，降低库存成本，实现库存的最优化。

三、库存的相关成本

对库存决策起重要作用的相关成本有三大类，即库存取得成本、库存持有成本和缺货成本。在一定时期内，这些成本之间存在此消彼长的悖反关系，如图6-2所示，所以要基于总成本最低来决定补充库存的订购批量或生产批量。

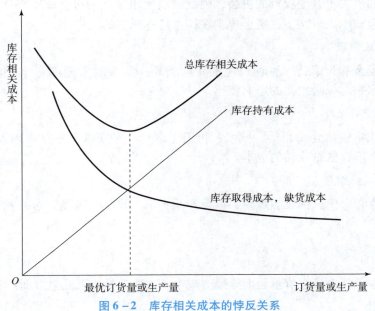

图6-2 库存相关成本的悖反关系

(一）库存取得成本

库存取得成本是指在一定时期内（通常为一年）为组织、落实从外部货源取得产品所支出的费用。具体而言，库存取得成本主要包括以下部分：

1. 订货费

订货费用是指为补充库存而需要订购物品时发生的各种费用。这包括办理订货手续、物品运输与装卸、验收入库等的费用以及采购人员的差旅费等。

2. 保管费

保管成本是物品在仓库内存放期间发生的成本。这包括仓库管理费用、存放过程中发生的变质、损坏、丢失、陈旧、报废等的损失费用以及保险金、税金、占用资金的利息支出等。这部分成本随库存储备数量与时间的增加而增加。

3. 购置费

购置费用是购置物品时所花费的费用，即购置物品所支出的货款，等于物品的单价与需求量的乘积。但当采购量影响物品价格时，如供应商对购货量大的物品给予优惠价格时，则必须考虑此项费用。

（二）库存持有成本

库存持有成本是指和库存数量相关的成本，它由许多不同的部分组成，通常是物流成本中较大的一部分。库存持有成本包括以下几个方面：

1. 库存投资成本

这是库存商品占用了可以用于其他投资的资金而产生的成本。对于企业而言，因为保持库存而丧失了其他投资的机会，因此应以使用资金的机会成本来计算库存持有成本中的资金成本。事实上，资金成本往往占持有成本的大部分。

2. 库存服务成本

这包括税金和为维持库存而产生的保险费用。税金通常随库存水平的不同而不同，而库存水平对保险费率的影响较小。

3. 仓储空间成本

这部分成本包括仓库租赁、照明、折旧、运行、保安以及库存管理人员费用等，只包括那些随库存数量变动的成本。

4. 库存风险成本

这包括库存贬值、损失等风险，以及产品折旧、损坏、破损、过时和失窃等损耗成本。

（三）缺货成本

缺货成本是指由于存货不足而导致的成本，主要包括以下几个方面：

1. 销售损失

由于存货不足，企业无法满足客户需求，导致销售损失。这包括失去的销售收入以及可能带来的市场份额损失。

2. 顾客满意度下降

缺货会使客户无法按时获得所需产品，导致顾客满意度下降。这可能会影响客户对企业的忠诚度和口碑。

3. 重复采购成本

为了弥补缺货，企业可能不得不进行紧急采购或加急生产，以满足客户需求。这将增加采购和生产的成本。

4. 生产线停工成本

缺货可能导致生产线停工，企业将面临生产线停工期间的固定成本和机会成本。

缺货成本的控制对于企业的运营至关重要。企业可以通过有效的存货管理来降低缺货成本，例如采用合理的产能来减少生产停工，及时统计库存以防止因数据失真导致的过量或缺货，以及充分利用物料需求规划来监控物料需求并准确预测库存缺货。

任务二　控制供应链库存

一、供应商管理库存

插入数字资源——案例学习 6-3：降库存是推动意志力极限

中华人民共和国国家标准《物流术语》（GB/T 18354—2021）对供应商管理库存（Vendor Managed Inventory；VMI）的定义是：按照双方达成的协议，由供应链的上游企业根据下游企业的需求计划、销售信息和库存量，主动对下游企业的库存进行管理和控制的库存管理方式。

在供应链管理环境下，应该从整体上考虑各个环节的库存控制，供应商管理库存（VMI）的模式就打破了供应链主体的各自为政，体现了供应链集成化的管理思想，更加适应市场变化的需求。

微课
美的的供应
商管理库存

（一）实施 VMI 的意义

1. 提高库存周转率

通过有效的库存控制，供应商管理库存模式可以确保库存水平保持在一个经济合理的范围内，既不过多积压，也不过少导致缺货。这有助于企业提高库存周转率，减少资金占用，从而提高企业的资金利用率。

2. 降低库存成本

供应商管理库存模式通过优化库存水平，减少库存积压和缺货现象，从而降低了库存持有成本、缺货成本以及相关的物流成本。这有助于企业降低整体运营成本，提高盈利能力。

3. 提高客户满意度

通过实时共享库存信息，供应商管理库存模式可以确保企业及时响应客户需求，提高交货速度和准确率。这有助于提升客户满意度，增强企业的市场竞争力。

4. 优化供应链协同

供应商管理库存模式促进了供应链各环节之间的协同和信息共享，使供应链更加高效、灵活。这有助于企业更好地应对市场变化，提高供应链的持续改进能力。

5. 降低供应链风险

通过实施供应商管理库存，企业可以更好地预测和规避供应链风险，如需求波动、供应中断等。这有助于企业保持供应链的稳定性，确保生产经营的顺利进行。

（二）VMI 的模式

1. "制造商－零售商" VMI 模式

"制造商－零售商" VMI 模式就是制造商向其客户提供 VMI，通常是一家大型的制造商面向多个下游零售商供货，该制造商的管理水平高且处于主导地位，往往会按照零售商的地域划分服务区域，在同一服务区域内设立 VMI 仓库并向多个零售商供货。

微课
台湾雀巢与家乐福的 VMI 计划

2. "供应商－制造商" VMI 模式

"供应商－制造商" VMI 模式一般是制造商主导，要求多个供应商按 VMI 方式向其供货。该制造商的话语权较大，希望通过 VMI 实现原材料、零配件的准时、高频供应，降低库存积压。各个供应商需要在制造商工厂附近建仓以提供服务。

3. "供应商－第三方物流－制造商" VMI 模式

在上一种模式中，供应商各自建仓的高成本会转嫁到制造商的采购成本中，所以共用中转仓的方式更为经济，这时通常会引入第三方物流企业的统一管理，以统一的信息管理平台协调供应商和制造商之间的信息共享，执行对供应商库存的保管以及对制造商的补货配送。

注：中华人民共和国国家标准《物流术语》（GB/T 18354—2021）对共享库存的定义是：多方共用库存资源并统一调度的库存管理模式。

（三）VMI 的实施策略

1. 供应链核心企业的推动

挑选一家具备强大实力的供应链核心企业推动 VMI 的实施，使供应链中的核心企业能建立合作框架协议，共享利益、共担风险，共同确定补货点、最低库存水平，信息传递与共享方式等。核心企业可以是 VMI 的委托方（即用户，如制造商、零售商）也可以是代理方（即用户的供应商）。

扩展学习
VMI 的实施步骤

2. 企业与其供应商相互信任

即便达成合作框架协议，若实施 VMI 的相关企业主体之间没有足够的信任，会导致 VMI 模式的失败。这种信任多以长期、深入的合作关系为基础，有了信任才能保证信息的充分共享，让供应商掌握真正的库存决策权，让双方在面临问题时能够充分沟通解决。

3. 信息技术保障

实施 VMI 的企业应具备先进的信息技术，才能保障信息传递的及时性和准确性，而这是供应商进行库存决策的基本依据。企业要能利用信息技术实现供应链上的信息集成，达到共享库存状态、订货信息、运输安排、需求计划、自己结算等信息，以支持交易和决策。

二、供应链联合库存管理

VMI 实践中的供应商责任大却不一定能得到与之匹配的收益，这会影响供应商实施 VMI 的积极性。供应链联合库存管理（JMI）模式随之产生，改 VMI 的供应商代理模式为 JMI 的风险分担模式，体现了战略供应商联盟的新型企业合作关系，强调了供应链企业之间的互惠互利。

中华人民共和国国家标准《物流术语》（GB/T 18354—2021）对联合库存管理（Joint Managed Inventory；JMI）的定义是：供应链成员企业共同制定库存计划，并实施库存控制的供应链库存管理方式。

（一）实施 JMI 的意义

1. 优化供应链效率

通过协调供应链上各个节点的库存，联合库存管理能够实现库存的共享和分配，避免了传统库存管理方法中各个节点独立管理库存导致的重复库存和浪费。这有助于优化供应链的整体效率，提高供应链的响应速度和灵活性。

2. 降低库存成本

联合库存管理有助于降低整体库存水平，减少库存的积压和过剩，从而降低库存持有成本。同时，通过减少物流环节和优化运输路线，联合库存管理还能降低物流成本。这些成本的降低有助于提升企业的经济效益。

3. 提高供应链稳定性

联合库存管理能够减少供应链中的需求扭曲现象，降低库存的不确定性，从而提高供应链的稳定性。通过协调管理中心，供需双方共享需求信息，增强了供应链的协同性和可靠性。

4. 促进供应链协同

联合库存管理强调供应商与客户的同时参与和共同制订库存计划，这有助于促进供应链上各方之间的紧密合作和协同。通过共享信息和共同承担责任，供应链上的企业可以更好地应对市场变化，提高整体竞争力。

5. 暴露供应链管理缺陷

库存作为供需双方的信息交流和协调的纽带，可以暴露供应链管理中的缺陷。通过联合库存管理，企业可以及时发现并解决供应链中的问题，为改进供应链管理水平提供依据。

（二）JMI 的模式

1. 集中库存模式

集中库存模式是一种重要的库存管理策略，它指的是将各个供应商的零部件直接存入核心企业的原材料库中，从而变各个供应商的分散库存为核心企业的集中库存。在这种模式下，供应商根据核心企业的订单或订货看板组织生产，当产品完成时，立即实行小批量多频次的配送方式直接送到核心企业的仓库中补充库存。

2. 无库存模式

无库存模式是一种特殊的库存管理方式，主要特点是企业不直接持有库存，而是通过与供应商或其他合作伙伴的紧密合作，实现库存的有效管理和满足客户需求。这种模式的核心在于利用高效的供应链管理和协作机制，将库存责任转移给供应商或第三方，从而降低企业的库存成本和风险。

（三）JMI 的实施策略

1. 建立供需协调管理机制

建立供需协调管理机制是供应链管理的核心环节之一，对于实现供应链的高效运作和优化至关重要。

2. 建立信息沟通机制，实现快速响应

建立信息沟通机制并实现快速响应是供应链管理中的关键环节，有助于加强供应链各方的协同合作，提高供应链的灵活性和效率。

扩展学习
JMI 的实施步骤

3. 发挥第三方物流系统的作用

第三方物流系统通过其专业的服务、优化的资源配置和高效的运营模式，不仅降低了企业的运营成本，提高了运营效率，同时也推动了整个供应链的可持续发展。因此，企业应积极与第三方物流提供者合作，共同推动供应链的优化和升级。

微课
应用第三方物流策略实施联合库存

三、协同式供应链库存管理

VMI 和 JMI 两种模式更多地建立在一家主导企业的努力上，未能充分调动各级企业的积极性，且尚未出现适用于所有供应链伙伴的业务过程，没有实现真正的供应链集成。在此背景下，协同式供应链库存管理策略出现，又称合作计划、预测与补货（Collaborative Planning Forecasting and Replenishment，CPFR），是一种运用供应链管理思维的方法。它将销售预测、补货计划、库存管理等各个环节有机结合，旨在以共同的合作来提高预测准确性，节约成本，并提高供应链的效率和反应速度，更好地满足市场需求和增强市场竞争力。它是体现供应链各个主体间合作关系的新型模型。

（一）CPFR 的含义

根据美国产业协同商务标准协会（VICS）的定义，CPFR 是"在计划和完成顾客需求过程中集合各方智慧的商业实践"。CPFR 起初由供应链上的企业与其交易伙伴共

扩展学习
CPFR 各合作方的活动内容

同预测需求、实行连续补货发展起来，进一步推动共同计划的制订，即将原来属于各企业内部事务的计划工作（如生产计划、库存计划、配送计划、销售规划等）也由供应链各企业共同参与，利用互联网实现跨供应链的成员合作，更好地预测、计划和执行货物流通，实现供应链协同的库存管理。

基于 CPFR 的供应链新型合作伙伴关系可分为四个职责层，如图 6-3 所示。

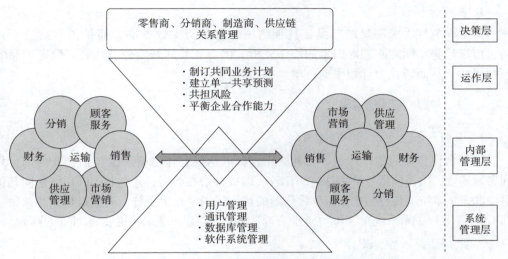

图 6-3 基于 CPFR 的供应链新型合作伙伴关系

（1）决策层。主要负责管理零售商、分销商、制造商、供应链等合作企业的领导层，关注关系管理，具体包括企业联盟的目标和战略的制定、跨企业的业务过程的建立、企业联盟的信息交换和共同决策。

（2）运作层。主要负责合作业务的运作，包括制订共同业务计划、建立单一共享预测、共担风险和平衡企业合作能力。

（3）内部管理层。主要负责零售商、分销商、制造商、供应商等各企业内部运作和管理，如顾客服务、市场营销、销售、分销、供应管理、财务、运输等。

（4）系统管理层。主要负责供应链运作的支撑系统和环境管理及维护，含用户管理、通信管理、数据库管理、软件系统管理等。

（二）CPFR 的模式

1. 零售活动协同

零售活动协同要求供需双方确认合作产品的最小库存单位，以此为基础进行预测。供需双方还必须共享详细的活动信息，如促销开始时间和结束时间、价格变动、广告及展示策略等，并在情况发生变化时及时更新共享信息。

2. 配送中心补货协同

供需双方共同预测配送中心的发货情况和进货期望，从而转化为向配送中心上游下达的订单。这些订单在一定时期内被锁定，上游企业据此安排生产或组织备货、发货。配送中心补货协同模式可以逐渐扩展到供应链上的所有存货点，如原材料仓库、零售商货架等。

3. 商店补货协同

在商店补货协同中，供需双方依据商店 POS 销售数据共同预测、转化订单，由供应方据此安排生产或发货，提高补货的准确性和可获得性，减少库存积压。

4. 协作分类计划

对于季节性需求明显的产品，其预测不是基于历史数据的，而是依靠对当下行情、市场趋势、顾客心理等因素的协作分析。供需方共同开发分类计划，确定商品的不同属性，从而转化为计划采购订单。

（三）CPFR 的实施策略

1. 识别合作企业间可比较的方面

包括合作企业间战略计划、目标的比较，以达成合作框架，也包括企业内部计划同实际绩效、销售预测与补货订单的比较，以提升潜在收益；还包括 CPFR 体系同其他供应和需求系统的整合与比较，如零售商的销售规划、分销系统、店铺运作系统，供应商 CRM（客户关系系统）、ERP（企业资源计划）等，以形成系统集成或共同的数据库。

扩展学习
CPFR 的
实施步骤

2. 数据资源的整合运用

通过对供应链各个主体的产能、销售计划、订单计划、库存计划、促销计划等数据的收集和加工，对供需数据进行比较与匹配，以便补货计划的制订与实施。这种比较是最小库存单位层次的，非常具体和清晰。另外还要通过数据分析提高各种计划和产能在时间跨度上的吻合度，以提升计划的准确性和有效性。

案例学习
沃尔玛的
CPFR 实践

3. 组织评判

供应链各个主体必须建立特定的组织结构体系，界定权责利弊并与合作伙伴在业务流程上进行衔接，遵守共同的工作标准。组织结构还要吻合共同计划、预测和补货的层次维度，如地区、产品类型等，使各维度的合作都有相应人员负责。

4. 商业规则界定

在实施 CPFR 的过程中需要决定供应链各个参与方的商业行为规则，这种规则主要表现在对例外的判断、处理及计划稳定期上。一般规定通过对历史数据的回顾和分析判定例外时间；在统计分析和预测时遵守大数原则，尽量预测大样本而非个体样本的销售情况；不设置太多评价指标；在计划稳定期（或称锁定期）内不改变计划，以保证计划的相对有效性。

任务三 掌握订货点采购

一、订货点采购的含义

对于独立需求库存的采购而言，往往采用订货点采购策略，即设定一个库存量水平作为再订货点（Reorder Point，ROP），当库存量降至再订货点时就进行补货采购的一种方式。通常情况下，库存量低于再订货点时若不发出补货订单，就会出现缺货。因此，再订货点就是补货的启动控制点，是库存控制的一个决策点，同时需要确定的另一个决策点则是订购数量。这样就解决了什么时候订购、订购多少的问题，使库存量在满足用户需求的条件下实现最小化。几种相关的补货策略和库存控制模型如下：

（一）连续检查和周期检查

连续检查是一种实时监控库存状态的方法。在这种方式下，库存水平会被持续监控，一旦库存量降至设定的再订货点或以下，就会立即触发补货操作。这种方法的优点在于能够确保库存始终保持在较为稳定的水平，避免因库存不足而导致销售中断或客户满意度下降。同时，连续检查也能及时发现库存异常，如积压、损坏或丢失等问题，从而及时采取措施进行处理。然而，连续检查需要投入更多的时间和资源，包括人力、物力和信息系统等，因此成本相对较高。

周期检查则是按照固定的时间间隔对库存进行检查。在检查周期到来时，会对库存进行全面的盘点和评估，包括库存数量、状态、分布等信息。根据检查结果，可以制定相应的补货或调整策略。周期检查的优点在于能够节约时间和资源，降低库存管理的成本。同时，通过定期盘点，还能发现长期存在的库存问题，如滞销、过期或损坏的商品，从而进行有针对性的处理。但是，周期检查可能存在信息滞后的问题，即在检查周期之间，库存状态可能已经发生了较大的变化，导致补货或调整策略的不准确。

（二）单周期补货和多周期补货

单周期补货策略主要应用于那些产品生命周期较短、需求不确定性较高的场景。在这种策略下，补货决策通常基于一次性的需求预测，即在一个特定的销售周期内（如一个季度或半年）进行补货。由于需求的不确定性，单周期补货策略往往伴随着较高的风险，因此需要精确的需求预测和灵活的库存管理。

相比之下，多周期补货策略则更适用于需求相对稳定、产品生命周期较长的场景。在这种策略下，补货决策基于长期的需求预测和库存规划，补货活动会在多个销售周期内持续进行。多周期补货策略通常涉及更复杂的决策过程，包括确定最优的补货频率、补货量和库存水平等。

（三）确定型库存模型和随机型库存模型

确定型库存模型适用于产品供需确定的情况，需求的确定性主要表现在需求预测准确无波动，供应的确定性主要表现在订货提前期（Lead Time，LT）明确无波动。这时，再订货点的库存量水平只要满足订货提前期的确定需求消耗即可避免发生缺货。

随机型库存模型适用于产品供需不确定的情况，这时需求和订货提前期都可能发生随机波动，需要基于可接受的缺货概率确定安全库存量，并在设置再订货点时考虑安全库存。随机型库存模型更符合现实情况，也更为复杂。

二、连续检查的订货模型

（一）运行原理

连续检查的订货模型有两种常见情况，一是设置固定的订货点和固定的订货量，称为定量订货模型或（Q，R）策略；二是设置固定的订货点和最大库存量，称为（R，S）策略。

定量订货模型通过连续检查监控库存变化，每当库存量降至再订货点时，就立即按固定的订货批量发出采购订单，其运行原理如图6-4所示。

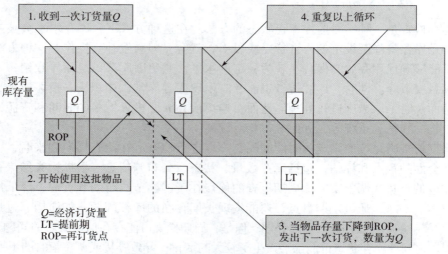

图6-4 定量订货模型进行原理（假设需求是确定而均匀的）

需求确定且均匀时，再订货点的库存量（R）满足订货提前期内的需求消耗，每次订货批量（Q）由经济订货批量确定。如图6-5所示展示了需求不确定时的定量订购模型运行原理。

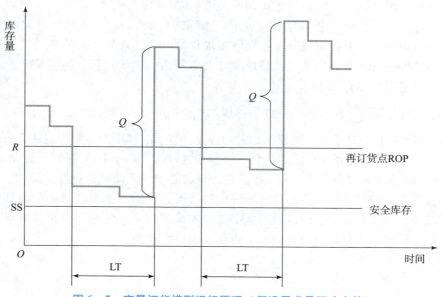

图6-5 定量订货模型运行原理（假设需求是不确定的）

（R，S）策略也是随时检查库存状态，当发现库存降至再订货点的库存量（R）

时,按照设定的最大库存量（S）与现存余量（I）的差进行订货,即订货量为（S-I）。该策略与（Q,R）策略的不同之处在于其每次订货量因订购时的实际库存水平的不同而不同,如图6-6所示。该策略再订货点的确定方法同定量订货模型,最大库存量的确定方法参照后文介绍的定期订货模型。

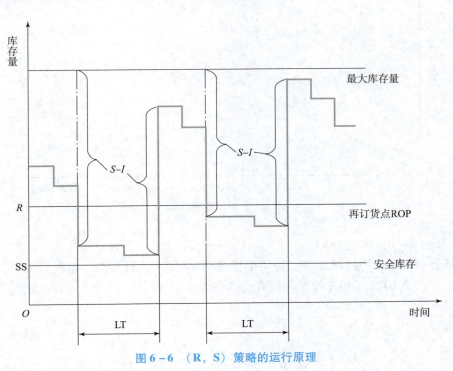

图6-6 （R,S）策略的运行原理

（二）定量订货模型的经济订货批量（EOQ）

中华人民共和国国家标准《物流术语》（GB/T 18354—2021）对经济订货批量（Economic Ordering Quantity；EOQ）的定义是：通过平衡采购进货成本和保管仓储成本核算,以实现总库存成本最低的最佳订货量。

在年采购量一定的情况下,因采购价格是常量,单次订购批量的大小不影响年采购成本,却会影响库存持有成本和订购成本。单次采购批量越大,年订购次数越少,平均库存保有量越多,订购成本越低且库存持有成本越高。存在理想的订货数量使库存持有成本与订购成本的总值最低,如图6-7所示。

库存持有成本用C_H表示,与单次订购量成正比；订货成本以C_R表示,与单次订购量成反比。目标函数是最小化总成本（C_T）,经济订货批量公式如下：

$$EOQ = \sqrt{\frac{2SD}{H}} = \sqrt{\frac{2SD}{p \cdot h}}$$

式中：S为单次订购成本；D为年需求量；H为年单位库存持有成本。当H未知时,可以通过$H = p \cdot h$计算,p为单价,h为年库存持有成本率,通常在企业中,h参照资金回报率设定。

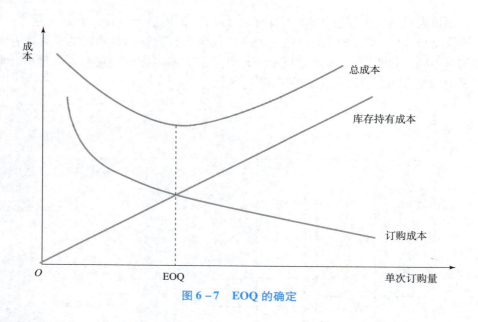

图 6-7 EOQ 的确定

【算例 6-1】确定 EOQ

某公司代销一种机械设备，每年销售量 1000 件，公司需向上游供应商订货，每次产生订货费 10 元，年单位库存持有成本约为 2 元/件，请问该公司每次的经济订购批量是多少？

解答：

$$EOQ = \sqrt{\frac{2SD}{H}} = \sqrt{\frac{2 \times 10 \times 1000}{2}} = 100 \text{ 件}$$

（三）定量订货模型的再订货点（ROP）

再订货点取决于两个因素，即年需求量或需求速率、订货提前期。根据假设条件的不同，再订货点的计算有所差异。

假设需求确定且需求速率不变、订货提前期固定不变此时，再订货点为：

$$ROP = LT \times R$$

式中：ROP 为再订货点的库存量；LT 为订货提前期；R 为需求速率（或单位时间的需求量）。

在现实中，很多人分不清安全库存和再订货点，把两者都称为安全库存。所以，一旦听到"安全库存"四个字，我们一般会问，你们的补货是全靠"安全库存"来驱动，还是"安全库存"加预测？如果是前者，那么"安全库存"是严格意义上的再订货点，你得把补货周期内的平均需求扣掉，得到真正的安全库存，以判断安全库存是否设置合理。

【算例 6-2】确定再订货点 ROP

某公司代销一种机械设备，每年销售量 1000 件，一年按 365 天计算，公司每次按经济订货批量向上游供应商订货，每次下达采购订单后 7 天内货物能送达，假设年需求稳定且均匀，请确定再订货点的库存量。

解答：

已知订货提前期 LT = 7 天

需求速率 R = 1000/365 = 2.74 件/天

ROP = LT × R = 7 × 2.74 = 19.18 ≈ 20（注意：在需求稳定的前提下，为避免缺货，此得数可以向上取整）。

结合算例 6 – 1 的 EOQ 计算结果，就可以进行定量订货的决策，即每当库存下降到 20 件时应下达采购订单，每次采购量为 100 件。

假设需求或订货提前期存在不确定性，当需求或订货提前期有波动时，需要设置安全库存（Safety Stock，SS），再订货点为：

$$ROP = LT \times R + SS$$

安全库存（SS）的计算分以下三种情况：
（1）需求波动，订货提前期确定的情况，这是最常见的。
（2）需求确定，订货提前期有波动的情况。
（3）需求和订货提前期都有波动的情况。

这里重点学习第一种情况，安全库存（SS）计算公式如下：

$$SS = Z \cdot \sigma_d \cdot \sqrt{LT}$$

式中：Z 为给定现货供应水平下的安全系数，使用 Excel 函数功能计算时，Z = normsinv（现货供应比率）；σ_d 为订货提前期内的需求量的标准差；LT 为订货提前期。

【算例 6 – 3】先确定安全库存量，再计算再订货点库存量

某公司代销一种机械设备，公司每次按经济订货批量向上游供应商订货，每次下达采购订单后 7 天内货物能送达。假设需求有随机性，每日销售的均值为 20 件，符合标准差为 5 的正态分布，希望满足的补货周期现货服务水平（CSL）为 95%，其他条件不变，请确定再订货点的库存量。

解答：

已知订货提前期 LT = 7 天

需求速率 R 此时为日需求均值 20 件

安全系数 Z 为 normsinv（0.95）= 1.65

需求波动的标准差 σ_d = 5

在需求波动但订货提前期确定的情况下，

SS = $Z \cdot \sigma_d \cdot \sqrt{LT}$ = 1.65 × 5 × $\sqrt{7}$ = 21.83 件，为满足现货服务水平，向上取整为 22 件。

ROP = LT × R + SS = 7 × 20 + 22 = 162 件

三、周期检查的定期订货模型

（一）定期订货模型运行原理

周期检查的定期订货模型是按照预先确定的订货周期（T）检查库存量，并下达订货指令，将库存补充到设定的目标水平（即最大库存量 S），也称（T, S）策略。

其运行原理如图 6-8 所示，可见这种模型并不设置再订货点库存量，而是以固定的订货周期作为订货点。

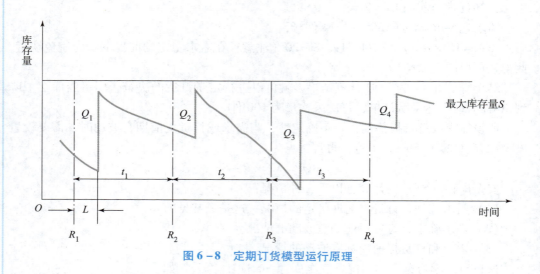

图 6-8　定期订货模型运行原理

（二）定期订货模型的最大库存量

在定期订货模型中，最大库存量（S）= 订货数量（Q）+ 库存余量（I）。其中，库存余量即为定期检查库存时的实际库存量，应能满足订货提前期（LT）内的需求，而订货数量（Q）则应满足订货周期（T）内的需求。

所以，最大库存量 $S = Q + I = \text{LT} \times R + T \times R = (\text{LT} + T) \times R$

式中：R 为订货提前期和订货周期内的需求速率，即单位时间的需求量。

当需求或供应存在不确定时，还需考虑安全库存量（SS），则：

最大库存量 $S = (\text{LT} + T) \times R + \text{SS}$，SS 的确定与前文介绍的方法相同。

（三）定期订货模型的订货周期

订货周期的确定有定性和定量两种方法。定量的方法可以参照定性的方法加以微调。

1. 定性的方法

企业可以根据自身的情况，灵活确定具体的订货周期，如根据存货 ABC 分类的结果，对 A 类货物每天检查，B 类货物每周检查，C 类货物每月检查。这时确定订货周期主要考虑一些定性的因素，如管理的方便性、可投入资源的衡量、供应商的可操作性及历史经验的判断等。

2. 定量的方法

若采用定量的方法，可根据经济订货批量确定一段时间的订货次数，进而确定订货周期，也称为经济订货周期。

经济订货周期 $T = 365$ 天$/$（年需求量 D/EOQ）

【算例 6 – 4】：确定定期订货模型的订货周期和最大库存量

某日用品仓库的某种商品计划采用定期补货方式，该商品的市场需求随机波动性符合正态分布，由历史出库量计算得出日均值为 200 箱，标准差为 10 箱。每次的订购成本为 100 元，商品单价为 10 元，库存持有成本率为 8%/年，提前期为 4 天，希望保证 98% 现货供应比率（对应安全系数为 2.054），试确定合适的订货周期和最大库存量。

解题：

（1）计算 EOQ

$$\text{EOQ} = \sqrt{\frac{2SD}{H}} = \sqrt{\frac{2SD}{p \cdot h}} = \sqrt{\frac{2 \times 200 \times 365 \times 100}{10 \times 8\%}} = 4\,272 \text{ 箱}$$

确定订货周期

$$T = \frac{365}{200 \times 365/4\,272} = 21 \text{ 天}$$

（2）这属于需求波动而订货提前期确定的情况，则安全库存

$$\text{SS} = Z \cdot \sigma_d \cdot \sqrt{\text{LT}} = 2.054 \times 10 \times \sqrt{4} = 41 \text{ 箱}$$

（3）最大库存量

$$S = (\text{LT} + T) \times R + \text{SS} = (4 + 21) \times 200 + 41 = 5\,041 \text{ 箱}$$

能力训练

一、专业基础知识训练

扫码同步测试 6，完成专业基础知识训练。

二、岗位能力训练

采购补货策略制定

（一）训练目的

通过本次实训项目，让学生应用订货点采购法对企业的补货采购策略进行设计和具体方案制订，在满足客户服务水平的基础上尽量降低库存相关成本，并进一步考虑供应链整体优化，提出供应链库存管理的建议，从而提高学生分析问题和解决问题的能力，培养供应链集成化管理意识。

（二）训练组织

（1）分组：按照"组内异质、组间同质"的原则，将学生分为 3 ~ 5 人的小组。

（2）获得资讯：下发任务单，引导学生针对任务获取相关知识、工具、数据等。

（3）分析讨论：就获取的资讯进行充分的小组讨论，然后制订工作计划，明确各自的分工，对资料进行加工处理，然后共同分析决定基本方案。讨论 – 分工 – 分析 –

实战训练
确定定期订货模型的订货周期和最大库存量

同步测试 6

供应链采购经理职业能力要求

再讨论的过程可能进行多轮。

（4）制订方案：将小组制订的基本方案具体化，形成补货采购策略和供应链库存管理建议。

（5）成果汇报与评价：每组不少于 30 分钟的汇报，老师评价＋学生互评。

（三）训练内容

（1）调研某个流通型企业，形式、规模不限，如学校小卖部、某个淘宝店铺或微商、某个便利店等，以容易实施为衡量标准。首先了解该企业的基本情况，如主营业务、经营状况、所处供应链特征、供应链上下游主体情况、采购补货的方式、库存控制状况等；然后调研其历史销售数据和采购数据，时间窗不限，可以是日、周、月或年度，涵盖的商品品项越多越好。

（2）对调研信息和数据进行加工和处理，判断其商品的需求规律（如是否确定、波动程度）、供应规律（如订货提前期是否稳定）；判断其目前采用的采购周期、采购批量及库存控制方法等。

（3）运用再订货点方法，针对其销售的商品设计补货采购方案，包括选择库存检查策略、选择库存控制方法和订货模型、确定订货批量和订货时点等。

（4）运用供应链库存控制和管理的知识，结合该企业供应链上下游情况和采购现状，考虑供应链优化和集成，设计供应链库存管理方案和新的采购执行流程。

（5）将方案具体化、文字化，并制作 PPT 进行展示。

（四）训练要求

每组提交一份方案并进行汇报，至少包括以下内容：

（1）企业背景信息（企业简介、主营业务情况、采购和库存管理现状、供应链上下游情况、历史销售数据和采购数据的基本情况）。

（2）信息和数据的分析过程及基本判断。

（3）建议的采购补货方案。

（4）供应链库存管理和协议采购的方案。

任务工作单、任务检查单、任务评价单如表 6-1～表 6-3 所示。

表 6-1 任务工作单

学习单元	供应链库存控制与订货点采购
任务名称	采购补货策略制定
任务描述	（1）调研某个流通型企业，形式、规模不限，如学校小卖部、某个淘宝店铺或微商、某个便利店等，以容易实施为衡量标准。首先了解该企业的基本情况，如主营业务、经营状况、所处供应链特征、供应链上下游主体情况、采购补货的方式、库存控制状况等；然后调研其历史销售数据和采购数据，时间窗不限，可以是日、周、月或年度，涵盖的商品品项越多越好。 （2）对调研信息和数据进行加工和处理，判断其商品的需求规律（如是否确定、波动程度）、供应规律（如订货提前期是否稳定）；判断其目前采用的采购周期、采购批量及库存控制方法等。 （3）运用再订货点方法，针对其销售的商品设计补货采购方案，包括选择库存检查策略、选择库存控制方法和订货模型、确定订货批量和订货时点等。

续表

任务描述	（4）运用供应链库存控制和管理的知识，结合该企业供应链上下游情况和采购现状，考虑供应链优化和集成，设计供应链库存管理方案和新的采购执行流程。 （5）将方案具体化、文字化，并制作 PPT 进行展示
任务要求	每组提交一份方案并进行汇报，至少包括以下内容： （1）企业背景信息（企业简介、主营业务情况、采购和库存管理现状、供应链上下游情况、历史销售数据和采购数据的基本情况）。 （2）信息和数据的分析过程及基本判断。 （3）建议的采购补货方案。 （4）供应链库存管理和协议采购的方案

任务资讯

为完成该任务，应该具备订货点采购与供应链库存管理策略的相关知识，请回答以下资讯问题。

（1）什么是订货点采购？
（2）连续检查的订货模型的决策变量是什么，该如何确定？
（3）周期检查的订货模型的决策变量是什么，该如何确定？
（4）供应链库存管理区别于传统库存管理的主要特征是什么？

任务实施：
（1）回答资讯问题，做好知识准备。
（2）调研企业信息、获取历史数据。
（3）加工处理信息，判断目前的采购状况和库存管理情况。
（4）制定采购补货策略，提出供应链库存管理建议。
（5）形成并展示成果

表 6-2　任务检查单

学习单元	供应链库存控制与订货点采购		
任务名称	采购补货策略制定		
检查项目	检查标准	学生自查	教师检查
准备工作	能够通过各种渠道查阅相关资料，为完成任务做好准备		
掌握知识	能够准确地掌握本单元所涉及的理论知识		
运用能力	在完成任务的过程中能够正确、合理地运用所学的知识		
学习能力	能够在教师的指导下进行自主地学习，全面地掌握相关知识		
工作态度	认真执行计划，工作态度认真，一丝不苟，保证每个环节工作质量		
团队合作	积极与他人合作，团队意识强，能够共同完成工作任务		
运用工具	能够利用网络资源、工具书等进行二手资料的查询		

续表

检查项目	检查标准	学生自查	教师检查
完成情况	能够按照工作要求，按时保质保量地完成工作任务		
结果质量	能够利用基础数据，正确地编制中长期采购计划		
检查评价	班级 姓名 第 组		
	教师签字 时间		

表6-3 任务评价单

学习单元	供应链库存控制与订货点采购			
任务名称	采购补货策略制定			
评价类别	评价项目	学生自评	小组互评	教师评价
理论知识（20%）	引导问题回答			
专业能力（40%）	理论知识运用（10%）			
	任务完成情况（10%）			
	任务检查全面性和准确性（5%）			
	任务结果质量（15%）			
方法能力（20%）	查找资料，自主学习（10%）			
	解决问题方法（10%）			
社会能力（20%）	团队合作（10%）			
	敬业精神（10%）			
评价评语	班级 姓名 成绩			
	教师签字 时间			

教学反馈表如表6-4所示。

表 6-4 教学反馈表

本章我学到的知识	
本章我掌握的技能	
本章我没有听懂的内容	
本章我最喜欢的内容	
对本章教学，我的建议	

项目七　管理供应链生产

知识目标

（1）掌握供应链环境下生产计划的特点。
（2）掌握供应链环境下生产控制模式和内容。
（3）掌握主生产计划（Master Production Schedule，MPS）和物料需求计划（Material Requirement Planning，MRP）的基本原理与逻辑计算。
（4）理解主生产计划（MPS）、物料需求计划（MRP）、制造资源计划（MRP Ⅱ）、企业资源计划（Enterprise Resource Planning，ERP）之间的内在关系。
（5）掌握 MRP 采购的基本原理和流程。
（6）掌握基于 MRP 采购时间和数量的计算方法。

技能目标

（1）能够根据企业资料编制主生产计划（MPS）。
（2）能够根据企业资料编制物料需求计划（MRP）。
（3）能够根据企业资料编制基于 MRP 的采购计划。

素养目标

（1）具备辩证唯物主义世界观和方法论，制订供应链生产计划和采购计划。
（2）具有踏实认真、一丝不苟、精益求精的工作作风。

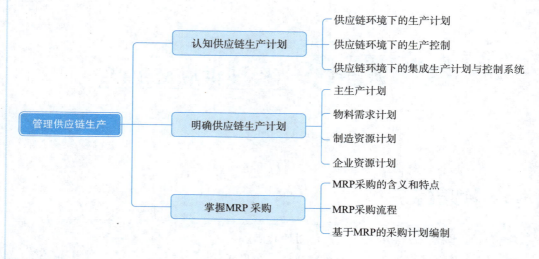

 引导案例

工业4.0时代——打造智慧工厂的五大要素集成

众所周知,在工业4.0时代,传统的制造业工厂发生巨大变化。智慧工厂是现代工厂信息发展的新阶段,是在数字化工厂的基础上,利用物联网的技术和设备监控技术加强信息管理和服务;熟练掌握产销流程,提高过程的可控性,减少生产线上人工的干预,即时正确地采集生产线数据,以及合理的生产计划编排与生产进度;集绿色智能的手段和智能系统等新兴技术于一体,构建一个高效节能的、绿色环保的、环境舒适的人性化工厂。

要打造智能工厂,需要智能制造的智能产品、人、物料、工厂达到有效的组合,也需要把客户集成、智力集成、纵向集成、横向集成、价值链集成这五大方面集成起来,通过这五大方面的集成,把智能制造的价值凝聚在一起,从而产生更大的价值。

1. 客户集成

客户是智能制造的中心,通过一定的智能技术把客户的需求有机集成起来,一定会使智能制造的价值倍增。对于客户的集成有两种情形:

第一种情形是大量的差异需求。虽然每个需求都不相同,但是需求总量很大。这就是范围经济,通过多样化创造价值。

第二种情形是个性化需求的共性集中。这种情形是范围经济上的规模经济,价值更大。

在智能制造体系中,客户是一个核心要素,他们拥有智能手机、平板电脑,通过移动可以实现有效地把客户集成到智能制造环境中。所以,客户是智能制造的开端。

2. 智力集成

世界就是企业的研发部，世界也是企业的人力资源部。互联网、移动互联网的发展，使企业可以集成全世界的智慧；可以集成全世界的大数据资源，分析研究各种趋势；可以集成全世界最权威的专家，引领趋势；可以集成全世界最优秀的制作人员，精工细作。

3. 纵向集成

在智能工厂内部，通过纵向集成，把传感器、各层次智能机器、工业机器人、智能车间与产品有机整合在一起，同时确保这些信息能够传输到ERP系统中，对横向集成、端到端的价值链集成提供支持。

纵向集成构成了工厂内部的网络化制造体系，网络化制造体系由很多模块组成，这些模块包括模型、数据、通信、算法等所有必要的需求。

4. 横向集成

横向集成是指将各种不同的制造阶段的智能系统集成在一起，既包括一个公司内部的材料、能源和信息的配置（如原材料、生产过程、产品外购物料、市场营销等等），也包括不同公司之间的价值网络的配置。横向集成与纵向集成、价值链集成整合起来构成了智能制造网络。

横向集成通过互联网、物联网、云计算、大数据、移动通信等全新技术手段，对分布式的智能制造资源进行高度的整合，从而构建起在网络基础上的智能工厂间的集成。

横向集成也是实现价值链集成的基础，没有横向集成，也就没有价值链集成。

5. 价值链集成

一个产品的生产过程可能包括产品需求确定、产品设计、产品规划、产品工程、生产、销售服务等多个价值链环节，每个价值链环节可能由不同的企业完成。价值链集成就是要把这种在一个企业之中或者多个企业之间的产品从需求分析开始，直到销售服务全价值链集成起来，确保个性化的产品能够实现。

同时，价值链集成把横向集成和纵向集成连接在一起，实现了端到端的价值最大化，从而最大化满足客户的需求。

价值链集成是客户价值的实现途径，横向集成和纵向集成则是保障了这种价值的最大化实现。他们共同组成了智能制造体系。

通过这五大集成，把分布在各个环节上的智能要素联系起来，形成了能够创造价值的网络体系。这些价值网络体系通过节点和连接不断产生增值。

随着智能制造和大数据时代的到来，新的以信息物理融合系统（CPS）为基准的自动化架构已形成雏形。在新型架构中，多层级的严格分隔和信息流的自上而下的方法将会逐渐被替代。在一个智能的网络中，每个设备或者每个服务都能自动地启动与其他服务的通信。这一新型自动化架构带来的重大改变是：除了对时间有严格要求的实时控制功能和对安全生产有严格要求的安全功能仍然保留在工作层以外，所有的制造功能都将按产品、生产制造和经营管理这三个维度虚拟化，构成全链接和全集成的智能制造生态系统。

任务一 认知供应链生产计划

案例学习 红豆股份日产超3万件抗疫防护

在供应链企业网络系统中,以核心企业为龙头,将各个供应链条上的企业有效地组织起来,优化供应链资源,以最低的成本和最快的速度生产出最好的产品,以满足用户需求。因此,要建立有效的供应链企业生产计划与控制系统,保证供应链企业能够快速响应市场需求。

一、供应链环境下的生产计划

(一)供应链环境下生产计划面临的问题

在供应链环境下,生产计划面临着多个方面的问题和挑战。这些问题主要源自供应链的复杂性、不确定性以及日益增长的客户需求。

1. 需求的不确定性

供应链中的客户需求往往具有不确定性,这使生产计划难以准确预测和制订。客户需求的波动可能导致生产计划的频繁调整,从而增加生产成本和风险。

2. 供应链的复杂性

现代供应链涉及多个环节和参与者,包括供应商、生产商、分销商和最终客户。这些环节之间的协调和信息共享是制订有效生产计划的关键。然而,由于供应链的复杂性,信息传递的延迟和失真可能导致生产计划的失误。

3. 库存管理的挑战

库存管理在供应链中起着至关重要的作用。然而,如何平衡库存水平和客户需求是一个难题。过高的库存水平可能导致资金占用和浪费,而过低的库存水平则可能无法满足客户需求并导致销售损失。

4. 生产能力的限制

生产能力的限制是制订生产计划时必须考虑的因素。如果生产能力无法满足客户需求,将导致订单延迟或无法满足,从而影响客户满意度。同时,过度利用生产能力可能导致成本上升和质量问题。

5. 协同与沟通问题

供应链中的各个参与者需要协同工作以实现整体优化。然而,由于沟通不畅或利益冲突,可能导致生产计划执行中的问题和延误。

为了解决这些问题,企业需要采取一系列措施,如加强需求预测、优化库存管理、提高生产能力、加强供应链协同和信息共享等。同时,利用现代信息技术如大数据、人工智能和物联网等也有助于提高生产计划的准确性和效率。

(二)供应链环境下生产计划特点

1. 纵向与横向的信息集成

供应链环境下的生产计划不再是单一企业内部的信息处理,而是实现了从供应链下游向上游的信息集成，以及生产相同或类似产品的企业之间的信息共享。这种信息集成有助于企业更好地把握市场需求，优化资源配置，提高生产计划的准确性和响应速度。

2. 能力平衡在生产计划中的重要作用

能力平衡不仅为修正主生产计划和投入出产计划提供依据，还成为外包决策和零部件（原材料）急件外购的决策依据。这使生产计划更加注重企业内外的资源平衡，确保供应链的整体效益最大化。

3. 循环过程突破企业限制

传统的生产计划主要关注企业内部的生产安排，而供应链环境下的生产计划则突破了这一限制，将供应链中的其他企业纳入计划范围，形成一个更加广泛、协同的计划体系。这种协同性使生产计划能够更好地适应市场变化，提高整个供应链的竞争力。

4. 动态性与敏捷性

供应链环境下的生产计划需要适应不断变化的客户需求和市场环境，因此具有动态性。同时，为了快速响应市场变化，生产计划也需要具备敏捷性，能够在短时间内做出调整和优化。

5. 群体性与网络化特征

由于供应链是一个分布式的网络化组织，生产计划决策过程具有群体特征。在制订生产计划时，企业需要综合考虑供应链中其他企业的能力和利益，形成群体决策。此外，供应链环境下的生产计划还充分利用了网络化的信息管理技术，实现信息的实时共享和协同处理。

二、供应链环境下的生产控制

（一）供应链环境下的生产控制模式

1. 订货决策与订单分解控制模式

订货决策与订单分解控制模式是供应链管理中的关键环节，涉及从接收到客户订单到订单拆分、分配和执行的一系列活动。

（1）订货决策模式。

订货决策是企业在面对客户需求时，基于现有库存、生产能力、供应链状况等因素做出的决策。这个决策过程需要权衡多个因素，包括订单数量、交货期、成本等，以最大化企业的利润和满足客户需求。

在订货决策中，企业通常会采用一些先进的预测模型和分析工具，如需求预测模型、库存优化算法等来辅助决策。这些工具可以帮助企业更准确地预测未来需求，优化库存水平，从而降低库存成本并减少缺货风险。

（2）订单分解控制模式。

订单分解是将客户订单拆分成多个子订单或任务的过程，以便更好地进行生产、配送和跟踪。这个过程需要根据订单的特点、产品属性、生产能力等因素进行。订单分解控制模式的目标是确保订单能够按时、按量、按质完成，同时优化生产成本和配

微课
供应链环境
下的生产
控制

送效率。在订单分解过程中,企业需要考虑多个因素,如产品的生产周期、配送路径、仓储能力等。

一种常见的订单拆分模式是根据不同的商品类型或属性进行拆分,如将普通商品和跨境商品分开处理,或者将生鲜、易碎品和大件商品单独发货。这样可以更好地管理不同商品的特殊要求,确保它们得到适当的处理和配送。

综上所述,订货决策与订单分解控制模式是供应链管理中的重要组成部分。通过合理的订货决策和订单分解控制,企业可以更好地满足客户需求,优化生产成本和配送效率,从而提高整体竞争力。订货决策与订单分解流程如图7-1所示。

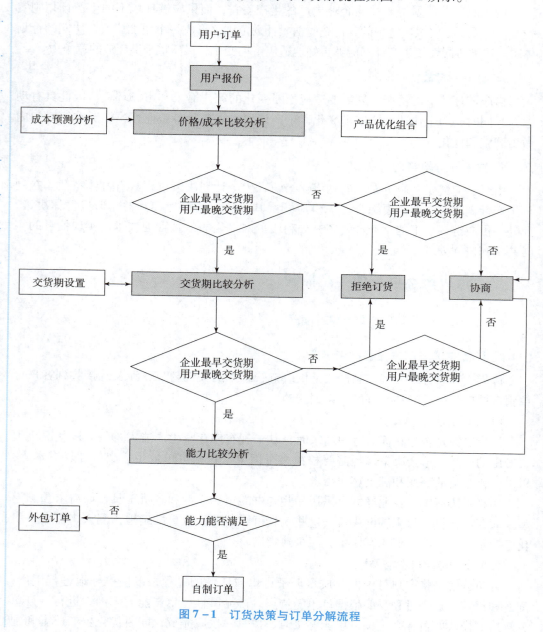

图7-1 订货决策与订单分解流程

2. 面向对象的分布式协调生产作业控制模式

面向对象的分布式协调生产作业控制模式是一种先进的生产管理模式，它结合了面向对象的方法和分布式协调的理念，旨在提高生产效率和响应速度，优化资源配置，降低生产成本。

（1）面向对象的方法。

面向对象的方法强调将复杂的系统划分为一系列相对独立、功能完整的对象。在生产作业控制中，这意味着每个生产环节或任务都被视为一个对象，具有自己的属性和方法。这种方法有助于简化问题复杂性，提高系统的可维护性和可扩展性。

（2）分布式协调。

分布式协调意味着不同的生产环节或对象之间通过信息共享和协同工作来实现整体优化。这种模式突破了传统的集中控制模式，使生产作业更加灵活和高效。通过分布式协调，不同对象之间可以实时交换数据和信息，共同应对生产过程中的各种变化和挑战。

（3）优化资源配置。

面向对象的分布式协调生产作业控制模式可以实现对生产资源的优化配置。通过实时监测和分析生产数据，系统可以准确判断各生产环节的需求和瓶颈，从而合理分配人力、物力等资源。这有助于降低资源浪费，提高生产效率。

（4）提高响应速度。

该模式能够快速响应市场需求和生产变化。由于采用了分布式协调的方式，系统可以及时发现和处理生产过程中的问题，避免生产中断或延误。同时，通过面向对象的方法，系统可以快速调整生产策略，满足市场的多样化需求。

（5）提升生产效率。

通过优化生产流程、降低生产成本和减少资源浪费，面向对象的分布式协调生产作业控制模式能够显著提升生产效率。这有助于企业在激烈的市场竞争中保持领先地位，实现可持续发展。

（二）供应链环境下的生产控制内容

供应链环境下的生产控制包括生产进度控制、生产节奏控制、提前期管理、库存控制与在制品控制。

1. 生产进度控制

生产进度控制，也称为生产作业控制，是确保生产计划得以有效执行的关键环节。其核心目标是确保产品按照预定的产量和交货期限进行生产，以满足市场需求和客户需求。这一控制过程贯穿整个生产过程，从生产技术准备开始，一直到产成品入库为止。

生产进度控制主要包括三个基本内容：投入进度控制、工序进度控制和出产进度控制。投入进度控制关注的是生产所需的原材料、零部件等资源的及时投入，以确保生产过程的连续性。工序进度控制则是对生产过程中各个工序的进度进行监控，确保每个工序都按照计划进行，避免出现延误或停滞。出产进度控制则是关注最终产品的生产进度，确保产品能够按时交付给客户。

2. 生产节奏控制

生产节奏控制是供应链管理中的关键要素，其目的在于确保各供应链节点企业之间以及企业内部各部门之间保持步调一致，实现供应链的同步化生产。在供应链系统中，任何一个节点企业如果不能准时交货，都可能造成供应链的不稳定或中断，导致供应链对用户的响应能力下降。因此，严格控制供应链的生产节奏对保持供应链的敏捷性至关重要。

为了实现有效的生产节奏控制，企业需要关注供应商零件和原料的供应问题，以及合作企业之间的时间配合。二者之间必须准时进行供货交接，以确保制造企业的生产顺利进行。此外，库存控制也是生产节奏控制的重要方面，企业需要在满足市场供需的同时，避免资源浪费和滞销。

3. 提前期管理

提前期管理在供应链和生产控制中扮演着至关重要的角色。它是指从作业开始到作业结束所花费的时间，是设计工艺路线、制订生产计划的重要基础数据之一。提前期管理不仅影响企业的生产效率，还直接关系到供应链的响应速度和客户满意度。

在供应链环境下，提前期管理是实现快速响应用户需求的有效途径。通过缩短提前期，企业可以提高交货期的准时性，从而增强供应链的柔性和敏捷性。这对于在竞争激烈的市场环境中保持竞争优势具有重要意义。

供应链中的提前期主要由采购提前期、制造提前期、配送提前期和交货提前期构成。供应链中提前期的构成如图 7-2 所示。

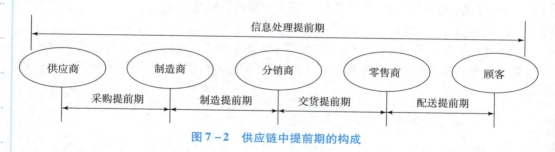

图 7-2 供应链中提前期的构成

4. 库存控制与在制品控制

库存控制主要涉及对制造业或服务业生产、经营全过程的各种物品、产成品以及其他资源进行管理和控制，使其储备保持在经济合理的水平上。这包括原材料、半成品、成品等各类库存的管理，目标是在满足客户需求的前提下，尽可能降低库存水平，减少资金占用，提高物流系统的效率。库存控制要考虑销量、到货周期、采购周期、特殊季节特殊需求等多方面因素，并通过优化整个需求与供应链管理流程，合理设置 ERP 控制策略，以及采用相应的信息处理手段、工具，实现库存水平的精准控制。

在制品控制则主要关注生产过程中尚未完工的产品，即半成品的管理。在制品控制制的目标是确保生产流程的顺畅进行，避免在制品过多积压导致资源浪费和效率低下。通过实时监控在制品的数量、位置和生产进度，企业可以及时调整生产计划，优化生产流程，提高生产效率。

库存控制与在制品控制是相辅相成的。为了实现库存控制与在制品控制的有效结合，企业可以采用多元化的库存控制管理策略，如联合库存、供应商管理库存等。此外，利用先进的信息系统和技术，如 ERP 系统、SCM 系统等，可以实时监控库存水平和销售情况，为库存控制与在制品控制提供数据支持和决策依据。

三、供应链环境下的集成生产计划与控制系统

（一）供应链环境下的集成生产计划与控制系统的构建思路

在供应链环境下构建集成生产计划与控制系统，需要综合考虑多个方面，以确保系统的有效性和高效性。

1. 明确系统目标和功能

首先，需要明确系统的目标，例如提高生产效率、降低库存成本、优化供应链协同等。同时，要定义系统的核心功能，包括生产计划制订、订单管理、库存管理、在制品控制等。

2. 集成供应链各环节

集成生产计划与控制系统需要将供应链的各个环节紧密连接起来，包括供应商、制造商、分销商和最终客户。通过信息共享和协同工作，实现供应链各环节的无缝对接，提高供应链的响应速度和效率。

3. 采用先进的信息技术

利用现代信息技术，如云计算、大数据、物联网等，构建高效的信息处理平台。通过实时数据采集、分析和处理，为生产计划与控制提供准确的数据支持，实现生产过程的透明化和可视化。

4. 优化决策支持机制

构建决策支持系统，利用数据分析和预测模型，为生产计划与控制提供科学的决策依据。同时，建立反馈机制，及时评估和调整生产计划，确保计划的合理性和有效性。

5. 强化风险管理和应对能力

在构建集成生产计划与控制系统时，需要充分考虑各种潜在风险，如供应链中断、市场需求变化等。通过制定风险应对策略和预案，提高系统的抗风险能力，确保供应链的稳定运行。

6. 注重系统的灵活性和可扩展性

随着市场环境和业务需求的变化，集成生产计划与控制系统需要具备一定的灵活性和可扩展性。通过模块化设计、接口标准化等方式，实现系统的快速调整和升级，满足不断变化的市场需求。

（二）供应链环境下的集成生产计划与控制系统总体架构

1. 核心系统构成

（1）生产计划系统。

负责制订和优化生产计划，确保生产活动的高效进行。该系统需综合考虑市场需求、资源状况、生产能力等因素，制订出既满足客户需求又符合企业利益的生产计划。

（2）控制系统。

负责监控生产计划的执行情况，并对执行过程中出现的偏差进行及时调整。通过实时数据采集和反馈机制，确保生产活动的顺利进行和目标的达成。

2. 供应链集成模块

（1）供应商管理模块。

与供应商建立紧密的合作关系，实现原材料和零部件的及时供应。通过信息共享和协同工作，确保供应链的稳定性和可靠性。

（2）分销与物流管理模块。

负责产品的分销和物流配送，确保产品能够准时、安全地送达客户手中。通过优化运输路线和配送策略，降低物流成本并提高客户满意度。

3. 数据集成与信息共享平台

（1）数据集成平台。

将生产计划、控制系统、供应链管理等各环节的数据进行集成和整合，实现数据的统一管理和共享。通过数据清洗、转换和标准化处理，确保数据的准确性和一致性。

（2）信息共享平台。

为供应链各节点企业提供信息共享和协同工作的平台。通过该平台，各节点企业可以实时了解市场需求、生产进度、库存状况等信息，实现供应链的透明化和协同化。

4. 决策支持与分析系统

（1）数据分析系统。

利用大数据和人工智能技术，对供应链和生产过程中的数据进行深入挖掘和分析。通过预测模型和优化算法，为生产计划和控制系统的制订提供科学依据。

（2）决策支持系统。

基于数据分析结果，为管理层提供决策支持。通过可视化报表、决策树、模拟仿真等工具，帮助管理层做出更加明智和精准的决策。

5. 安全保障与风险管理机制

（1）安全保障机制。

确保系统的稳定运行和数据的安全。通过加密技术、访问控制、备份恢复等手段，防止数据泄露和系统瘫痪等安全风险。

（2）风险管理机制。

对供应链和生产过程中可能出现的风险进行识别和评估。通过制定风险应对策略和预案，降低风险的发生概率和影响程度。

通过构建这样一个架构，企业可以实现供应链的高效协同和优化管理，提高生产效率和市场竞争力。供应链管理环境下的集成生产计划与控制系统如图7-3所示。

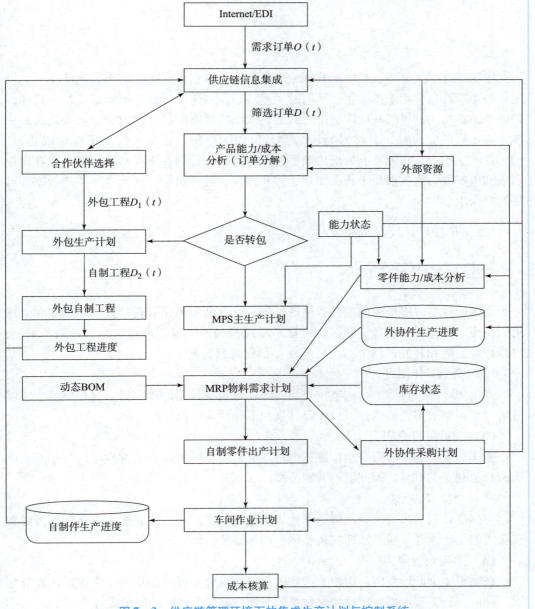

图7-3　供应链管理环境下的集成生产计划与控制系统

任务二　明确供应链生产计划

在供应链环境下。从主生产计划到物料需求计划,再到制造资源计划和企业资源计划、形成了一套完整的生产计划体系。

一、主生产计划

（一）主生产计划的含义

主生产计划（MPS）是生产管理中的重要工具,它根据市场需求和生产能力,制定一种生产计划,用于指导生产部门的生产活动。主生产计划详细规定了每一具体的最终产品在每一具体时间段内的生产数量,这里的最终产品是指对于企业来说最终完成、要出厂的完成品,具体时间段通常是以周为单位,在有些情况下也可以是日、旬、月。主生产计划能够有效地协调销售计划、生产计划和库存水平,使企业在市场需求和生产能力之间取得平衡,实现生产和销售的最佳组合,从而提高生产效率和满足客户需求。

（二）主生产计划的编制

1. 主生产计划的编制原则

（1）最少项目原则。

主生产计划应以最少的项目数进行安排。这有助于简化管理过程,使预测和管理更为便捷。在选择制造环境时,应根据产品结构的不同级别进行主生产计划的编制,以减少在制造和装配过程中的产品（或）部件选型数量。

（2）独立具体原则。

列出实际的、具体的可构造项目,而非项目组或计划清单项目。这些项目应能够分解为可识别的零件或组件,以确保计划的准确性和可执行性。

（3）关键项目原则。

强调对生产能力、财务指标或关键材料有重大影响的项目。这些项目对于企业的运营和盈利至关重要,因此需要特别关注。

（4）全面代表原则。

主生产计划的项目应尽可能全面代表企业的生产产品。这有助于确保计划能够覆盖企业的主要业务领域,从而实现整体生产规划的目标。

（5）适当余量原则。

在制定主生产计划时,应留有适当的余地,以应对可能出现的生产波动或意外情况。同时,还需要考虑预防性维修设备的时间,确保生产线的稳定运行。

（6）适当稳定原则。

在有效的期限内,主生产计划应保持适当的稳定性。这有助于企业根据计划进行长期的生产安排和资源调配,提高生产效率和降低运营成本。

案例学习
舒适公司的
供应链生产
计划

2. 主生产计划的编制程序

（1）识别企业的生产模式。

首先，需要确定企业的生产模式，这有助于为后续的计划制订提供基础。企业的生产模式可以分为多种，如备货生产（Make To Stock，MTS）、按订单生产（Make To Order，MTO）和面向订单装配（Assemble To Order，ATO）等。

（2）收集市场需求信息。

通过市场调研、销售预测等方式获取市场需求信息，了解市场对产品的需求量、需求时间等，这是制订主生产计划的基础。

（3）确定生产能力。

企业需要评估自身的生产能力，包括设备、人力、原材料等方面的能力。这是制订主生产计划的重要依据，确保计划与实际生产能力相匹配。

（4）制订生产计划。

根据市场需求和生产能力，开始制订生产计划。这包括确定每个产品的生产计划，如生产批次、数量和交货期，同时考虑设备、人员和物料等资源的情况。

（5）计算总需求和预计可用量。

根据生产预测、已收到的客户订单、配件预测以及需求数量，计算总需求。然后，根据总需求量和订货策略、批量，以及安全库存量和期初库存量，计算各时区的主生产计划接收量和预计可用量。

（6）编排生产日程。

制定具体的生产日程，包括生产开始时间、结束时间、每天的生产量以及所需的物料和设备等。

（7）制订主生产计划。

在制订了生产计划之后，将其转化为主生产计划。

（8）审核与发布。

对制订好的主生产计划进行审核，确保其合理性和可行性。审核通过后，将其发布给生产部门，以指导生产活动。

3. 主生产计划的输入、计算逻辑与输出

（1）MPS 的输入。

1）销售预测与订单信息。

销售预测是对未来一段时间内产品需求量的估计，它考虑了市场趋势、历史销售数据、客户需求等因素。订单信息则是已经收到的客户订单，包括订单数量、交货日期等具体要求。这些信息是主生产计划制订的基础，直接决定了产品的生产量和生产时间。

2）库存信息。

库存信息包括现有库存量、安全库存量、在途库存量等。在制订主生产计划时，需要考虑现有库存能否满足销售需求，以及是否需要补充库存以满足未来的销售预测。同时，也要避免库存积压和浪费，保持库存水平在合理的范围内。

3）生产能力信息。

生产能力信息反映了企业在一定时间内能够生产的产品数量。这包括设备产能、人员配备、生产线效率等方面的信息。在制订主生产计划时，需要确保计划内的生产任务不会超过企业的实际生产能力，以保证生产计划的可行性和稳定性。

4）物料供应信息。

物料供应信息包括原材料、零部件等的供应情况，如供应商交货期、供应数量、价格波动等。这些信息对于确保生产计划的顺利实施至关重要。如果物料供应不足或延迟，可能导致生产中断或延期交货。

5）生产策略与优先级。

生产策略和优先级决定了不同产品之间的生产顺序和资源分配。例如，某些产品可能由于市场需求紧急或利润较高而具有更高的生产优先级。在制订主生产计划时，需要综合考虑这些因素，确保生产计划的合理性和经济性。

（2）MPS 的计算逻辑。

1）确定需求：首先，MPS 的计算需要基于销售预测、客户订单、历史销售数据以及市场需求等多方面的信息来确定产品的总需求。这包括了对未来一段时间内产品需求量的预测，以及已经收到的具体客户订单。

2）评估生产能力：接下来，需要评估企业的生产能力，包括设备、人力、原材料等方面的能力。这有助于确定企业能够生产多少产品，以及在什么时间内能够完成生产。

3）平衡供需：根据需求和生产能力的信息，MPS 需要进行供需平衡的计算。这涉及确定每个时间段内应该生产多少产品，以满足市场需求，同时又不超过企业的生产能力。

4）考虑库存策略：在计算 MPS 时，还需要考虑企业的库存策略。例如，安全库存的设置是为了应对可能的供应中断或需求波动。MPS 需要确保在计划的生产量中考虑到这些因素，以保持合理的库存水平。

5）制定 MPS：基于以上步骤的计算和分析，MPS 可以制定出每个时间段内应生产的产品数量和时间表。这个计划应该能够平衡市场需求、生产能力和库存水平，以实现企业的生产和销售目标。

6）监控和调整：MPS 的制订并不是一次性的过程，而是需要持续监控和调整的。随着市场需求的变化、生产能力的调整以及库存水平的波动，MPS 需要相应地进行调整和优化，以确保其始终与企业的实际情况保持一致。

二、物料需求计划

（一）物料需求计划的含义

中华人民共和国国家标准《物流术语》（GB/T 18354—2021）对物料需求计划（Material Requirements Planning；MRP）的定义是：利用一系列产品物料清单数据、库存数据和主生产计划计算物料需求的一套技术方法。

物料需求计划（MRP）是通过主生产计划、物料清单和库存状况来计算较低层次的物料、零部件和组装件的计划订单发布。对于自制的物品，计划订单发布的数量告

扩展学习
MPS 的计算

实战训练
根据资料
编制主生产
计划

扩展学习
独立需求与
相关需求

知生产车间；对于采购的物品，计划订单发布的数量告知供应商。

（二）物料需求计划的基本原理

物料需求计划（MRP）的基本原理是基于产品生成进度计划、产品结构各层次物品的从属和数量关系，以及库存状况，通过计算机计算所需物料的需求量和需求时间，从而确定材料的加工进度和订货日程。并且通过综合考虑产品生产计划、物料从属和数量关系、库存状况以及时间因素，精确计算物料需求，以实现物料供应与生产计划的高效协同。MRP 的逻辑结构如图 7-4 所示。

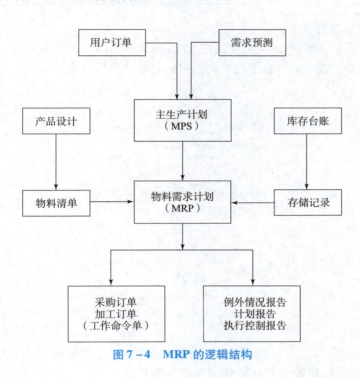

图 7-4　MRP 的逻辑结构

（三）物料需求计划的输入、计算逻辑和输出

1. MRP 的输入

（1）主生产进度计划（MPS）。

简称为主生产计划，一般是主产品的一个产出时间进度表，详细规定了每一具体的最终产品在每一具体时间段内的生产数量，为 MRP 提供了产品生产的时间和数量基础。主产品是企业生产的用以满足市场需要的最终产品，一般是整机或具有独立使用价值的零件、部件、配件等。某公司的主生产计划如表 7-1 所示。

表 7-1　某公司的主生产计划

项目	1月				2月				3月			
周次	1	2	3	4	5	6	7	8	9	10	11	12
A1 型产量		320		320		480		480		640		640
A2 型产量	300	300	300	300	450	450	450	450	600	600	600	600
A3 型产量	80		80		120		120		160		160	
月产量	2 000				3 000				4 000			

（2）主产品结构文件。

又称物料清单（BOM），它反映了主产品的结构层次、所有各层零部件的品种数量和装配关系。一般用一个自上而下的结构树表示。产品结构树如图 7-5 所示。

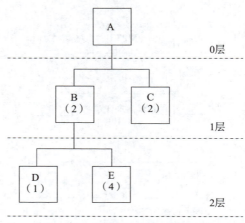

图 7-5　产品结构树

从产品结构树可以看出，A 是最终产品，组装一件 A 产品需要 2 个 B 部件和 2 个 C 部件，1 个 B 部件需要 1 个 D 零件和 4 个 E 零件。

（3）库存文件。

又称库存状态文件。它包含各个品种在系统运行前的期初库存量的静态资料，但它主要提供并记录 MRP 运行过程中实际库存量的动态变化过程。

2. MRP 的输出

（1）净需求量。净需求量，是指系统需要外界在给定的时间提供的给定物料的数量。这是物资资源配置最需要回答的主要问题，即到底生产系统需要什么物资、需要多少、什么时候需要。

（2）计划接受订货量。它是指为满足净需求量的需求，应该计划从外界接受订货的数量和时间。

（3）计划发出订货量。它是指发出采购订货单进行采购，发出生产任务单进行生产的数量和时间。

三、制造资源计划

中华人民共和国国家标准《物流术语》（GB/T 18354—2021）对制造资源计划（Manufacturing Resource Planning，MRPⅡ）的定义是：在物料需求计划（MRP）的基础上，增加营销、财务和采购功能，对企业制造资源和生产经营各环节实行合理有效的计划、组织、协调与控制，达到既能连续均衡生产，又能最大限度地降低各种物品的库存量，进而提高企业经济效益的管理方法。

扩展学习
MRP 的计

（一）从开环 MRP 到闭环 MRP

开环 MRP 主要关注物料需求的计算，它基于产品结构和生产进度计划，通过计算机来生成物料需求表，进而确定物料的需求量和需求时间。开环 MRP 是 MRP 系统的最初形态，它主要解决了物料需求计算的问题，但并未涉及对物料需求计划执行过程中的反馈与控制。

然而，随着生产实践的深入，人们发现仅仅依靠开环 MRP 并不能完全满足生产管理的需要。因此，闭环 MRP 应运而生。闭环 MRP 在开环 MRP 的基础上，增加了对计划执行过程中的反馈与控制。它不仅仅是一个物料需求计算系统，更是一个能够实时调整和优化物料需求计划的系统。闭环 MRP 通过引入能力计划、车间控制和采购控制等功能，使物料需求计划能够与实际生产情况更加紧密地结合，提高了计划的准确性和可执行性。

（二）从闭环 MRP 到 MRPⅡ

闭环 MRP 在物料需求计划的基础上，引入了能力计划和车间控制等功能，使物料需求与生产能力之间能够相互协调，确保了计划的可行性和执行的有效性。然而，闭环 MRP 仍然主要关注物料和生产过程的管理，对于企业的其他重要资源，如财务、销售等，尚未形成有效的整合。

MRPⅡ（Manufacture Resource Planning，制造资源计划）正是在这样的背景下应运而生。MRPⅡ在闭环 MRP 的基础上，进一步扩展了系统的功能，将企业的生产、销售、财务等多个部门纳入一个统一的系统中进行管理。这使企业能够更全面地掌握其资源状况，实现资源的优化配置和高效利用。

从闭环 MRP 到 MRPⅡ的发展，不仅提升了企业的生产管理水平，还推动了企业信息化建设的进程。MRPⅡ为企业提供了一个全面、统一的管理平台，使企业能够更高效地运作，更快速地发展。

四、企业资源计划

中华人民共和国国家标准《物流术语》（GB/T 18354—2021）对企业资源计划（Enterprise Resource Planning，ERP）的定义是：在制造资源计划（MRPⅡ）的基础上，通过前馈的物流和反馈的信息流、资金流，把客户需求和企业内部的生产经营活动以及供应商的资源整合在一起，体现按用户需求进行经营管理的一种管理方法。

(一) 从 MRP Ⅱ 到 ERP

MRP Ⅱ 系统主要关注于物料需求和生产能力的计划与控制，通过整合销售、生产、采购和财务等关键业务环节，实现了企业资源的初步整合和优化。然而，随着市场竞争的加剧和企业经营环境的不断变化，企业对于资源规划和管理的要求也越来越高，需要更加全面、精细和灵活的管理工具来支持。ERP 系统正是在这样的背景下应运而生。ERP 系统继承了 MRP Ⅱ 的核心功能，并在此基础上进行了大规模的扩展和升级。它不仅涵盖了 MRP Ⅱ 的物料需求计划、生产控制、销售和财务等功能，还增加了人力资源管理、质量管理、实验室管理、业务流程管理、产品数据管理、存货与分销管理以及定期报告系统等众多新功能。这些功能的加入，使 ERP 系统能够更好地满足企业在全球化、多元化和网络化经营环境中的需求。

(二) ERP 的特点

1. 集成性

ERP 系统能够将企业的各个部门和业务流程集成到一个统一的系统中，实现信息的共享和流通。这种集成性有助于打破部门间的信息壁垒，提高信息的准确性和时效性，从而优化整个企业的运营流程。

2. 模块化

ERP 系统采用模块化的设计方式，使用户可以根据企业的实际需求选择相应的功能模块。这种灵活性使 ERP 系统能够适应不同规模、不同行业的企业需求，同时降低系统的实施成本。

3. 功能性

ERP 系统涵盖了企业管理的各个方面，包括销售、采购、生产、库存、财务、人力资源等。每个模块都具备强大的功能，能够满足企业各项业务需求，提高工作效率。

4. 实时性

ERP 系统能够实时更新和显示企业的运营数据，使决策者能够及时了解企业的运营状况，做出准确的决策。同时，实时性也有助于企业快速响应市场变化，抓住商业机会。

5. 可定制化

ERP 系统具有较高的可定制性，可以根据企业的特定需求进行定制化开发。这使 ERP 系统能够更好地适应企业的实际情况，满足企业的个性化需求。

6. 安全性

ERP 系统具备完善的安全机制，能够保护企业的数据安全。通过权限控制、数据加密等手段，ERP 系统确保只有授权人员能够访问敏感数据，有效防止数据泄露和滥用。

任务三 掌握 MRP 采购

一、MRP 采购的含义和特点

案例学习
怎样做好
企业的内部
物流管理

（一）MRP 采购的含义

MRP 采购是一种基于物料需求计划的采购模式。它是以生产为导向，根据市场营销情况或预测等信息，将最终产品所需原料和部件的相关要求与时间段联系起来，以达到库存最小化并能维持交货进度的计算机化方法。MRP 采购模式决定了其采购需求是相关的、确定的，且经过大量计算得出的结果，依赖于 MRP 系统算法的计算能力。

MRP 采购首先根据主生产计划规定的最终产品需求总量和产品结构信息，对产品的需求进行分解，生成对部件、零件以及材料的毛需求量计划。然后，根据库存状态信息计算出各个部件、零件及材料的净需求量及期限，并发出订单。这种模式有助于保证物料能够及时齐套，同时使库存水平保持尽可能低，但其前提是有 MRP 系统的实施以及与供应商之间的良好合作。

因此，MRP 采购不仅是计划管理的新方法，也是组织生产的新方法，它的产生和发展导致了生产管理理论和实践的变革。

（二）MRP 采购的特点

1. 需求的相关性

MRP 采购模式下的需求是高度相关的。它基于物料需求计划，该计划根据主生产计划规定的最终产品需求总量和产品结构信息，对产品的需求进行分解。因此，各个部件、零件和材料的需求量是相互关联的，一种物料需求的数量和时间取决于其他物料的需求。

2. 需求的确定性

MRP 采购的需求是确定的。通过 MRP 系统的计算，可以精确地确定每个物料的需求量和需求时间。这种确定性有助于企业制订准确的采购计划，避免库存积压或物料短缺的情况。

3. 计划的精细性

MRP 采购模式需要制订精细的采购计划。它考虑到产品的结构、生产进度、库存状态等多个因素，通过大量的计算来确定每个物料的净需求量和需求期限。这种精细性有助于企业实现生产的高效运作和资源的优化配置。

4. 计算的复杂性

由于 MRP 采购涉及多个因素和复杂的计算过程，因此其计算具有一定的复杂性。企业需要借助 MRP 系统来进行计算，确保计划的准确性和可行性。

二、MRP 采购流程

MRP 采购流程是一个系统性的过程，旨在确保物料需求得到准确、及时的满足，以支持生产计划的顺利执行。以下是 MRP 采购流程的主要步骤：

（一）需求分析与计划制订

首先，基于主生产计划（MPS）和物料清单（Bill of Material，BOM），MRP 系统会分析产品的结构，并确定所需物料的种类、数量及时间。这涉及对最终产品及其组成部分的详细分解，从而生成具体的物料需求计划。

（二）库存状态评估

接下来，系统会评估现有库存状态，包括在库、在途和已分配物料的情况。这有助于确定实际需要采购的物料数量，即净需求量。

（三）采购订单生成

根据物料需求计划和库存状态，系统会自动生成采购订单。这些订单详细列出了所需物料的种类、数量、质量要求以及交货期限等信息。

（四）供应商选择与谈判

采购部门根据订单要求，选择合适的供应商进行询价和谈判。这一过程可能涉及多个供应商的比较和评估，以确保采购的物料既满足生产需求，又具有成本效益。

（五）订单确认与下达

与供应商达成一致后，采购部门会确认采购订单，并将其下达给供应商。同时，系统会跟踪订单状态，确保供应商按时交货。

（六）物料接收与检验

供应商交货后，物料会经过接收和检验环节，以确保其数量、质量和规格符合订单要求。如有问题，采购部门会与供应商协商解决。

（七）库存更新与反馈

物料入库后，系统会更新库存状态，并将相关信息反馈给生产计划部门。这有助于生产计划部门及时了解物料供应情况，调整生产计划以应对可能的变化。

三、基于 MRP 的采购计划

（一）基于 MRP 的采购计划原理

首先，MRP 系统依赖于主生产计划（MPS）和物料清单（BOM）作为核心输入。主生产计划提供了未来一段时间内需要生产的产品种类和数量，而物料清单则详细列出了制造这些产品所需的所有物料和零部件。

接下来，MRP 系统通过分析库存状态，包括现有库存量、在途物料、已分配物料等，来确定每种物料的净需求量。净需求量是指为满足生产计划而需要补充的物料数量，它考虑了现有库存和预期消耗。

一旦确定了净需求量，MRP 系统就会根据预定的提前期（即物料从采购到入库所需的时间）来计算所需的采购订单日期。这确保了物料能够在需要时准时到达，从而避免生产中断或物料过剩。

然后，MRP 系统会生成采购订单，这些订单详细说明了所需物料的种类、数量、质量要求、供应商信息以及交货日期等。采购部门可以根据这些订单与供应商进行谈判和下单。

在整个过程中，MRP 系统还提供了跟踪和监控功能，以确保采购计划的执行与预期一致。如果出现任何偏差或问题，系统可以及时发出警报，以便采购部门能够迅速采取措施进行调整。

（二）基于 MRP 的采购计划编制

1. 确定主生产计划

主生产计划是采购计划编制的基础，它明确了企业未来一段时间内的产品类型、数量和交货时间等信息。通过对销售预测、客户订单和库存水平的综合考虑，企业可以制订出符合实际需求的主生产计划。

2. 分析物料清单

物料清单（BOM）详细列出了生产每种产品所需的物料和零部件。基于主生产计划，企业可以分析 BOM，确定每种物料的需求量和需求时间。

3. 评估库存状态

企业需要对现有库存进行全面评估，包括在库物料、在途物料以及已分配但未出库的物料。通过库存评估，企业可以计算出每种物料的净需求量，即实际需要采购的数量。

4. 设定安全库存水平

考虑到市场需求的不确定性和供应风险，企业需要为关键物料设定适当的安全库存水平。这有助于确保在供应中断或需求激增时，企业仍能保持一定的生产连续性。

5. 生成采购计划

基于物料需求、库存状态和安全库存水平，企业可以生成详细的采购计划。采购计划应明确列出所需物料的种类、数量、质量要求、供应商信息以及预计的采购时间和交货时间等。

6. 供应商选择与谈判

企业可以根据采购计划的要求，选择合适的供应商进行询价和谈判。在选择供应商时，除了考虑价格因素外，还应关注供应商的质量保证能力、交货准时率和售后服务等。

扩展学习
基于 MRP 的采购时间和采购数量计算

实战训练
画出产品结构图及计算 MRP

7. 采购订单下达与执行

与供应商达成合作意向后，企业应下达正式的采购订单，并确保订单按时执行。在执行过程中，企业需要与供应商保持密切的沟通和协作，以确保物料的质量和交货期满足要求。

8. 采购计划监控与调整

采购计划执行过程中，企业需要对计划的执行情况进行实时监控，并根据实际情况进行必要的调整。例如，当市场需求发生变化或供应商交货出现延迟时，企业可能需要调整采购计划以适应新的情况。

能力训练

一、专业基础知识训练

扫码同步测试7，完成专业基础知识训练。

同步测试7

二、岗位能力训练

采购计划专员、主管职业能力要求

制订 MRP 采购计划

（一）训练目的

通过本次训练，使学生掌握 MRP 的计算方法，制定 MRP 采购计划。

（二）训练方式

以小组为单位分工完成实训任务，每个组员完成相应任务并署名。

（三）训练环境

综合实训室（学生每人有一台可上网的电脑，桌椅可拼接），安装采购管理软件。

（四）训练内容

AAA 公司生产部制订了一个从 2023 年 1 月 1 日起为期 8 周的 26 寸（1 寸 = 0.033 m）山地自行车的主生产计划，如表 7-2 所示，该主生产计划包括销售部门给出的同期销售预测，以及此期间要交付的客户订单。

表 7-2 26 寸山地自行车的 6 周主生产计划

周期	1	2	3	4	5	6	7	8
总需求量	75	80	70	72	120	100	100	110

注：2023 年 1 月 1 日期计，每周 7 天。

为完成生产，2022 年 12 月 18 日采购计划主管指派采购计划专员制订自行车轮胎（物料名称：自行车轮胎；物料编号：5741200027；零件代码：D；规格：COUNTRY DRY 2）的采购计划。

经查该款 26 寸山地自行车所需的自行车轮胎现有库存量是 40 条，前期下达的订单将在第 1 周期和第 3 周期分别到货 300 条，采购部采购的批量为 300 条。26 寸山地自行车需要外购的零部件 BOM 清单如表 7-3 所示。

表 7-3 26 寸山地自行车需要外购的零部件 BOM 清单

零件代码及层次		每一装配件需用的数量	前置时间（周）
0	1		
A			0.2
*	B	2	2
*	C	1	2
*	D	2	2
*	E	2	2
*	F	1	2

备注：B—自行车刹把；C—自行车车灯；D—自行车轮胎；E—自行车脚蹬；F—自行车鞍座

（五）训练要求

以采购计划专员的身份，编制自行车轮胎的 MRP 采购计划。

任务工作单、任务检查单、任务评价单如表 7-4～表 7-6 所示。

表 7-4 任务工作单

学习单元	MRP 采购
任务名称	制订基于 MRP 的采购计划
任务描述	AAA 公司计划采购一批自行车轮胎，为完成生产，公司派采购计划专员负责编制自行车轮胎的采购计划。
任务要求	以采购计划专员身份，运用 MRP 原理编制自行车轮胎订单采购计划
任务资讯	本任务是根据所给的任务素材资料，要求对公司自行车采购原材料制订采购计划，应该具备 MRP 采购的相关知识，请回答以下资讯问题。 （1）MRP 采购的原理是什么？ （2）如何决定 MRP 订货时间和订货数量？
任务实施：	（1）回答资讯问题，做好知识准备。 （2）根据 MRP 采购原理，编制自行车轮胎的订单采购计划

表 7-5 任务检查单

学习单元	MRP 采购
任务名称	制订基于 MRP 的采购计划

续表

检查项目	检查标准	学生自查	教师检查
准备工作	能够通过各种渠道查阅相关资料，为完成任务做好准备		
掌握知识	能够准确地掌握本单元所涉及的理论知识		
运用能力	在完成任务的过程中能够正确、合理地运用所学的知识		
学习能力	能够在教师的指导下进行自主地学习，全面地掌握相关知识		
工作态度	认真执行计划，工作态度认真，一丝不苟，保证每个环节工作质量		
团队合作	积极与他人合作，团队意识强，能够共同完成工作任务		
运用工具	能够利用网络资源、工具书等进行二手资料的查询		
完成情况	能够按照工作要求，按时保质保量地完成工作任务		
结果质量	能够选择适合的标准和正确的方法制订好采购计划		

检查评价	班级		姓名		第 组
	教师签字			时间	

表7-6 任务评价单

学习单元	MRP采购			
任务名称	制订基于MRP的采购计划			
评价类别	评价项目	学生自评	小组互评	教师评价
理论知识（20%）	引导问题回答			
专业能力（40%）	理论知识运用（10%）			
	任务完成情况（10%）			
	任务检查全面性和准确性（5%）			
	任务结果质量（15%）			

续表

评价类别	评价项目	学生自评	小组互评	教师评价
方法能力（20%）	查找资料，自主学习（10%）			
	解决问题方法（10%）			
社会能力（20%）	团队合作（10%）			
	敬业精神（10%）			
评价评语	班级		姓名		成绩	
	教师签字			时间		

教学反馈表如表7-7所示。

表7-7　教学反馈表

本章我学到的知识	
本章我掌握的技能	
本章我没有听懂的内容	
本章我最喜欢的内容	
对本章教学，我的建议	

项目八　管理供应链物流

知识目标

(1) 理解供应链环境下的物流和物流管理。
(2) 掌握垂直一体化和水平一体化的含义和优劣。
(3) 理解供应链运输方式和运输网络。
(4) 了解供应链的运输路线优化方法。
(5) 理解采购物流在供应链物流中的地位。
(6) 理解制造业采购物流系统和跨境电子商务采购物流模式。

技能目标

(1) 能够识别不同的供应链物流一体化战略。
(2) 能够辨析不同的供应链网络结构。
(3) 能够识别不同的供应链配送模式。
(4) 能够进行供应链运输路线设计与优化。

素养目标

(1) 培养创新思维意识，运用创新思维应对不断变化的供应链及采购环境。
(2) 培养实践思维习惯，在实践中不断运用和完善供应链与物流理论和方法。

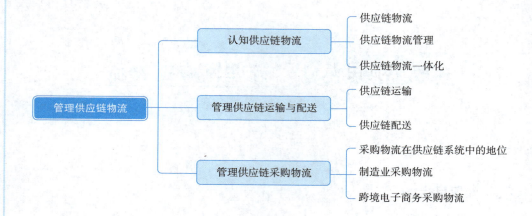

 引导案例

制造业物流的"生产+商贸"一体化特征

"制造业物流化"的本质是：在制造业供应链上各个节点或节点间可以灵活组合的"移动生产或装配工厂"。

随着全球化市场竞争加剧，在全球产业链上分工极为明晰的各国制造业竞争更为激烈，美国"再工业化"、德国"工业4.0"和"中国制造2025"都立足各自禀赋资源优势实现集成创新突破，以获取市场竞争优势。虽然传统思维还聚焦在制造的成本、质量、交付期及服务能力，但是产品及服务却不断呈现客户化、即时化、便利化和过程交互化等新的消费特征，也逐渐演变成为市场核心竞争优势的关键要素。为更好地满足客户需求，隐藏在制造业背后的物流服务能力开始在竞争中凸显，"制造+物流"成为相关罅隙市场竞争的综合要素，制造能力开始让位于"制造+物流"的综合能力。

服务制造业的物流本源可以划分成优劣两类，即有利并尽可能争取的商贸物流与有害且尽可能规避的生产物流。

第一类物流，是物流经营主体主动争取并可从中获取增益的商贸物流。即把商品从价格或价值较低的地方（资源地、加工地）移动到价格或价值较高的地方（消费地），并从移动行为中获取因价差而产生的利润，同时也要运输伴生的仓储、装卸搬运、包装、配送、信息处理及交易支付等功能，由此产生收益及成本。

第二类物流，是物流经营主体被动接受且需要支付费用/成本的生产物流。即因工艺条件、设施布局而导致不同加工需要的在制品移动，如在机械加工流程中，传统的车、铣、刨、磨等加工设备因设施布局而难以在一个地址，但前后接续的工序却要求待加工工件必须依靠移动才能够被各个设备加工，这些移动既花费物流成本，又延长了交付周期。

如果在产品加工、装配乃至包装的有害生产物流过程中加入从原料地、生产地再到消费地的有益商贸物流属性，就必然会降低生产物流成本、提升商贸物流效益，同时还会提高"生产+商贸"物流效率，缩短全过程交付期。

事实上，传统制造业也存在"生产+商贸"物流一体化特征，远洋渔业就是其中最常见的"生产+商贸"物流一体化样板。

例如，在远离海岸的公海上，大型捕捞船可以完成从捕捞、宰杀、开片、质检、冷冻、包装等一系列环节的流程，不但避免了返航周期较长带来的海鲜变质损失，而且还节省了到岸再加工的时间周期和场地成本。

德国啤酒在中国市场极为畅销，而中德港口之间有近30天的船期，海运企业就可以将远洋货轮打造成为一艘专门进行啤酒酿造和装瓶作业的移动工厂。从德国港口装载原料，在公海完成啤酒生产，然后在中国港口直接卸载商品，这样既减少了场地成本和交付期，也可以降低国际商贸的相关税赋。

此外，救护车可以在移动过程中实施急救，水泥搅拌车可以在运输过程中操作搅拌，现实中确有部分可以进行移动生产的专用货运汽车。

具有长运距优势的铁路货运具有长运时特征，还具有路网内全封闭管理特征，更有条件在资源地—生产地—消费地产业链中建立更短交期需求的铁路移动工厂。如果在某些市场能低成本、便利化获取移动生产所需禀赋条件，又可以减少返程空车成本，完全可能获取生产和运输的双重利润，不失为铁路货运改革的一种创新。

资料来源：中国物流与采购网 http://www.chinawuliu.com.cn/

任务一　认知供应链物流

一、供应链物流

扩展学习
物流及其构成

（一）物流与供应链的关系

中华人民共和国国家标准《物流术语》（GB/T 18354—2021）对物流的定义是：根据实际需要，将运输、储存、装卸、搬运、包装、流通加工、配送、信息处理等基本功能实施有机结合，使物品从供应地向接收地进行实体流动的过程。

物流与供应链之间存在着密切的关系。首先，供应链是一个由供应商、制造商、分销商、零售商和最终用户等多个环节组成的网络。在这个网络中，各个环节之间需要进行物品、信息和资金的交换，以保证整个系统的顺畅运转。而物流则是实现这种交换的重要手段之一，它涉及物品的运输、储存、包装、装卸和配送等方面。物流在供应链中起着连接各个环节的纽带作用，确保原材料、零部件和最终产品能够按照计划的时间、地点和数量准确到达目的地。其次，物流的效率和成本直接影响供应链的性能和竞争力。一个高效的物流系统可以降低库存成本、提高交货准时率、增强客户满意度，进而提升整个供应链的竞争力。反之，如果物流环节出现问题，比如运输延迟、库存积压等，会导致整个供应链的运作受阻，影响企业的经营绩效。此外，从构成上来看，供应链包括物流，物流是供应链的一部分。在供应链中，物流的职能并不仅限于物品的流动，它还包括与物流相关的信息流和资金流的管理。这种综合性的管理使物流在供应链中发挥着更为重要的作用。

（二）供应链物流

供应链物流是一种物流管理方式，它关注的是从原材料采购到客户交付的整个物流过程。根据协调运作生产、供应活动、销售活动和物流活动的机能的差异性，可以把生产企业供应链物流归纳为三种模式：批量物流、订单物流和准时物流。

1. 批量物流

批量物流是供应链物流中的一种重要模式，主要基于客户需求预测，以批量经营、批量采购、批量生产和销售为主要特征。在这种模式下，生产企业的经济活动与客户的订单需求紧密相连，但又超越了单一的订单需求，更多地考虑到整体行业经济活动的预测和规划。

此外，随着技术的发展和市场的变化，批量物流也在不断演进和创新。例如，通过应用大数据、人工智能等先进技术，企业可以更精确地预测客户需求和市场趋势，制订更科学的生产和采购计划；同时，通过优化物流网络和提升物流服务水平，企业也可以进一步降低物流成本，提高客户满意度。

2. 订单物流

订单物流是供应链物流中的一个关键环节，它主要关注从接收到客户订单到最终完成交货的整个物流过程。订单物流的核心在于确保订单信息的准确传递、快速响应和高效执行，以满足客户的期望和需求。

为了提高订单物流的效率和准确性，企业通常会采用先进的物流管理系统和技术手段。例如，通过引入条形码、RFID等技术，实现货物的快速识别和跟踪；通过利用大数据和人工智能技术，对订单信息进行预测和分析，优化物流计划和配送路线；通过建设智能化的仓库和配送中心，提高货物的存储和分拣效率等。

3. 准时物流

准时物流是供应链物流中一种追求高效率和精确性的现代物流方式。它建立在准时制（Just-in-Time，JIT）管理理念的基础上，旨在通过精确的时间管理和流程优化，确保物料、零部件或成品在需要时准时到达指定地点。

准时物流的核心在于消除一切无效作业与浪费，这包括减少库存积压、避免过早或过晚的运输和配送等。它要求供应链中的各个环节，包括供应商、生产商、分销商和最终客户，都紧密协作，确保信息的实时共享和准确传递。

二、供应链物流管理

中华人民共和国国家标准《物流术语》（GB/T 18354—2021）对物流管理的定义是：为达到既定的目标，从物流全过程出发，对相关物流活动进行的计划、组织、协调与控制。

物流管理是"以合适的物流成本达到用户满意的服务水平，对正向及反向的物流活动过程及相关信息进行的计划、组织、协调与控制"，而供应链管理是"对供应链

微课
供应链环境下的物流管理

涉及的全部活动进行计划、组织、协调与控制"

（一）物流管理与供应链管理的关系

物流管理与供应链管理之间存在紧密而复杂的关系。简单来说，物流管理是供应链管理的重要组成部分，而供应链管理则是对物流管理的延伸和拓展。

首先，从管理目标的角度来看，物流管理主要关注满足顾客需求，实现产品、服务和信息从生产地到销售地的有效流动，同时追求保管的有效性和低成本。而供应链管理则在此基础上，进一步关注从原始供应商到最终用户之间关键商业流程的集成，以实现客户和其他所有流程参与者的价值增值。这表明，尽管两者的目标都是为顾客服务，但供应链管理的视野更为广阔，涵盖了更多的商业环节。

其次，从工作内容来看，物流管理涉及物资的运输、采购、配送、仓储等具体活动，这些活动是企业间物资流通的重要组成部分。而供应链管理则在此基础上，进一步包括生产过程中的物料转化过程，以及处理和协调供应商、制造商、分销商、零售商之间存在的各种关系。因此，供应链管理的工作性质更为复杂，需要处理更多的关系和流程。

再次，从地位和作用来看，物流管理是供应链管理发挥整体效益的基础和前提。供应链管理的有效性在很大程度上取决于物流作业环节的管理运作状况，如采购、库存、运输等。因此，物流管理在供应链管理中具有举足轻重的地位。

最后，从发展趋势来看，供应链管理可以被视为物流管理的发展延伸。随着市场竞争的加剧和企业对成本控制的重视，供应链管理逐渐兴起，它旨在通过优化整个供应链流程，实现成本降低和效率提升。而物流管理作为供应链管理的重要组成部分，也在不断地发展和完善，以适应新的市场需求和管理理念。

（二）供应链物流管理特点

1. 整体性

供应链物流管理强调整体最优，而不仅仅是单个环节或部门的优化。它要求从原材料采购、生产、销售到最终消费者的整个供应链流程进行统一规划和管理，以实现整体效益的最大化。

2. 协同性

供应链物流管理注重各个环节和部门之间的协同工作。它要求各个环节和部门之间保持紧密的信息共享和沟通，以实现物流、信息流和资金流的顺畅流动。

3. 战略性

供应链物流管理具有战略性，它要求企业从战略的高度来规划和实施物流管理。企业需要根据市场需求和竞争态势，制定合适的供应链物流策略，以支持企业的整体战略发展。

4. 信息化

现代供应链物流管理高度依赖信息技术。通过采用先进的物流管理系统、供应链管理系统以及物联网、大数据等技术手段，企业可以实时掌握供应链各环节的信息，提高物流运作的透明度和效率。

5. 客户导向

供应链物流管理强调以客户为中心,以满足客户需求为出发点和落脚点。企业需要密切关注客户需求的变化,及时调整供应链物流策略,以提供高质量、高效率的物流服务。

6. 灵活性

供应链物流管理要求企业具备高度的灵活性,以应对市场变化和不确定性因素。企业需要能够根据实际情况调整供应链物流策略,优化物流网络,降低运营成本,提高响应速度。

三、供应链物流一体化

中华人民共和国国家标准《物流术语》(GB/T 18354—2021)对物流服务的定义是:为满足客户物流需求所实施的一系列物流活动过程及其产生的结果。

中华人民共和国国家标准《物流术语》(GB/T 18354—2021)对一体化物流服务的定义是:根据客户物流需求所提供的全过程、多功能的物流服务。

供应链物流一体化包括三种形式:供应链物流垂直一体化、供应链物流水平一体化和供应链物流网络。

(一)供应链物流垂直一体化

1. 供应链物流垂直一体化的含义

供应链物流垂直一体化是基于供应链一体化的管理基础,形成的从原材料到产品生产、销售、服务的一条龙合作关系。它属于内部化优势,是现代物流业完整产业链中,为有效地整合客户资源、运作资源和供应链上的各个环节,提升整个业务运作资源利用率和劳动效率的重要手段。其目的在于在为客户提供最大价值的同时,也使企业的利润达到最大化。

在供应链物流垂直一体化的模式下,企业会将产品供应商和顾客纳入管理范围,把整个供应链上采购、制造、销售等环节的活动联系起来,对从供应商到顾客的整个商品物流过程实现整体性管理。这种管理方式有助于降低供应链物流成本、缩短顾客订单提前期,最终为企业赢得竞争优势。

2. 供应链物流垂直一体化的优势

(1)提高效率和灵活性。

通过优化整个供应链流程,从产品研发、设计、制造到后续服务的各个阶段都能够实现更高效的协调。这种一体化模式能够快速响应市场需求变化,根据市场情况进行生产的合理调整,从而提高整体运营效率。

(2)降低财务和成本风险。

垂直一体化管理有助于统一资源分配和成本控制,能够对微观风险如异常摊销、工艺不规范、突发修复费用等进行更好的预估和控制。这种管理方式有助于在全局层面避免某些经济风险的长期累积,实现成本优化。

案例学习
海尔物流的垂直一体化措施

（3）增强客户满意度。

稳定和高效的供应链能够提供更快捷、更准确的产品或服务，从而提高客户满意度。这种一体化模式有助于建立长期稳定的客户关系，增强客户信任度和留存率。

（4）优化资源配置。

通过垂直一体化，企业可以更有效地整合内外部资源，实现资源的优化配置。这不仅可以降低运营成本，还可以提高企业的竞争力。

（5）提高进入壁垒。

垂直一体化可以增加新进入者的难度，因为新进入者需要投入大量资源来建立完整的供应链体系。这有助于企业在市场中保持领先地位。

（6）提升差异化能力。

通过垂直一体化，企业可以更好地控制产品质量和特性，从而提供更独特的产品或服务，提升企业的差异化能力。

3. 供应链物流垂直一体化的劣势

（1）高投资成本和风险。

实现垂直一体化意味着企业需要在多个供应链环节进行投资，包括采购、生产、仓储、运输等。这不仅需要大量的初始投资，而且一旦投资完成，如果市场环境发生变化或技术进步使某些设施过时，企业可能会面临巨大的经济损失。此外，垂直一体化还可能使企业面临更大的经营风险，因为任何一个环节的失误都可能对整个供应链产生连锁反应。

（2）管理难度增加。

垂直一体化要求企业对供应链的各个环节进行统一管理，这无疑增加了管理的复杂性。企业需要处理更多的内部关系，确保各个环节之间的协调和信息共享。如果管理不善，可能会导致供应链效率低下，甚至出现混乱。

（3）灵活性降低。

垂直一体化可能导致企业在面对市场变化时反应迟钝。由于企业需要在多个环节进行投资和管理，因此很难快速调整供应链策略以适应市场需求的变化。此外，如果某个环节出现问题，整个供应链可能会受到影响，导致灵活性降低。

（4）可能忽视核心竞争力。

企业在追求垂直一体化的过程中，可能会过度关注供应链的内部管理，而忽视了自身的核心竞争力。这可能导致企业在激烈的市场竞争中失去优势，甚至面临生存危机。

（5）难以适应行业变革。

随着技术的发展和市场的变化，供应链行业也在不断变革。垂直一体化可能会使企业难以适应这些变革，因为企业需要在多个环节进行技术和管理的创新，这需要大量的资源和时间。

（二）供应链物流水平一体化

1. 供应链物流水平一体化的含义

供应链物流水平一体化是指通过同一行业中各企业之间在物流方面的合作，以获

案例学习
北京快消品行业的水平一体化

得整体上的规模经济,从而提高物流效率。这种合作方式侧重于在物流渠道上的共同利用,实现物流资源的优化配置,降低企业物流成本,减少社会物流过程中的重复劳动。

具体来说,水平一体化物流可以将传统运输方式下相互独立的海、陆、空的各个运输手段按照科学、合理的流程组织起来,使不同的企业能够用同样的装运方式进行不同类型商品的联合运输。通过这种方式,客户可以获得最佳的运输路线、最短的运输时间、最高的运输效率、最安全的运输保障和最低的运输成本。

2. 供应链物流水平一体化的优势

(1) 资源优化与成本降低。

水平一体化物流模式有助于实现物流资源的优化配置,减少企业在物流领域的重复投资和浪费。通过共享物流设施、运输工具和人力资源,企业可以降低成本,提高物流效率。

(2) 提升物流服务水平。

企业之间通过合作,可以共同提高物流服务水平,为客户提供更快捷、更可靠的物流服务。这有助于增强客户满意度,提升企业竞争力。

(3) 增强市场响应能力。

水平一体化物流有助于企业更好地把握市场需求变化,及时调整物流策略,提高市场响应速度。通过协同作战,企业可以更快地适应市场变化,抓住商机。

(4) 促进供应链协同。

水平一体化物流可以促进供应链上下游企业之间的协同合作,形成紧密的供应链关系。这有助于提升整个供应链的运作效率,降低运营成本,实现共赢。

(5) 技术创新与推动行业进步。

水平一体化物流模式下,企业之间会共享物流技术创新成果,推动整个行业的技术进步。这有助于提升整个物流行业的服务水平,推动行业的健康发展。

3. 供应链物流水平一体化的劣势

(1) 合作难度与信任问题。

水平一体化要求企业之间建立紧密的合作关系,但在实际操作中,由于各企业之间存在竞争关系,以及文化、管理、利益分配等方面的差异,合作难度可能较大。此外,信任问题也可能成为阻碍合作的障碍,导致合作不稳定或难以持久。

(2) 信息共享与安全问题。

为了实现水平一体化,企业之间需要共享大量的物流信息。然而,信息共享可能带来安全风险,如数据泄露、恶意攻击等。这要求企业在信息共享的同时,加强信息安全保障措施,防止信息泄露和滥用。

(3) 管理协调成本增加。

水平一体化涉及多个企业的协同作业,需要投入大量的人力和物力进行管理和协调。这可能导致管理成本的增加,甚至可能影响企业的运营效率。

(4) 依赖性与风险共担。

在水平一体化模式下,企业之间的依赖性增强,一旦某个环节出现问题,可能对整个供应链产生影响。此外，各企业还需要共同承担市场风险、技术风险等，这增加了企业的经营风险。

（5）法律与政策限制。

在某些地区或行业，可能存在对供应链物流水平一体化的法律或政策限制。这些限制可能阻碍企业之间的合作，影响水平一体化的实施效果。

（三）供应链物流网络

供应链物流网络是供应链物流垂直一体化与供应链物流水平一体化的综合体。当垂直一体化物流系统中的某一环节是水平一体化物流系统的一个组成部分时，以物流为联系的企业之间的关系就形成了一个网络关系，即供应链物流网络。以下是关于供应链物流网络的一些主要特点：

1. 整体性与协作性

供应链物流网络注重整体性和协作性，各个环节和各参与方需要紧密合作，共同实现物流目标。通过有效的协调和信息共享，可以提高物流效率，降低成本，并增强整个供应链的竞争力。

2. 网络设计与管理

供应链物流网络的设计需要考虑多个因素，包括物流节点位置的选择、仓储与配送中心的规划、物流运输模式的确定以及供应链合作伙伴的选择等。这些设计决策直接影响到物流网络的效率和成本。同时，对物流网络的管理也是至关重要的，包括订单管理、库存管理、运输管理等，以确保物流过程的顺畅和高效。

3. 信息技术的应用

现代供应链物流网络广泛应用信息技术，如物联网、大数据、人工智能等，以实现物流信息的实时传递和处理。这些技术有助于提高物流过程的可视化和透明度，优化物流决策，提高物流效率。

4. 客户需求导向

供应链物流网络以满足客户需求为导向，通过提供及时、准确、可靠的物流服务，提高客户满意度。这需要企业具备敏锐的市场洞察力和灵活的物流能力，以快速响应市场变化和客户需求。

任务二　管理供应链运输与配送

一、供应链运输

运输的功能主要是实现物品远距离的位置移动，创造物品的"空间效用"。通过运输活动，将物品从效用价值低的地方转移到效用价值高的地方，使物品的使用价值得到更好的实现，即创造物品的最佳效用价值。

扩展学习
传统物流网络与供应链物流网络的区别

案例学习
招商路凯的供应链优化

微课
供应链环境下的运输

（一）运输在供应链中的作用

1. 供应链系统功能的核心

供应链系统具有创造物品的空间效用、时间效用、形式效用三大效用。其中，运输功能的主导地位更加凸现，成为所有功能的核心。它确保了产品在供应链的不同环节之间能够有效地移动，从而实现物品的空间效用。

2. 影响供应链的其他构成因素

运输方式的选择会决定装运货物的包装要求，使用不同类型的运输工具会决定其配套使用的装卸搬运设备以及接收和发运站台的设计。此外，企业库存存储量的大小也直接受到运输状况的影响。

扩展学习
运输与供应链上其他环节的关系

3. 供应链成本的重要影响因素

运输费用在物流费用中占有很大的比重，是影响物流费用的重要因素。降低运输成本可以显著减少物流费用，提高物流速度，进而发挥物流系统整体功能的优势。

4. 提高供应链的响应性和效率

高质量的运输能够确保产品准确、及时地送达客户手中，从而满足客户的需求，提高供应链的响应性。同时，通过合理的运输安排，企业可以调整设施选址和库存，以平衡响应性和效率之间的关系。

5. 创造供应链柔性

运输不仅能够连接供应链各个环节，还可以提供客户服务，并在供应链设计、战略发展和总体成本管理上起到关键作用。

（二）供应链运输方式

1. 按照运输工具划分的运输方式

（1）公路运输。公路运输又称为道路运输，是指人们利用公路、机动车辆等运输工具，将货物从一个地点向另一个地点运送。公路运输主要承担近距离、小批量的货物短途运输和水路运输、铁路运输等难以到达地区的长途、大批量货物运输。公路运输可分为整车运输和零担运输，其优势在于能实现门到门的运输，比铁路运输的时间短，送货和提货之间不需要转运。

扩展学习
整车运输、零担运输和门到门运输

（2）铁路运输。铁路运输主要是指使用铁路列车运送货物的一种运输方式。铁路运输主要承担长距离、大批量的货物运输。主要适用于重量大、价值低、低度时间敏感的货物，如煤炭。

（3）水路运输。水路运输主要是指使用船舶运送货物的一种运输方式。水路运输主要承担长距离、大批量的货物运输，是国际物流中主要的运输方式。其特点是价格最低廉，速度最慢，而且在港口的终点站容易发生严重的延迟。

（4）航空运输。航空运输主要是指使用飞机或其他航空器运送货物的一种运输方式。航空运输的特点是速度快、费用高，主要适用于小件、高附加值的产品，或高度时间敏感的长距离紧急货物。

（5）管道运输。管道运输是指使用管道作为运输工具的一种长距离输送液体、气体和粉末固体的运输方式。管道运输主要用于原油、精炼石油产品和天然气的运输，管道运输不仅运量大、连续、迅速、经济、安全、可靠、平稳，而且投资少、占地少、费用低，可以实现自动控制。

2. 按照运输作用划分的运输方式

（1）集货运输。

集货运输，顾名思义，是指将分散的货物集聚起来进行集中运输的一种物流方式。这种运输方式主要适用于需要将小批量、分散的货物进行集中，以便利用干线进行大批量、远距离的运输。在实际应用中，集货运输通常与其他物流环节相结合，如仓储、分拣、配送等，形成完整的物流解决方案。例如，在电商领域，集货运输可以帮助电商企业将来自不同供应商或仓库的货物进行集中，然后统一运输到指定的配送中心或客户手中。

（2）配送运输。

配送运输是物流领域内的一种运输方式，它主要根据客户的具体要求，对货物或物资进行拣选、加工、包装、分割、组配等作业，并按时送达指定地点的物流活动。这种运输方式主要限定在特定的经济合理区域范围内。与干线运输相比，配送运输更多地被视为一种补充和完善。它通常是短距离、小批量、高频率的运输，主要由汽车运输进行，有时也可以采用城市轨道货运、铁路运输或水路运输，具体取决于运输的跨度和条件。

配送运输不仅仅是简单的"送货"活动，它还包括与仓储相关的活动，是"配"与"送"的有机结合。在这个过程中，配送中心或物流中心可能扮演着重要的角色，它们会对货物进行必要的处理，以满足不同客户的多种需求。配送运输具有时效性、安全性、沟通性、方便性和经济性等特点。它旨在为客户提供积极主动的服务，以满足客户的各种需求。因此，配送运输在物流领域中扮演着至关重要的角色，对于提高物流效率、降低物流成本、增强客户满意度等方面都具有重要意义。

3. 按照运输协作程度划分的运输方式

（1）联合运输。

中华人民共和国国家标准《货物多式联运术语》（GB/T 42184—2022）对联合运输的定义是：货物从接受委托至到达交付，通过两种及以上运输方式或由两个及以上承运人接续完成的运输组织形式。

联合运输利用不同运输方式的优势来提高运输效率，是一种综合性的运输方式。可以缩短货物运输的在途时间，加快运输速度，节省运费，提高运输工具的利用率，同时简化托运手续，为托运人带来便利。

（2）多式联运。

中华人民共和国国家标准《货物多式联运术语》（GB/T 42184—2022）对多式联运的定义是：货物由一种且不变的运载单元装载，相继以两种及以上运输方式运输，并且在转换运输方式的过程中不对货物本身进行操作的联合运输形式。

目前多式联运组织形式有：公铁联运、铁水联运、公水联运、空陆联运、滚装运

案例学习
四川打造
多式联运

输、驮背运输、高铁快运、快运运输；其中公铁联运、铁水联运、公水联运、空陆联运为主流多式联运形式。多式联运在价格和服务方面具有竞争优势。

(3) 组合运输。

中华人民共和国国家标准《货物多式联运术语》(GB/T 42184—2022) 对组合运输的定义是：干线运输采用铁路、水路、航空运输方式，且最先和最后的接驳运输采用尽可能短距离公路运输的多式联运形式。

(三) 供应链运输网络

1. 直接运输网络

直接运输网络是一种物流运输模式，它指的是所有货物直接从供应商处运达零售店或最终用户，每次运输的线路都是指定的。在这种模式下，管理者只需要决定运输的数量并选择运输方式，而无须经过中间仓库进行货物的中转或存储。直接运输网络（单源单目的地）如图 8-1 所示。

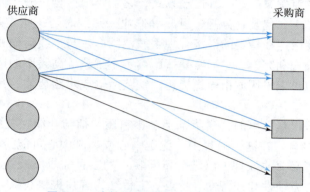

图 8-1　直接运输网络（单源单目的地）

2. 循环取货的直接运输网络

循环取货的直接运输网络是一种优化的物流运输模式，它结合了循环取货与直接运输网络的优点，旨在进一步提高物流效率和客户满意度。在这种模式下，多个取货目的地被归为同一循环区域，通过多次循环取货和送货的方式来满足客户需求。这种循环的方式不仅减少了车辆的空驶时间和距离，还通过优化配送顺序，优先处理大宗物品和远距离配送，进一步提高了运输效率。循环取货的直接运输网络如图 8-2 所示。

3. 通过配送中心 DC 的运输网络

中华人民共和国国家标准《物流术语》(GB/T 18354—2021) 对配送中心（Distribution Center；DC）的定义是：具有完善的配送基础设施和信息网络，可便捷地连接对外交通运输网络，并向末端客户提供短距离、小批量、多批次配送服务的专业化配送场所。

在通过配送中心的运输网络中，配送中心扮演着核心角色。它不仅是货物的集散

项目八 管理供应链物流

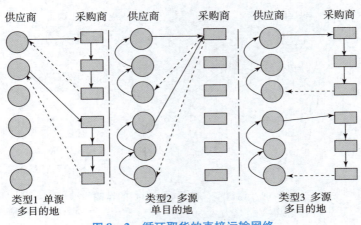

图 8-2 循环取货的直接运输网络

地,还是物流信息的交汇点。配送中心接收来自不同供应商的货物,经过分类、整理、包装等处理后,再按照客户的需求进行配送。通过这种方式,配送中心能够实现对货物的集中管理和统一调度,从而提高运输效率。通过配送中心 DC 的运输网络如图 8-3 所示。

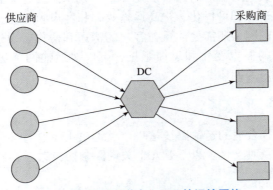

图 8-3 通过配送中心 DC 的运输网络

4. 通过 DC 使用循环取货的运输网络

在这种运输网络中,配送中心起到了关键的作用。它不仅是货物的集散地,还是物流信息的交汇点。配送中心根据订单需求、库存情况和运输能力,制定循环取货计划,并协调供应商、运输商和客户之间的物流活动。通过合理安排取货路线和取货时间,配送中心能够减少车辆的空驶率,提高运输工具的利用率。同时,循环取货还能降低库存水平,减少库存成本,因为货物可以在需要时及时从供应商处取得,而无须大量囤积在配送中心。通过 DC 使用循环取货的运输网络如图 8-4 所示。

如果每个采购商的订货批量小,DC 就可以使用循环取货策略给采购商送货,降低出货运输成本。例如:日本 7-11 将来自新鲜食品供应商的送货在 DC 采用交叉装卸策略,并采用循环取货的策略对店铺送货。

微课
7-11:一家
便利连锁店

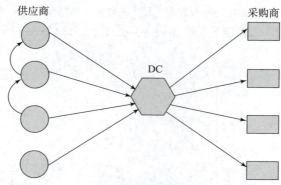

图 8-4 通过 DC 使用循环取货的运输网络

5. 定制式运输网络

定制式运输网络是一种根据特定客户需求和物流场景，量身打造的个性化运输解决方案。这种运输网络的设计和实施充分考虑到客户的业务特点、货物属性、运输需求以及成本效益等多个因素，旨在实现运输过程的高效、安全和可靠。

在实施定制式运输网络的过程中，还需要借助先进的技术手段，如物联网、大数据、人工智能等，来提高运输网络的智能化和自动化水平。这些技术可以帮助实现运输过程的可视化、可追踪和可优化，提高运输效率和客户满意度。

此外，定制式运输网络还需要注重与客户的沟通和协作。通过与客户保持密切的沟通，及时了解客户的需求变化和反馈意见，可以对运输网络进行持续的优化和改进，以更好地满足客户的期望。

（四）供应链运输路线选择

在供应链中，选择合适的运输路线是一个关键决策，它直接影响物流的效率、成本以及货物的安全和及时交付。以下是几个关键因素需要考虑：

1. 货物特性

不同类型的货物对运输条件有不同的要求。例如，易碎货物或液体货物需要采取更为谨慎的运输方式和路线，以确保货物的安全。而对于一些耐用品或非易损货物，可能更注重运输时间。

2. 运输距离

一般而言，运输距离越短，货物运输的时间和成本就越低。因此，在运输距离较短的情况下，可以选择直达路线或者较为便捷的本地运输方式。

3. 地理环境

地理环境对货物运输路线选择有很大的影响。这包括道路状况、交通条件、气候因素等。在选择运输路线时，需要充分考虑这些因素，以避免因交通拥堵、道路损坏或恶劣天气导致的运输延误或货物受损。

4. 运输方式

不同的运输方式（如公路、铁路、水路和航空）在速度、成本和安全性方面存在

扩展学习
不同运输网络结构的优缺点

扩展学习
用节约里程法制订最优的配送方案

差异。因此，在选择运输路线时，需要综合考虑各种运输方式的优劣，选择最符合需求的运输方式。

5. 安全与风险管理

在货物运输过程中，可能面临各种风险，如交通拥堵、天气突变、盗窃等。因此，在规划运输路线时，需要综合考虑风险因素，选择相对安全和可靠的路线，并建立有效的风险管理机制以应对突发情况。

二、供应链配送

中华人民共和国国家标准《物流术语》（GB/T 18354—2021）对配送的定义是：根据客户要求，对物品进行分类、拣选、集货、包装、组配等作业，并按时送达指定地点的物流活动。

微课
供应链环境
下的配送

（一）配送在供应链中的作用

1. 提高物流效率

配送活动能够准确而稳定地满足供应需求，通过集中库存和高效的配送流程，减少流通环节，简化事务，从而提高整个物流系统的效率。

2. 降低库存成本

配送体制使企业可以根据实际需求进行生产和配送，实现产成品零库存或低库存，避免过多的库存积压，降低库存成本。对于用户来说，这意味着更高的物流服务水平，因为他们可以获得更及时、更准确的配送服务。

3. 优化资源配置

配送活动使物资利用率和库存周转率得以提高，通过集中库存和配送，可以更好地利用有限的仓库和库存资源，满足更大范围客户的需求。这也有助于实现资源的优化配置，减少浪费。

4. 增强竞争力

通过降低物流成本、提高服务水平、扩大销售和市场，配送可以为企业带来更大的竞争优势。对于用户来说，配送服务的改善也提高了他们的满意度和忠诚度。

5. 支撑电子商务发展

配送为电子商务的发展提供了基础和支撑。随着电子商务的快速发展，配送服务的需求也日益增长。高效、准确的配送服务能够确保电子商务交易的顺利进行，提升客户体验。

（二）供应链配送模式

从供应链物流配送的主体及其服务的内容看，其配送模式主要有自营配送模式、第三方物流配送、共同配送模式和联盟共同配送模式，下面介绍前3种。

1. 自营配送模式

这是工商企业为了保证生产或销售需要，独自出资建立自己的物流配送系统，对本企业所生产或销售的产品进行配送活动。其配送活动一般可以分为企业的分销配送和内部供应配送。分销配送根据服务对象的不同，又可以分为企业对企业的分销配送和企业对消费者的分销配送两种形式。

2. 第三方物流配送

中华人民共和国国家标准《物流术语》（GB/T 18354—2021）对第三方物流（Third Party Logistics）的定义是：由独立于物流服务供需双方之外且以物流服务为主营业务的组织提供物流服务的模式。

第三方物流配送模式是指由参与供应链系统的物流配送的第一方（供应方）、第二方（需求方）之外的专业化或综合化的物流企业以契约合同的形式，向供需双方提供全部或部分物流服务的业务模式，第三方物流配送模式如图8-5所示。

图8-5 第三方物流配送模式

3. 共同配送模式

中华人民共和国国家标准《物流术语》（GB/T 18354—2021）对共同配送（Joint Distribution）的定义是：由多个企业或其他组织整合多个客户的货物需求后联合组织实施的配送方式。

这是企业追求配送合理化，经过长期的发展和探索优化出的一种配送形式。这种模式下，两个或两个以上的有配送业务的企业会相互合作或对多个用户共同开展配送活动。其实质是相同或不同类型的企业联合，目的在于相互调剂使用各自的仓储运输设施，最大限度地提高配送设施的使用效率。

这些模式各有特点，企业可以根据自身的实际需求和条件选择合适的配送模式。随着物流技术的不断发展和市场竞争的加剧，供应链配送模式也将不断创新和优化，以适应新的市场需求和变化。

（三）供应链配送网点布局

1. 配送网点布局要考虑的因素

配送网点布局需要考虑的主要因素有：市场需求与分布、交通条件、用地条件、货物特性、成本与效益分析、合作与竞争关系、技术与信息化水平等。企业需要根据自身的实际情况和市场环境，权衡各种因素，制订出合理的布局方案。

2. 配送网点布局合理化

（1）深入市场研究。

企业应对目标市场进行深入的研究，了解客户的分布、需求、购买习惯以及市场增长趋势。这将有助于确定配送网点的数量、位置和规模，以满足现有和潜在的客户需求。

（2）分析交通条件。

交通状况对配送效率至关重要。企业应评估候选地点的交通网络、道路状况以及交通拥堵情况，确保所选网点具备良好的可达性和运输便利性。

（3）考虑用地条件。

用地成本、可用面积以及城市规划要求等因素都会影响网点的布局。企业需根据自身需求和预算，寻找合适的用地，并遵守相关政策和规定。

（4）优化货物处理流程。

企业应关注货物的特性，如类型、数量、体积和重量等，并据此优化货物处理流程。例如，对于易腐货物，应设立专门的温控区域；对于大宗货物，应配置大型仓储设施和高效搬运设备。

（5）进行全面成本效益分析。

企业应详细分析配送网点建设的各项成本，包括建设投资、设备购置、人员配置以及运营成本等，并与预期收益进行对比。通过成本效益分析，确保布局决策的经济合理性。

（6）利用先进技术和信息化手段。

企业应积极采用先进的物流技术和信息化手段，如智能仓储系统、物联网技术、大数据分析等，提高配送效率和客户满意度。

（7）定期评估与调整。

配送网点布局并非一成不变。企业应定期对布局进行评估，根据市场变化、客户需求以及运营情况等因素进行调整和优化。

任务三　管理供应链采购物流

一、采购物流在供应链系统中的地位

采购物流在供应链系统中占据着举足轻重的地位。它不仅是供应链管理的起点，还是连接企业与供应商之间的桥梁，对于确保供应链的顺畅运作和企业的正常运营具有至关重要的作用。

微课
采购物流

（一）采购物流是供应链管理的关键环节

在供应链中，采购物流负责从供应商处获取原材料、零部件等物资，并将其运输到企业，为企业的生产活动提供必要的物资保障。因此，采购物流的效率和准确性直接影响企业的生产进度和产品质量。

（二）采购物流对于降低企业成本具有重要意义

通过优化采购物流流程，企业可以降低采购成本、运输成本和库存成本，从而提高企业的盈利能力和市场竞争力。同时，采购物流还可以帮助企业实现与供应商之间

的信息共享和协同合作，进一步提高供应链的效率和灵活性。

（三）采购物流还对于企业的风险管理具有关键作用

在供应链中，供应商的质量、交货期等因素都可能对企业的正常运营产生影响。因此，采购物流需要密切关注供应商的动态，及时应对潜在的风险，确保供应链的稳定性和可靠性。

二、制造业采购物流

扩展学习
相关物流
术语

（一）制造业采购物流含义

制造业物流是指制造企业由于原材料采购、产品生产、成品储存、产品运输、产品销售、售后服务等一系列生产销售活动所产生的物品流动、信息流通、资金移动的过程，是确保原材料转换为成品的必要支持过程。制造业物流根据供应链环节可分为供应物流、生产物流、销售物流、废弃物的处理与回收物流。

制造业采购物流指的是企业在采购原材料、零部件、燃料和辅助材料等生产物资时，涉及的一系列物流活动。这些活动包括采购计划、采购订单、供应商选择、物流运输、仓储管理以及后续的库存管理、用料管理和供应管理。采购物流旨在确保这些物资能够及时、准确地到达指定地点，以满足制造业企业的生产和经营需求。

（二）制造业采购物流系统

制造业采购物流系统的主要目标是确保生产所需的物资能够按时、按量、按质地供应，以满足生产计划和客户需求。一个完善的制造业采购物流系统通常包括以下几个主要环节：

1. 供应商管理

包括供应商的选择、评估、合作与关系维护。通过与优质供应商建立长期稳定的合作关系，确保物资供应的稳定性和可靠性。

2. 采购计划制订

根据生产计划、库存情况和市场需求，制订合理的采购计划，明确采购的物资种类、数量、时间和质量要求。

3. 采购订单处理

根据采购计划，向供应商发出采购订单，并跟踪订单的执行情况，确保订单按时交付。

4. 物流运输管理

负责物资的运输安排、运输方式选择、运输费用核算等工作，确保物资安全、及时、经济地送达目的地。

5. 仓储与库存管理

对采购回来的物资进行妥善保管，并根据生产需要进行库存管理，确保物资数量

项目八　管理供应链物流

和质量符合要求。

6. 信息系统支持

通过建立高效的物流信息系统，实现采购、运输、仓储等各环节的信息共享和协同作业，提高采购物流系统的效率和准确性。

三、跨境电子商务采购物流

案例学习
跨境电商利
好叠加驱动
增强

（一）跨境电子商务采购物流含义

中华人民共和国国家标准《电子商务业务术语》（GB/T 38652—2020）对跨境电子商务（Cross - Border E - Commerce）的定义是：分属不同关境的交易主体，通过互联网达成交易、进行支付结算，并通过跨境物流送达商品、完成交易的经营活动。

扩展学习
跨境电子商
务采购平台

由此可见，跨境电子商务是互联网发展到一定阶段所产生的一种新型贸易形态，是传统外贸方式向"互联网+外贸"方式的转型升级。对跨境电子商务而言，物流是最核心的内容。跨境电子商务物流分为跨境电子商务进口物流和跨境电子商务出口物流。跨境电子商务采购物流是跨境电子商务进口物流，是指企业采购的物品从境外向境内实体流动的过程。

（二）跨境电子商务采购物流模式

目前，典型的跨境电子商务进口业务流程主要包括"网购保税进口"和"直购进口"两种模式。

1. 网购保税进口模式

网购保税进口模式，也被称为跨境电商保税备货模式，是跨境电商零售进口的一种重要形式。在这种模式下，电商企业先将海外进口的商品以批量报关的方式存入到海关特殊的监管区域内，如保税物流中心（B型）的保税仓库。这些商品在保税仓库内进行暂存和仓储，并受到海关的严格监管和电子账册管理。这种模式的特点在于，由于商品已经提前进入国内并在保税状态下存储，因此可以大大缩短消费者的等待时间，通常1~3天就可以将商品送达到消费者手中，物流时效非常快捷。

不过，需要注意的是，通过网购保税进口模式申报进口的商品必须满足一系列条件。首先，这些商品必须属于《跨境电子商务零售进口商品清单》范围内，清单范围以外的商品无法通过跨境电商渠道进口。其次，这些商品仅限于个人自用，并需满足跨境电商零售进口税收政策规定的条件。再次，消费者的购买行为也受到一定的限制，单次交易限值为人民币5 000元，年度交易限值为人民币26 000元。"网购保税进口"模式跨境电子商务流程如图8-6所示。

2. 直购进口模式

直购进口模式是跨境电商中的一种重要进口方式，它允许国内消费者直接在国外的电商平台上购买商品。这些商品通过国际物流方式，如快递或邮件，直接送达给国内的消费者。

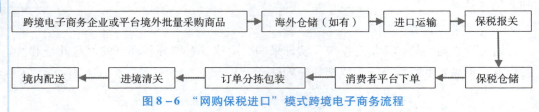

图 8-6 "网购保税进口"模式跨境电子商务流程

直购进口模式的优点在于，它提供了丰富多样的产品选择，使中国消费者能够直接购买到稀缺、优质、新奇的全球商品，并有机会与海外商家直接沟通。然而，直购进口模式也存在一些缺点，比如收货时间可能稍长，以及商品退换货相对麻烦。此外，商品价格通常包括商品标价、物流费用和行邮税。

与保税进口模式相比，直购进口模式更适用于品类宽泛的电商平台和海外电商，因为直购进口可以直接从国外发货，并在多种商品类型上提供优势。而保税进口模式则因商品已经存储在国内的保税区，所以运输流程更快，物流信息更新更及时，适用于品类相对集中、库存量较大的企业。

进口跨境电商中涉及直购进口模式的物流服务商有国际快递企业（如 DHL、UPS、FedEx、EMS 等国际知名快递企业）和邮政企业（如中国邮政、中国香港邮政、英国皇家邮政等）。直购进口模式适用于跨境电商平台以及商品种类多且零散、个性化较强的卖家。"直购进口"模式跨境电子商务流程如图 8-7 所示。

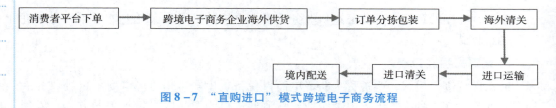

图 8-7 "直购进口"模式跨境电子商务流程

能力训练

一、专业基础知识训练

扫码同步测试 8，完成专业基础知识训练。

二、岗位能力训练

配送路线设计与优化

（一）训练目的

通过本次实训项目，使学生能够利用节约里程法来进行运输路线的设计和优化。培养学生运用知识分析问题能力。

（二）训练组织

（1）以小组为单位分工完成实训任务，每个组员完成相应任务并署名。

（2）综合实训室内每人一台上网电脑，并安装采购与供应链实训软件。

（三）背景资料

某公司专门从事物流配送业务，在西南地区有一个配送中心 P_0，公司刚谈妥一项业务，即向附近的几个零售超市配送货物（从超市 P_1—超市 P_6），小刘是该公司的配送规划专员，公司配送主管要求他用节约里程法完成这项业务的配送路线规划。公司能提供给一项业务配送的只有 5 t 的卡车，配送中心到各个零售超市的距离以及各个零售超市所需量如图 8-8 和表 8-1 所示。

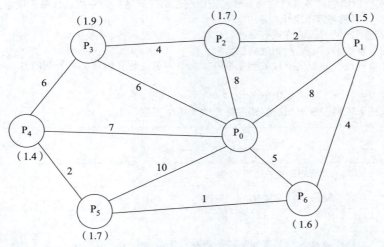

图 8-8　配送中心到各个零售超市的距离以及各个零售超市所需量

表 8-1　各个零售超市所需量

需求量	P_0						
1.5	8	P_1					
1.7	8	2	P_2				
1.9	6	6	4	P_3			
1.4	7	15	10	6	P_4		
1.7	10	18	18	8	2	P_5	
1.6	5	4	11	9	3	1	P_6

（四）训练要求

假如你是小刘，请完成该配送路线规划，并计算优化后的配送路线节约的里程数。

任务工作单、任务检查单、任务评价单如表 8-2 ~ 表 8-4 所示。

表 8-2 任务工作单

学习单元	供应链物流与配送
任务名称	配送线路设计与优化
任务描述	某公司专门从事物流配送业务,在西南地区有一个配送中心 P_0,公司刚谈妥一项业务,即向附近的几个零售超市配送货物(从超市 P_1—超市 P_6),小刘是该公司的配送规划专员,公司配送主管要求他用节约里程法完成这项业务的配送路线规划
任务要求	请完成该配送路线规划,并计算优化后的配送路线节约的里程数

任务资讯
  本任务是根据所给的任务素材资料,要求完成配送路线规划。为完成该任务,应该具备配送路线规划的知识,请回答以下资讯问题。
  (1) 供应链下常见的运输方式有哪些?
  (2) 节约里程法的核心思想和规划过程?
  (3) 计算单独送货的配送里程数和规划方案的节约里程数(以该公司为例回答)。
任务实施:
  (1) 回答资讯问题,做好知识准备。
  (2) 根据任务资料,规划配送路线并计算节约的里程数

表 8-3 任务检查单

学习单元	供应链物流与配送		
任务名称	配送线路设计与优化		
检查项目	检查标准	学生自查	教师检查
准备工作	能够通过各种渠道查阅相关资料,为完成任务做好准备		
掌握知识	能够准确地掌握本单元所涉及的理论知识		
运用能力	在完成任务的过程中能够正确、合理地运用所学的知识		
学习能力	能够在教师的指导下进行自主地学习,全面地掌握相关知识		
工作态度	认真执行计划,工作态度认真,一丝不苟,保证每个环节工作质量		
团队合作	积极与他人合作,团队意识强,能够共同完成工作任务		
运用工具	能够利用网络资源、工具书等进行二手资料的查询		
完成情况	能够按照工作要求,按时保质保量地完成工作任务		
结果质量	能够利用基础数据,正确地进行运输路线优化		

续表

检查项目	检查标准	学生自查	教师检查
检查评价	班级　　　　　姓名　　　　　第　　组		
	教师签字　　　　　　　时间		

表 8-4　任务评价单

学习单元	供应链物流与配送			
任务名称	配送线路设计与优化			
评价类别	评价项目	学生自评	小组互评	教师评价
理论知识（20%）	引导问题回答			
专业能力（40%）	理论知识运用（10%）			
	任务完成情况（10%）			
	任务检查全面性和准确性（5%）			
	任务结果质量（15%）			
方法能力（20%）	查找资料，自主学习（10%）			
	解决问题方法（10%）			
社会能力（20%）	实践精神（10%）			
	创新意识（10%）			
评价评语	班级　　　　　姓名　　　　　成绩			
	教师签字　　　　　　　时间			

教学反馈

教学反馈表如表 8-5 所示。

表 8-5　教学反馈表

本章我学到的知识	
本章我掌握的技能	
本章我没有听懂的内容	
本章我最喜欢的内容	
对本章教学，我的建议	

学习笔记

项目九　应用供应链信息

知识目标

(1) 掌握供应链信息流的内涵、主要流向及控制模式。
(2) 理解引发牛鞭效应的主要原因以及对信息流传递模式的要求。
(3) 熟悉供应链信息系统的功能架构和主要功能。
(4) 理解供应链信息系统集成的思路框架。
(5) 理解数字化采购的含义和基本内容。

技能目标

(1) 能够判断供应链运作模式并分析信息流向。
(2) 能够分析牛鞭效应产生的原因,并提出解决方案。
(3) 能够根据供应链管理的需要设计基本的供应链信息系统功能框架。
(4) 能够根据企业的实际情况设计数字化采购方案。

素养目标

(1) 培养供应链整体观和信息化思维,建立信息时代的供应链全局观念。
(2) 培养数字化思维方式,掌握智慧供应链与数字化采购技能,做数字化时代的"新生代"。

思维导图

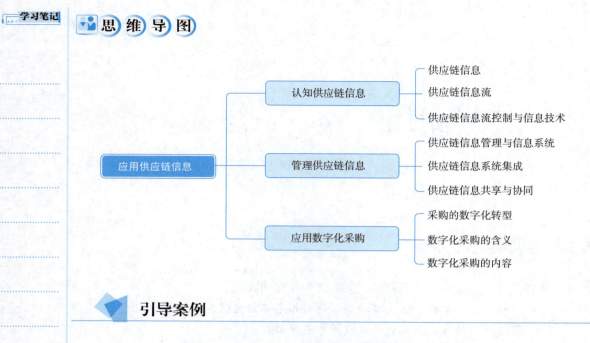

引导案例

京东物流——电商自建物流的信息化路径

京东集团的物流平台是目前国内电子商务界最完整、规模最大也是最为成熟的物流平台。其物流信息系统——2013年建成的青龙平台，具有高性能、高扩展性和高速度等特征。高性能。目前京东集团的订单量已经达到日均5万单以上，青龙平台的设计目的之一是能够支持日均200万单、能够支持10 000名用户同时在线操作的物流系统。高扩展性。随着京东集团开放平台业务（POP）的发展，青龙平台同样为第三方用户提供了使用接口，这为京东集团开放电子商务平台、对外大量提供物流服务打下了基础。高速度。客户对时效性的要求越来越高是现代物流发展的一个重要趋势。京东集团目前在全国十几个核心城市开展"211""限时达""夜间配""极速达"等特色配送服务，通过提高配送速度，提升了客户在京东平台上的购物体验，青龙平台正是配送速度提升的系统保障。

京东集团是国内电子商务网站中最早搭建自有物流平台的企业之一，自建物流体系在消除电子商务中物流配送的不确定性、提升用户体验的同时，也带来了成本上升问题。电商自营业务由于毛利率低，自建物流固定成本高，只有通过平台化后实现规模经济才能降低单位成本。因此京东作为综合性电商在积极构建自营业务的同时积极发展POP业务，实现长尾效应，摊销成本。投资建设自身物流平台，同时自行设计和实施与之匹配的物流管理信息系统，之后积极引入第三方，扩大规模，以增加流量来弥补前期投入成本，是目前京东物流发展的基本脉络。

在此过程中，京东集团走出了一条具有自身特色的物流信息化道路。在2004年京东网上商城建立之初，日均订单量为500单，随着业务量的逐年增加，原有的物流体系在需要不断增加人财物投入的同时，同样需要一套统一、开放、高效的物流信息系统用于物流作业的日常管理和指挥，青龙系统应运而生。这个过程是一个物流信息化过程，即在原有业务流程的基础上，为了处理效率的提高，搭建与之适应的信息管理系统。

京东集团在 2013 年完成青龙平台的搭建后，物流信息处理能力和效率得到明显提升，业务操作、站点管理、各部门协同匹配合能力也出现显著提升。借助青龙系统强大的数据收集和处理能力，京东电子商务大数据分析成为可能。在青龙平台上，越来越多的由数据驱动型物流产品正在被逐步开发出来，如基于销售数据的 GIS 应用等。当这些数据驱动型的产品开发和积累到一定程度时，交易数据必然对京东集团现有的物流操作流程和业务处理模式产生深刻的影响，进而逐步实现交易数据（即信息流）对物流的引导、优化，甚至再造。

京东集团是在长期的电商物流实践中，逐步完善物流信息化进程，并开始朝着数据驱动的、开放平台型信息化物流发展。核心模式是平台化，这种做法实质上是摒弃了工业时代的企业组织模式，是现代企业面对信息时代要求对海量信息进行反馈的正常反应。同时这与信息化理论中的"碎片化""去中心化"等关键词也是相互契合的。以往物流信息化，主要是相关主体在已有物流资源的框架下，旨在通过应用信息化手段提高和改善物流的绩效。然而，信息化应用达到一定程度后，信息流对原有物流资源配置、物流组织方式和运营方式的革命性影响便逐步显现出来，从而提出突破原有物流资源架构，以信息流转变原有物流方式的要求，即由物流信息化转变为信息化物流。当然，要实现这一转型，无论在理论上还是实践上，都面临着一系列新问题和新挑战。无论这些实践最终能否成功，信息化物流依然是信息时代物流业发展的必然趋势，转型在所难免。

资料来源：中国物流与采购网 http://www.chinawuliu.com.cn/

任务一　认知供应链信息

一、供应链信息

供应链信息是指反映供应链各种活动内容的知识、资料、图像、数据、文件的总称，可以从不同角度进行分类。

（一）供应链信息的分类

1. 从供应链环节的不同角度划分

（1）供应源信息。

主要涉及原材料和零部件的供应商信息，包括供应商的基本资料、供应能力、产品质量、交货时间等。这些信息对于保证生产过程的连续性和稳定性至关重要。

（2）生产信息。

包括生产计划、生产进度、产能状况、设备维护等。这些信息有助于企业合理安排生产，确保产品按时交付，同时减少生产过程中的浪费。

（3）配送和销售信息。

涉及产品的运输、配送、仓储以及销售情况。具体包括订单处理、发货状态、库存水平、销售渠道、销售数据等。这些信息有助于企业优化配送路线，降低运输成本，同时根据销售数据调整市场策略。

(4) 需求信息。

主要反映市场对产品的需求情况，包括客户需求、市场需求预测等。这些信息对于企业进行市场预测、制订生产计划以及库存管理具有重要意义。

(5) 资金流信息。

涉及供应链中的资金流动情况，包括应付账款、应收账款、库存成本、运输费用等。通过对资金流信息的分析，企业可以优化资金结构，降低运营成本，提高资金利用效率。

(6) 物流信息。

包括产品从供应商到最终消费者的整个流动过程中的所有信息，如运输方式、运输时间、仓储管理、库存水平等。这些信息有助于企业实现物流过程的可视化，提高物流效率。

2. 从信息的不同流向划分

(1) 横向信息。

这是指同一层次的工作部门（如合作企业间的操作者之间或决策者之间）之间相互进行的信息交流。这种信息流动主要是由于供应链中分工不同而产生的，为了共同的目标又需要相互协作、互通有无与相互补充。在特殊或紧急情况下，为了节省信息流动时间，也会需要横向流动的信息。

(2) 纵向信息。

①自上而下：这类信息是从企业的决策者流向执行者，继而流向操作者。也就是说，信息源在上，接受信息者是其下属。

②自下而上：这类信息是指由下级向上级（一般是逐级向上）流动的信息。信息源在下，接受信息者在上。这主要反映了企业中的反馈信息，如计划完成情况、决策的执行情况等，以及上级部门所关注的意见和建议等。

3. 从管理层级的角度划分

(1) 战略层信息。

战略层信息是供应链中最高层次的信息，主要涉及企业的战略规划、目标设定、资源配置和供应链网络设计等。这类信息通常关注长远的市场趋势、竞争态势、行业发展趋势等，以指导企业制定供应链的整体战略和方向。战略层信息通常由企业高层管理者或战略部门负责收集、分析和决策。

(2) 战术层信息。

战术层信息位于战略层之下，关注供应链管理的具体计划和执行。它涉及运营计划、库存管理、采购计划、生产调度等方面的决策。战术层信息需要基于战略层的指导，结合市场需求、资源状况等因素，制定具体的供应链执行策略。这些信息通常由供应链管理部门或运营部门负责处理。

(3) 操作层信息。

操作层信息是供应链管理中最为基础和具体的信息。它主要涉及具体的生产、物

扩展学习
信息解决
供应链中
权衡问题

流、仓储、订单处理等日常操作活动。操作层信息要求实时、准确，以便及时响应市场需求、调整生产计划和优化资源配置。这类信息通常由一线操作人员或基层管理部门负责收集和处理，通过信息系统实现实时监控和反馈。

（二）信息在供应链管理中的作用

1. 连接和协同作用

信息作为供应链各组织之间的连接，允许各组织协同运作，从而获得最大的供应链盈利。信息在供应链的不同环节和部门之间流通，帮助各方了解彼此的需求、计划和状态，实现资源的优化配置和协同作业。

2. 优化资源配置

信息使企业能够更准确地掌握市场需求、库存状态、生产进度等关键数据，从而根据这些信息优化资源配置。例如，企业可以根据销售数据和预测调整生产计划，避免库存积压或短缺，降低库存成本。

3. 提高响应速度

实时、准确的信息使企业能够快速响应市场变化和客户需求。通过及时获取和分析信息，企业可以调整供应链策略，优化物流路径，提高交货速度和客户满意度。

4. 降低风险

信息帮助企业预测和应对潜在的风险。通过对历史数据和市场趋势的分析，企业可以预测未来的市场需求和价格波动，从而制定相应的风险应对策略。

5. 提升客户满意度

通过及时收集和分析客户信息，企业可以更好地了解客户的需求和偏好，从而提供更符合客户期望的产品和服务。这有助于提升客户满意度和忠诚度，增强企业的市场竞争力。

（三）供应链信息的特征要求

1. 真实性和准确性

供应链信息必须真实准确地反映实际情况，任何误导性或错误的信息都可能导致供应链决策的失误，进而影响整个供应链的运作效率和效益。

2. 及时性和动态性

供应链信息是实时变化的，需要能够及时获取和更新。供应链中的企业需要及时了解市场需求、库存状况、生产进度等信息，以便作出快速响应和调整。同时，供应链信息也需要随着企业战略和市场环境的变化而动态更新。

3. 共享性

供应链信息需要在供应链成员间进行共享，以促进成员间的协同和合作。通过信息共享，供应链成员可以更好地了解彼此的需求和状况，实现资源的优化配置和风险的共同承担。

4. 完整性

供应链信息应该全面覆盖供应链的各个环节和方面，不应有所遗漏。只有完整的信息才能提供全面的决策支持，帮助企业了解供应链的整体状况和发展趋势。

5. 复杂性和多样性

供应链信息涵盖了多个环节、多个部门和多个企业，具有复杂性和多样性。同时，供应链信息的形式也多种多样，包括数据、文字、图像、声音等。

6. 处理难度大

由于供应链信息的复杂性和多样性，信息的处理和分析往往具有较大的难度。企业需要借助先进的信息技术和方法，对供应链信息进行有效的整合、分析和挖掘，以提取有价值的信息并作出科学的决策。

二、供应链信息流

（一）供应链信息流的内涵

供应链信息流是指在整个供应链上信息的流动，它是一种虚拟形态，涵盖了供应链上的供需信息和管理信息，并伴随着物流的运作而不断产生。供应链信息流包含了整个供应链中有关库存、运输、绩效评价与激励、风险防范、合作关系、设施和顾客的信息以及对这些信息的分析。这些信息以数据流的形式在供应链上的各个环节如供应商、制造商、分销商、零售商以及最终用户之间流动，实现了供应链成员之间的信息共享和协同作业。

因此，供应链信息流的内涵主要体现了信息的实时性、共享性和协同性，通过信息的有效传递和管理，优化资源配置，提高供应链的响应速度和运作效率，为最终顾客提供优质的服务。

（二）供应链信息流的常见问题

1. 信息不透明与不对称

供应链中的各个环节可能由于信息保密或沟通不畅，导致信息无法有效共享，从而引发信息不对称的问题。这种不透明性使供应链成员难以准确了解其他成员的信息，导致决策失误或资源浪费。

2. 信息传递延迟或失真

由于技术限制或人为因素，供应链信息在传递过程中可能出现延迟或失真。这可能导致供应链成员无法及时获取准确信息，从而无法作出有效决策，影响整个供应链的响应速度和效率。

3. 信息孤岛现象

供应链中的各个成员可能使用不同的信息系统或平台，导致信息无法有效整合和共享，形成信息孤岛。这限制了供应链成员之间的协同合作，降低了整个供应链的竞争力。

4. 信息处理能力不足

随着供应链规模的扩大和复杂性的增加，信息处理的难度也在不断提升。如果供应链成员的信息处理能力不足，可能无法有效分析和利用大量数据，从而无法准确把握市场趋势和需求变化。

5. 信息安全风险

供应链信息流中可能涉及商业机密、客户隐私等敏感信息，如果信息安全措施不到位，可能面临泄露或被滥用的风险。这不仅会损害供应链成员的利益，还可能对整个供应链的稳定性造成威胁。

为了解决这些问题，供应链成员需要加强沟通协作，建立统一的信息共享平台，提升信息处理能力，加强信息安全保障，以实现供应链信息流的高效运作和协同管理。

（三）供应链信息流的传递模式

有效的信息共享和信息交换可以大幅降低供应链上的"牛鞭效应"，如何设计合理的信息流运作模式已成为供应链管理中的一个重要问题。

扩展学习
"牛鞭效应"
的含义

1. 直链式信息传递模式

直链式信息传递模式是供应链信息管理中一种常见的模式，它指的是信息在供应链网络中依次在供应商、制造商、分销商、零售商和最终用户之间正向或反向流动。在这种模式下，信息的传递是逐级依次进行的，每一环节只能与其相邻环节进行信息交流，而不能跨级传递。

直链式信息传递模式虽然在一定程度上实现了信息的流动和共享，但由于其固有的缺陷，如信息传递效率低下、信息失真风险高以及跨级沟通障碍等，使这种模式在复杂多变的供应链环境中显得力不从心。因此，许多企业开始寻求更加高效、灵活的信息传递模式，如网状的信息共享模式等，以更好地满足供应链管理的需求。直链式信息传递模式如图9-1所示。

图9-1　直链式信息传递模式

直链式信息传递模式容易出现"牛鞭效应"，信息的层层传递造成迟滞和失真，各环节主体的反应不同步，信息传递效率低，整体协调性差。

2. 直链式跨级信息传递模式

直链式跨级信息传递模式是对直链式信息传递模式的一种改进。在这种模式中，供应链中的某些成员选择跨越传统的逐级传递方式，直接将信息传递给非相邻的成员。例如，零售商可能会将销售数据直接分享给供应商或制造商，而不是仅仅传递给其直接上游的分销商。直链式跨级信息传递模式如图9-2所示。

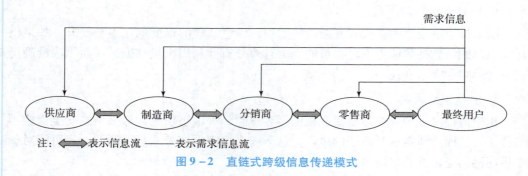

图9-2 直链式跨级信息传递模式

直链式跨级信息传递模式比直链式信息传递模式的共享程度高,从某种程度上降低了"牛鞭效应",但是它只改善了需求信息的传递,无法摆脱直链式信息传递模式的主要缺陷。

3. 网络状信息传递模式

网络状信息传递模式,是供应链信息管理中的一种先进模式。相较于直链式信息传递模式,网络状信息传递模式的特点在于其信息流动的多样性和灵活性。

在这种模式下,供应链中的各个成员不再仅仅依赖于单一的、逐级的信息传递路径。相反,信息可以在整个供应链网络中自由流动,任何成员都可以与其他成员直接进行信息交流,形成了一个错综复杂的信息传递网络。网络状信息传递模式如图9-3所示。

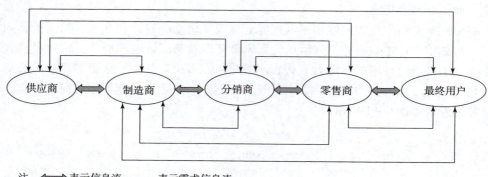

图9-3 网络状信息传递模式

网络状信息传递模式使供应链各主体间的信息得以及时共享,基本上克服了信息迟滞和失真的问题,但也引发了新的问题,即每个节点要面对多个信息通道。不仅使信息处理成本明显增加,而且信息交流主要以两个节点为基本单位,整体协调性没有得到根本改善。

4. 集成式信息传递模式

集成式信息传递模式与上述三种传统模式完全不同,一个独立于供应链之外的新的功能节点被建立,专门承担信息集成中心的作用,面向各供应链节点进行信息收集、存储、传递、处理等。集成式信息传递模式如图9-4所示。

项目九　应用供应链信息

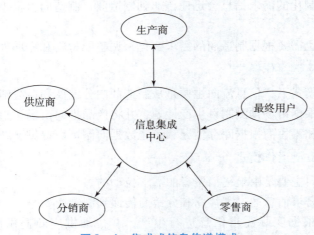

图 9-4　集成式信息传递模式

集成式信息传递模式在供应链管理中扮演着重要角色，其特点在于信息的集成处理和共享，克服了直链式和网状式传递模式的不足。集成式信息传递模式是一种高效、透明、灵活的供应链信息管理方式，有助于提升供应链的竞争力和应对能力。

三、供应链信息流控制与信息技术

信息流控制就是要对贯穿于供应链全程中的信息流动进行控制、协调，以达到有效流动，各节点企业实现信息无缝衔接，充分利用先进的信息技术，构建信息流动的高速公路，及时有效地获取各种信息并快速做出反应，提高服务水平，最终实现整个供应链的价值增值。

（一）不同供应链运作模式下的信息流向

在不同供应链运作模式下，信息流向会有所不同。以下是几种常见的供应链运作模式及其对应的信息流向：

1. 精益供应链模式

（1）信息流向主要是从最终消费者或客户开始，通过销售数据和市场反馈，向上游传递到制造商和供应商。

（2）制造商根据销售预测和客户订单信息来安排生产计划，并将相关需求信息传递给供应商。

（3）供应商根据制造商的生产计划来准备原材料和零部件。

2. 敏捷供应链模式

（1）在这种模式下，信息流向更加动态和灵活。

（2）客户需求和市场变化的信息会迅速传递到供应链的各个环节。

（3）制造商和供应商需要快速调整生产和供货计划，以满足市场的快速变化。

3. 柔性供应链模式

（1）信息流向强调从客户到供应商的快速反馈。

（2）客户定制化的需求信息会迅速传递到制造商，制造商再根据这些信息调整设计和生产计划。

（3）供应商也需要根据制造商的需求变化来调整原材料和零部件的供应。

4. 推动式供应链运作模式

（1）在这种模式下，信息流向主要是从制造商向分销商和最终消费者推动。

（2）制造商根据市场预测制订生产计划，并将产品推向市场。

（3）分销商和零售商根据库存情况和销售数据向制造商提供反馈。

5. 拉动式供应链运作模式

（1）信息流向主要是由最终消费者的需求拉动的。

（2）消费者需求信息通过零售商和分销商传递到制造商。

（3）制造商根据实际需求信息进行生产，并拉动供应商提供所需原材料和零部件。

6. 推拉结合供应链运作模式

（1）这种模式下，信息流向结合了推动式和拉动式的特点。

（2）在供应链的上游阶段，信息流向可能更偏向于推动式，由制造商根据预测进行生产和备货。

（3）而在供应链的下游阶段，信息流向则更偏向于拉动式，由消费者的实际需求来拉动产品的生产和分销。

总的来说，不同供应链运作模式下的信息流向会受到市场需求、产品特性、企业战略等多种因素的影响。在实际操作中，企业需要根据自身情况和市场环境选择适合的供应链运作模式，并优化信息流向以提高供应链的效率和响应速度。

（二）供应链信息流的控制模式

供应链信息流的控制模式主要有三种，分别是分散控制、集中控制以及综合协调控制。

1. 分散控制模式

在这种模式下，各部门对信息的流向及内容有决定权，能灵活掌握信息需求及信息传播的时间、地点和方式。然而，由于企业不能从整体上把握信息的流向及内容，这种模式可能导致信息流的混乱和无序，降低管理效率，严重时可能导致管理失控。

2. 集中控制模式

信息的流向及内容完全由一个中心所控制，缺乏信息流动的灵活性。

3. 综合协调控制模式

兼具分散控制和集中控制的优点，使管理效率大大提高，符合供应链管理的群体决策机制。物流、信息流都能顺畅、快捷地流动。

这三种模式各有特点，选择哪种模式取决于供应链的具体需求、规模、复杂性以及企业的战略目标等因素。在实际应用中，企业需要根据自身情况，选择最适合的供应链信息流控制模式，以实现供应链的高效运作和优化。

（三）信息技术及其在供应链中的应用

信息技术是采集、传递、储存、处理各种供应链信息技术的总和，主要包括自动识别技术（用于采集商品信息）、通信技术（用于传输信息）、数据处理技术（用于储存、分析信息）三大类。先进的信息技术有助于节约信息处理时间，提高信息交换的准确性，减少信息管理的人为错误，甚至支持开创新运营模式。

1. 自动识别技术

自动识别技术支持快速识别物料信息、获取物料状况数据，在供应链零售及物流环节的商品识别和信息采集中应用频繁。按照技术发展阶段，分别出现了条码（Bar Code，BC）技术、射频识别（Radio Frequency Identification，RFID）技术、视觉识别（Visual Identity，VI）系统等。

条码技术具有读取快、精度高、使用方便、成本低等优点，是供应链中最普及的一种自动识别技术。射频识别技术与条码技术相比适应性更强、读取更高速、数据量更大、读取有效距离更远，但标签成本较高，在供应链领域的应用中仍有发展潜力。视觉识别系统能在危险的或人工视觉难以满足要求的环境中应用，还能用于大规模生产的产品质量检测或支持无人零售的商品识别，代表未来的一种趋势。

扩展学习
认知供应链自动识别技术

2. 通信技术

通信技术是传送信息的方法和措施，包括数据传输信道和数据传输技术，是支持供应链信息传递的基础。数据传输信道包括无线通信、卫星通信等，如互联网技术（Internet）、全球定位系统（Global Positioning System，GPS）；数据传输技术包括数据交换、编码、加密等技术，如电子数据交换（Electronic Data Interchange，EDI）技术。目前，通信技术向多方向发展，包括移动无线通信技术（已进入5G时代）、多媒体技术、物联网技术等。

在供应链信息管理中，互联网技术是进行信息采集、传递、系统集成的基础技术；全球定位系统常用来进行运输车辆的定位跟踪；电子数据交换技术支持供应链各主体之间的数据交换和系统对接；多媒体技术则可以支持图像、动画、声音等多样化信息的直接采集、传递和智能化处理；物联网技术使任何物品都能接入互联网进行信息交换与通信，以实现智能化识别、定位、跟踪、监控和管理商品的网络。

扩展学习
认知供应链通信技术

3. 数据处理技术

数据处理技术自20世纪60年代末已经发展到数据库系统阶段。在供应链管理中，数据库技术是信息处理和存储的基础技术。新兴的大数据技术、云计算、区块链和人工智能为数据处理和分析提供了更加强有力的支持。

大数据技术能更加快速地从大量、多样的数据中获取有价值的信息，为供应链管理的数据可视化和智能决策提供支持。云计算技术将巨大的数据处理程序分解到不同服务器并分别进行数据储存，为供应链提供了一种分布式、虚拟式的数据中心。区块链技术将数据存储在不同交易主体的区块中，数据由多方集体维护并可溯源，不能单方修改，成为供应链信息集成的底层技术。人工智能技术能驱动供应链信息处理和决

扩展学习
认知供应链数据处理技术

策的智慧化，为整个供应链建立新的效率标准，并通过自动化、智能化等更高效的方式，为信息管理、业务运营和客户服务创造新模式。

任务二　管理供应链信息

一、供应链信息管理与信息系统

信息是供应链管理的重要对象，而信息系统则是信息流的重要载体和信息管理不可或缺的工具。

（一）供应链信息管理的含义和特征

供应链信息管理指的是通过供应链中的信息系统，实现对供应链的数据处理、信息处理、知识处理的过程，使数据向信息转化，信息向知识转化，最终形成企业价值。它涉及供应链中各个环节的信息共享、传递和协调，以确保供应链的有效运作。

供应链信息管理的特征主要包括以下几个方面：

1. 信息来源多样化

供应链信息不仅来自企业内部，还来自供应链各参与企业，如供应商、分销商、最终用户等。这些多样化的信息为供应链的协同运作提供了基础。

2. 信息量大且更新快

供应链涉及多个环节和多个参与企业，产生的信息量巨大。同时，市场需求、物流状态等都在不断变化，要求信息能够及时更新。

3. 强调客户服务

供应链的形成、存在和重构都是基于一定的市场需求。因此，供应链信息管理需要特别关注客户需求，确保信息能够准确、快速地反映市场变化，从而优化供应链的响应速度和效率。

4. 信息化和智能化

通过应用先进的信息技术和数据处理技术，如物联网、大数据、云计算等，实现对供应链信息的实时采集、传输、处理和分析，提高供应链的智能化水平。

（二）供应链信息系统的作用与功能架构

1. 供应链信息系统的作用

供应链信息系统在供应链管理中扮演着至关重要的角色，其作用主要体现在以下几个方面：

（1）实时监控和追踪。

供应链信息系统能够实时监控和追踪供应链中的各个环节，包括采购、生产、物流、库存等，使整个供应链的运作过程可见，提高了管理的透明度。通过信息的实时更新和共享，企业可以准确掌握供应链的实时状态，从而做出更加科学的决策。

(2)实现信息共享和协同。

供应链信息系统可以帮助不同环节的合作伙伴实现信息共享和协同工作。通过集成各个环节的信息,打破信息孤岛,使各环节之间的协调与协作变得更加顺畅,从而提高整体运作效率。此外,通过供应链信息系统的数据分析,企业可以更好地理解市场需求,预测销售趋势,优化库存水平,降低库存成本。

(3)提高供应链的响应速度。

供应链信息系统可以提高供应链的响应速度。通过对供应链中的数据进行实时采集和分析,企业可以及时发现市场变化和客户需求,并作出迅速反应。这种灵活性和敏捷性对于满足客户的期望和提高客户满意度至关重要。

(4)降低成本。

供应链信息系统还能够降低成本。通过优化库存、减少物流环节和提高运作效率,企业可以降低库存成本、运输成本和人力成本等,从而提高盈利能力。此外,供应链信息系统还可以通过数据分析发现潜在问题和风险,帮助企业制定针对性的改进策略,进一步提高管理效率和经济效益。

2. 供应链信息系统的功能架构

供应链信息系统的功能架构主要涵盖了多个核心模块和流程,以确保供应链的顺畅运作和高效管理。以下是一些主要的功能架构组件:

(1)需求计划系统。

该系统接收各专业化系统的需求计划,进行审批确认后转为采购申请。它实现了计划的创建、修改、审批和查询功能,加强了需求计划的变更、审批和标准化管理,提高了需求计划的准确率。

(2)采购管理系统。

采购申请传输到采办信息系统生成采办招标,进行招投标流程。招标结束后生成采办合同,合同审批完成传输到ERP系统生成采购订单或者合同。

(3)仓储管理系统。

供应商物资送到后,通过仓储管理系统进行出库操作,实现物资的先进先出或者后进先出的库存管理、物资账龄的管理。

(4)供应链网络结构管理。

确定供应链中的关键成员企业以及它们之间的关系,确保各企业在网络结构中的位置明确,从而实现信息的有效传递和资源的优化配置。

(5)供应链业务流程管理。

确定并集成供应链系统中的核心流程,如客户关系管理、客户服务、需求、生产、采购、产品研发以及反馈流程等,以提高整体运作效率。

(6)供应链管理要素集成。

关注供应链中企业边界处的流程接口的管理和集成程度,确保各环节的顺畅衔接和高效协作。

此外,供应链信息系统还可能包括服务门户功能、平台订单管理功能、企业供应链报关管理功能以及在线供应链账目管理功能等,以提供全方位的供应链服务和管理支持。

（三）供应链信息系统的具体功能与应用

供应链信息系统的具体功能与应用广泛而深入，它涵盖了供应链管理的多个关键环节，为企业的运作提供了强大的支持。

1. 具体功能

（1）实现信息的集成与共享。

通过集成各个部门和环节的信息，系统可以确保全局的信息流通和共享，从而提供准确、可靠的信息支持。这有助于企业及时把握市场动态，优化资源配置，提高决策效率。

扩展学习
供应链中的
单功能信息
系统

（2）具有计划与协调功能。

它可以根据市场需求和资源供给情况，自动生成供应链计划，并进行实时调整和优化。同时，系统还能协调供应链中的各个环节，确保物流、生产、销售等流程的顺畅运作。

（3）具备可视化功能。

通过数据的可视化展示，企业可以实时监控供应链的运作情况，并通过图表、报表等方式进行数据分析和决策支持。这有助于企业更清晰地了解供应链状态，及时发现问题并采取相应措施。

2. 应用

在具体应用方面，供应链信息系统在多个行业都有广泛应用。例如，在零售业中，系统可以帮助实现商品的全球采购、仓储和配送的协调与优化，提高销售速度和客户服务质量。在制造业中，系统可以实时监控生产进度、产品质量等关键信息，提高生产效率和产品质量。

二、供应链信息系统集成

在供应链中存在着面向不同层级、不同阶段信息管理的各类信息系统，要想促进供应链的信息共享和协同管理，就需要将各类信息系统所支持的业务流程、管理功能、信息流转等进行集成以消除"信息孤岛"，打通信息跨部门、跨企业、甚至跨供应链共享和协同的路径。

（一）供应链信息系统集成的技术方式

供应链信息系统集成的技术方式多种多样，这些技术旨在实现供应链各环节的信息共享、协同和优化，以提高整个供应链的效率和响应速度。以下是一些主要的技术方式：

1. 数据交换与接口技术

通过标准的数据交换格式（如 XML、EDI 等）和接口技术，实现不同系统之间的数据交换和共享。这可以确保供应链中各环节的信息能够准确、快速地传递和同步。

2. 中间件技术

中间件技术作为连接不同系统和应用的桥梁，能够实现数据的转换、同步和路由。通过使用中间件,可以将供应链中的多个系统集成为一个整体,实现信息的无缝流通。

3. Web 服务与 API

Web 服务和 API 技术允许通过互联网进行跨平台、跨语言的数据交互和集成。企业可以利用这些技术,将供应链信息系统与合作伙伴的系统连接起来,实现信息的实时共享和协同操作。

4. 云计算与大数据技术

云计算和大数据技术为供应链信息系统提供了强大的存储、计算和分析能力。通过将这些技术应用于供应链信息系统中,可以实现对海量数据的快速处理和分析,为企业决策提供有力支持。

5. 物联网技术

物联网技术通过 RFID、传感器等技术手段,实现对供应链中物品的实时跟踪和监控。通过将物联网技术与供应链信息系统集成,企业可以实时掌握物品的状态和位置,提高供应链的透明度和可追溯性。

6. 人工智能与机器学习

人工智能和机器学习技术可以帮助供应链信息系统实现智能决策和优化。通过对历史数据的学习和分析,系统可以预测未来的市场需求和供应链状况,为企业制定更合理的策略提供依据。

在实际应用中,企业需要根据自身的业务需求和系统状况,选择适合的技术方式进行集成。同时,还需要注意数据的安全性和隐私保护问题,确保集成过程不会对企业的运营带来风险。

(二)供应链信息系统集成的思路框架

供应链信息系统集成的一般思路是先以数据集成为基础实现企业部门内的信息集成,进而在单功能应用系统集成及业务流程集成过程中,完成企业各部门之间、企业与供应链上下游伙伴间的信息系统集成,实现单个企业及单条供应链的信息共享和协同,还有可能扩展到跨供应链的信息系统集成和共享。

1. 企业内部集成

企业内部集成主要指的是企业与企业之间、企业与外部社会组织之间的协作、合作、联盟等,其主要表现形式为联盟企业间的管理集成和供应链管理集成等。这一过程中,通过有效的集成策略和技术,可以实现企业间信息和资源的共享,提升运营效率,降低成本,并最终实现整个供应链的价值提升和动态最优。

2. 企业外部(供应链内部)集成

企业外部(供应链内部)集成是指在企业内部集成管理的基础上,进一步实现企业间的管理集成单元与非管理集成单元的有效集成。这主要涉及与供应链上其他企业的合作与协同,包括供应商、分销商、物流服务提供商等,旨在形成一个高效、协同的供应链网络。

扩展学习
企业内部集成包括哪些方面?

3. 跨供应链集成

跨供应链集成是指在不同供应链之间实现信息、资源、流程等的有效整合和协同。这种集成超越了单一供应链的范畴，涉及多个供应链网络之间的交互和合作，旨在实现更广泛范围内的资源优化和效率提升。

（三）供应链信息系统集成的功能层次

供应链信息系统集成的功能层次可以划分为以下几个关键层级：

1. 基础数据管理与共享层

（1）这一层次主要关注数据的组织、转换、输入、更新、维护以及传输，确保整个供应链信息系统数据的准确性和一致性。

（2）通过网络平台实现数据的共享，为其他层次提供坚实的数据基础。

2. 数据处理层

（1）该层次由多个功能子系统组成，专注于数据检索、数据统计、报表输出以及图形输出等功能。

（2）它对原始数据进行二次加工，以满足供应链中各类管理和决策需求。

3. 决策分析层

（1）这一层次，系统不仅提供数据分析和预测功能，还能进行模型运算，为高中级决策者提供多方面的决策支持信息。

（2）这包括成本分析、经营效果评估、价格制定建议等，以辅助决策者做出更加明智的决策。

4. 供应链协同层

（1）这一层次更侧重于供应链中各企业之间的协同和合作。

（2）通过信息共享和流程优化，实现供应链整体效率的提升和成本的降低。

（3）这需要强大的信息技术支持和良好的协同机制。

5. 战略管理层

（1）在最高层次，供应链信息系统集成需要支持企业的战略规划和长远发展。

（2）这包括对市场趋势的分析、对竞争对手的研究以及对企业自身核心竞争力的识别等。

（3）这一层次的功能往往依赖高级管理人员的战略眼光和决策能力。

三、供应链信息共享与协同

信息共享是供应链中各个主体实现协同运作的重要基础。供应链管理打破了企业的边界，将供应链上的各个信息孤岛连接在一起，形成完整的业务链，供应链协同则加强了企业间的合作关系，建立了企业间双赢的业务联盟，以共同追求利润最大化。

（一）供应链信息共享

供应链信息共享的实质是通过供应链信息资源的共享与整合，有效降低库存水平

扩展学习
供应链信息
共享价值

和物流成本、提高响应速度和服务效益,必要时可以重新配置供应链及其服务资源,优化服务方式与流程,从而实现供应链管理的系统化和节点企业的"双赢"与"多赢"。这是供应链管理能力的一个方面。

在信息共享的内容方面,研究较多的跨组织共享信息包括销售数据、订单信息、需求信息、预测需求、库存信息、成本信息及库存补充决策。其他的共享信息还包括生产能力、生产进度安排、产品计划、交付时间安排、运输信息、预先到货信息、供应信息等。

(二) 供应链协同管理

供应链协同管理是针对供应链内各节点企业间的合作所进行的计划、组织、协调和控制职能。它旨在通过协同机制、协同技术和信息共享,促进供应链上各节点企业的内外部协调发展,实现双赢局面,并最大化各节点企业的效益。这种管理方式强调供应链上各节点企业和部门之间的联系和协作,将它们视为一个有机整体,并在信息共享的基础上,以提高整体供应链最优为目标进行协同决策。

案例学习
萧山化纤纺织产业集群供应链协同

通过协同管理,可以减少冲突和内耗,优化资源配置,提高供应链的整体运作效率;有助于减少不必要的浪费和重复劳动,降低运营成本;供应链上各节点企业可以共同应对市场变化和挑战,提升整个供应链的竞争力。

在实施供应链协同管理时,企业需要从整个供应链的全局出发,解决供应链的基础和发展问题,并对供应链各环节出现的问题进行分析、协调和优化。同时,政府也需要在宏观层面进行管理,以促进整个社会的供应链协同发展。

案例学习
以数字化供应链推动"双循环"格局形成

任务三 应用数字化采购

从信息时代到大数据时代的转变中,数字化转型成为企业适应时代变化的一种必然选择。数字化采购是企业将传统采购模式向新型采购模式的转变,以实现新的价值增长。

一、采购的数字化转型

数字化技术应用对传统采购模式产生了颠覆性的影响,带来了显著的变革和提升。以下是一些主要的方面:

扩展学习
数字化时代要求采购数字化转型

(一) 自动化与效率提升

数字化技术使采购流程实现了自动化,从而大大提高了效率。传统的采购过程往往涉及大量的纸质文档、人工操作和审批流程,不仅效率低下,而且容易出错。而数字化采购则可以通过电子化的方式实现订单处理、合同管理、发票验证等环节,大大减少了人工干预,提高了处理速度。

(二) 数据驱动的决策

数字化采购能够实时收集和分析大量数据,为采购决策提供有力支持。企业可以通过分析历史数据、市场趋势和供应商绩效，制订更准确的采购计划，预测需求变化，优化库存水平。这种数据驱动的决策方式，使采购决策更加科学、精准。

（三）供应链协同

数字化技术使供应链各方能够实时共享信息，实现更紧密的协同合作。企业可以与供应商、物流服务商等建立信息共享平台，实时了解库存情况、订单状态、运输进度等信息，从而更好地协调供应链资源，提高响应速度和服务水平。

（四）风险管理

数字化采购通过应用智能合约技术、区块链等技术，可以自动执行合同条款，触发付款流程，降低手动验证的风险。同时，通过构建风险与合规管理生态系统，可以自动追踪各环节采购行为和监控异常情况，帮助企业快速洞察风险与机遇，有效控制采购风险。

（五）成本优化

数字化采购可以通过结合动态折扣与供应链金融功能，自动管理提前付款折扣，从而最大限度地享受供应商折扣，降低采购成本。此外，通过优化库存水平、减少浪费和重复劳动，也可以实现成本的进一步降低。

（六）创新业务模式

数字化采购为企业带来了更多的创新业务模式的可能性。例如，通过应用物联网技术，可以实现智能预测供应商谈判的场景和结果，推荐最优供应商和签约价格；通过应用认知计算和人工智能技术，可以构建敏感性分析模型，帮助谈判人员识别关键因素与节点，控制谈判风险并削减采购成本。

二、数字化采购的含义

数字化采购是指利用大数据、云计算、人工智能、物联网及区块链等数字技术，将业务与外部和内部利益相关者联系起来，实现采购流程的自动化管理和云端协同。这一过程涵盖了从需求确认、寻找供应商、采购合同管理、采购订单处理、发票管理和付款等所有环节，旨在提高采购过程的自动化程度、减少人工操作、降低采购成本、增加采购数据的可视化和分析能力，并为决策者提供更全面和准确的数据分析。

通过数字化采购，企业可以更有效地管理供应链，优化库存水平，提高响应速度，降低风险，并最终实现价值增值。数字化采购不仅是采购流程的升级，更是企业数字化转型的重要组成部分，有助于企业在激烈的市场竞争中保持领先地位。

三、数字化采购的内容

传统采购的主要目标是保证物资供应，而数字化采购的目标不仅是保证供应，而且要降本增效，创造采购价值。采购部门既是企业采买和供应部门，又是企业新的价值创造中心。因此，数字化采购模式需要打造可预测战略寻源、自动化采购执行与前瞻性供应商管理，数字化采购模式的基本内容如图 9-5 所示。

可预测战略寻源
- 预测采购需求
- 实时分类和管理支出
- 预测未来供应来源
- 洞察商品所有原产地的上岸成本
- 完善支出知识库

前瞻性供应商管理
- 预测供应商绩效趋势
- 结合第三方数据源，实时监控潜在的供应商风险
- 应用VR技术实现供应商访问与现场审核

自动化采购执行
- 自动感知物料需求和触发补货请购
- 消除重复性手动操作
- 基于实时物料配送信号自动触发付款
- 自动执行安全付款
- 应用供应链金融实现按需融资

图 9-5　数字化采购模式的基本内容

（一）可预测战略寻源

可预测战略寻源是数字化采购的一个重要环节，它借助先进的数字技术和分析工具，实现供应商信息、价格和成本的完全可预测性，从而优化寻源战略并为决策制定提供预测和洞察。

在可预测战略寻源中，企业首先会完善历史支出知识库，通过收集和分析过去的采购数据，形成对供应商性能、市场价格趋势等的深入理解。这种理解有助于企业在寻源过程中更加精准地评估供应商的潜力和风险，预测未来的价格变动，从而制定出更有效的采购策略。同时，数字化采购还提供了实时支出管理体系和支出知识库，帮助企业实时监控合同支出与执行，预测采购需求和支出结构。这有助于企业及时发现并解决潜在的问题，如成本超支或供应中断，从而确保采购活动的顺利进行。此外，数字化采购还能够通过智能分析和预测供应商的可靠性和创新能力，为企业提供更具价值的供应商群体。这不仅有助于企业发掘更多优质的供应商资源，还能在谈判过程中获得更有利的条件，降低采购成本。

（二）自动化采购执行

自动化采购执行是数字化采购的关键环节，通过自动化工具和技术实现采购流程的自动化管理和执行，旨在提高采购效率、降低成本并增强采购的准确性。

在自动化采购执行中，企业可以利用机器人流程自动化技术来消除重复性手动操作，如发票匹配、预算审核等，降低采购资源负担，使员工专注于高附加值工作。同时，认知计算和人工智能技术的应用可以实时感知物料需求，并自动触发补货请购，简化和智能化请购流程。此外，结合最佳实践和企业现有流程，自动化采购执行还可以自动分配各环节审批任务，大幅缩短审批周期，并确保审批人正确。这种自动化流程可以确保采购活动的快速响应和准确执行，提高采购效率和准确性。

（三）前瞻性供应商管理

数字化采购将应用众包、网络追踪和 VR 等技术，全面收集和捕捉供应商数据，构建全方位供应商生命周期管理体系，实现前瞻性风险规避与控制，从而提升供应商

绩效与能力，支持采购运营持续优化。

1. 绩效管理

数字化采购能够建立实时监测和定期评估机制，将数据转化为切实可行的绩效洞察和趋势预测，从而实施前瞻性绩效管理，逐步优化供应商资源。

（1）应用人工智能技术和高级可视化仪表盘，实时监测和定期评估供应商绩效，从而提供全面的绩效洞察和趋势预测，帮助企业识别优质供应商群体，并通过完善预警流程，及时淘汰不合格供应商。

（2）应用VR技术或者空间分析技术，通过生成虚拟场景完成供应商访问与现场考察，简化供应商绩效考核流程。此外，结合网络追踪技术，主动监测影响供应商行为和绩效的线上与线下活动。

2. 风险管理

数字化采购将应用数据捕捉和采集技术，基于大数据进行前瞻性预测分析，实时洞察潜在的供应商风险，帮助企业建立先发制人的风险管理模式。

（1）结合第三方数据源集成整个供应价值链，建立供应商风险评估数据库。

（2）应用人工智能技术和高级可视化仪表盘，实时监测和识别供应商风险，持续定位风险高发领域，建立前瞻性风险控制与规避机制。

（3）应用对等网络技术，捕捉影响供应商风险的因素，帮助实现广泛细致的风险洞察，降低供应链风险。

通过应用这些先进技术，企业可以构建全方位的供应商生命周期管理体系。这个体系包括供应商的选择与评估、合作与管理、绩效评估与改进等多个环节。在每个环节中，企业都可以充分利用数字化技术收集和分析数据，从而更准确地把握供应商的状态和趋势，实现前瞻性的风险规避与控制。

最终，这些努力将带来供应商绩效与能力的显著提升，以及采购运营的持续优化。供应商绩效的提升将直接反映在产品质量、交货速度、售后服务等方面，从而提升企业的客户满意度和市场竞争力。同时，采购运营的优化将降低采购成本、提高采购效率，为企业创造更多的价值，给企业带来显著的竞争优势和市场地位提升。

能力训练

一、专业基础知识训练

扫码同步测试9，完成专业基础知识训练。

二、岗位能力训练

供应链管理系统实训

（一）训练目的

通过本次实训项目，让学生在模拟制造企业为核心的供应链各环节参与方及业务

扩展学习
数字化采购的演进

同步测试9

供应链信息系统规划专员职业能力要求

流程操作的基础上，理解推式供应链和拉式供应链的信息流向和信息管理内容，从而培养供应链协同管理意识。

（二）训练准备

（1）分组：按照"组内异质、组间同质"的原则，将学生分为4人的小组。

（2）获得资讯：下发任务单，提供几个行业供应链的背景案例和市场需求信息，引导学生针对任务获取相关知识、数据等。

（3）讨论分工：就案例背景进行充分的小组讨论，确定拉式或推式供应链类型，然后明确供应商、制造商、分销商（或物流公司）、零售商的角色分工。

（4）模拟实操：在供应链管理系统中分角色完成供应链交易活动。

（5）系统准备：需要使用一个供教学培训用的供应链管理系统，系统应具备基础管理、采购管理、销售管理、物流管理等功能模块，拥有供应链上不同角色的门户，含供应商、制造商、分销商（或物流公司）、零售商，可以支持各个主体之间的交易信息传递、业务流程操作和其他信息共享，最好还具有供应链运营绩效评价的功能。

（三）训练内容

（1）根据任务单中的行业供应链背景资料分析供应链运作模式（推式、拉式或推拉结合），从整体上对主要业务信息流向进行描绘，进一步分析任务单中的市场需求信息，制订满足需求的基本供应链解决方案。

（2）小组成员模拟一条供应链上的各个参与方，分别以供应商、制造商、分销商（或物流公司）、零售商的角色登录实训系统，面向任务单的市场需求进行交易和流程操作，其间要进行采购、库存、运输、生产等方面的信息共享和相关决策。

（3）评价供应链信息传递的效果和运营绩效，可以将各组成果进行比较。

（4）将实训过程具体化、文字化，完成实训报告，并以小组为单位制作PPT进行展示。

（四）训练要求

（1）各小组模拟的供应链应在实训系统中完成至少10单市场需求。

（2）各个角色要各自撰写实训报告，内容包含角色理解、满足订单的信息、采购决策、库存变化、绩效评价，生产商还需写清生产计划是如何制订的，物流公司则需写清物流方案或安排。

（3）最终的汇报需要制作PPT，以小组为单位，重点展示在供应链管理过程中各个参与方之间的信息分享、共同决策的体会，及其对最终绩效的影响。

任务工作单、任务检查单、任务评价单如表9-1~表9-3所示。

表9-1 任务工作单

学习单元	供应链信息管理
任务名称	供应链管理系统实训

学习笔记

续表

任务描述	（1）调研某个流通型企业，形式、规模不限，如学校小卖部、某个淘宝店铺或微商、某个便利店等，以容易实施为衡量标准。首先了解该企业的基本情况，如主营业务、经营状况、所处供应链特征、供应链上下游主体情况、采购补货的方式、库存控制状况等；然后调研其历史销售数据和采购数据，时间窗不限，可以是日、周、月或年度，涵盖的商品品项越多越好。 （2）对调研信息和数据进行加工和处理，判断其商品的需求规律（如是否确定，波动程度）、供应规律（如订货提前期是否稳定）；判断其目前采用的采购周期、采购批量及库存控制方法等。 （3）运用再订货点方法，针对其销售的商品设计补货采购方案，包括选择库存检查策略、选择库存控制方法和订货模型、确定订货批量和订货时点等。 （4）运用供应链库存控制和管理的知识，结合该企业供应链上下游情况和采购现状，考虑供应链优化和集成，设计供应链库存管理方案和新的采购执行流程。 （5）将方案具体化、文字化，并制作PPT进行展示
任务要求	每组提交一份方案并进行汇报，至少包括以下内容： （1）企业背景信息（企业简介、主营业务情况、采购和库存管理现状、供应链上下游情况、历史销售数据和采购数据的基本情况）。 （2）信息和数据的分析过程及基本判断。 （3）建议的采购补货方案。 （4）供应链库存管理和协议采购的方案

任务资讯

为完成该任务，应该具备供应链运作模式、供应链信息管理的相关知识，请回答以下资讯问题。
（1）什么是供应链管理？
（2）推式供应链和拉式供应链的特征对比。
（3）正向信息流、反向信息流与双向信息流的主要内容是什么？

任务实施：
（1）回答资讯问题，做好知识准备。
（2）研读背景信息，分析市场需求。
（3）判断供应链运作类型。
（4）分角色登录系统，满足市场需求。
（5）完成实训报告，展示小组成果

表9-2 任务检查单

学习单元	供应链信息管理		
任务名称	供应链管理系统实训		
检查项目	检查标准	学生自查	教师检查
准备工作	能够通过各种渠道查阅相关资料，为完成任务做好准备		
掌握知识	能够准确地掌握本单元所涉及的理论知识		
运用能力	在完成任务的过程中能够正确、合理地运用所学的知识		

续表

检查项目	检查标准	学生自查	教师检查
学习能力	能够在教师的指导下进行自主地学习，全面地掌握相关知识		
工作态度	认真执行计划，工作态度认真，一丝不苟，保证每个环节工作质量		
团队合作	积极与他人合作，团队意识强，能够共同完成工作任务		
运用工具	能够操作供应链管理系统		
完成情况	能够按照工作要求，按时保质保量地完成工作任务		
结果质量	能够完成系统操作并评价绩效。		
检查评价	班级　　　　　　姓名　　　　　　第　　组		
	教师签字　　　　　　　　　时间		

表9-3　任务评价单

学习单元	供应链信息管理			
任务名称	供应链管理系统实训			
评价类别	评价项目	学生自评	小组互评	教师评价
理论知识（20%）	引导问题回答			
专业能力（40%）	理论知识运用（10%）			
	任务完成情况（10%）			
	任务检查全面性和准确性（5%）			
	任务结果质量（15%）			
方法能力（20%）	自主学习（10%）			
	系统操作（10%）			
社会能力（20%）	团队合作（10%）			
	敬业精神（10%）			

续表

评价类别	评价项目		学生自评	小组互评	教师评价
评价评语	班级	姓名	成绩		
	教师签字		时间		

教学反馈

教学反馈表如表9-4所示。

表9-4 教学反馈表

本章我学到的知识	
本章我掌握的技能	
本章我没有听懂的内容	
本章我最喜欢的内容	
对本章教学，我的建议	

项目十　评估供应链绩效

 知识目标

（1）掌握供应链绩效评价的含义和特征。
（2）掌握供应链绩效评价指标。
（3）熟悉主要供应链绩效评价方法应用。
（4）掌握采购绩效评估的指标体系。
（5）掌握采购绩效评估的标准。
（6）掌握如何实施采购绩效评估。

技能目标

（1）能够运用供应链绩效指标评价供应链运营状况和协同情况。
（2）能够运用供应链绩效评价方法评价供应链绩效。
（3）能够根据行业供应链实际情况设计供应链绩效评价指标体系。
（4）能够根据采购绩效评估指标设计采购部门绩效考核表。
（5）能够根据采购绩效考核表对采购部门进行绩效考核。

 素养目标

（1）培养供应链的全局观念，从整体利益出发构建供应链绩效指标体系。
（2）培养客观公正的处事原则，确保采购绩效评估的公平与公开。
（3）克服急功近利的思想，养成求真务实的工作作风。

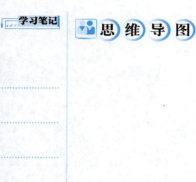

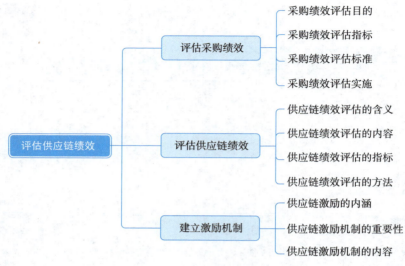

 引导案例

供应链绩效评估的发展趋势

随着科学技术的不断进步、经济的持续发展、供应链管理理论的不断发展和实践的不断深入，主观和客观上都要求建立与之相适应的供应链绩效评估体系，反映供应链绩效评估指标，由其自身的特点来科学地反映评估体系；反映供应链的运营情况，有效地解决供应链管理过程中存在的问题。

供应链绩效评估必须紧紧围绕供应链战略目标来进行，不仅要反映供应链当前的运行情况，而且要能预测未来的发展潜力。评估企业原有供应链及发现原有供应链的缺陷和不足，并提出相应的改进措施。评估新构造的供应链及监督和控制供应链运营的效率，并充分发挥供应链管理的作用，作为供应链业务流程重组的评估指标。

供应链绩效评估理论与实践研究并重，在进行供应链绩效评估的理论创新时，更重要的是将供应链绩效评估在现实中的应用不断完善。

供应链绩效评估的研究领域不断延伸。绿色革命、循环经济、信息时代的到来促成了绿色供应链、逆向供应链、基于电子商务的供应链迅速发展。因此，供应链绩效评估的研究也在这些领域展开。

在经济全球化的背景下，企业更加注重供应链管理的构建和运用，因此，供应链绩效评估就成为企业需要解决的重要问题。随着敏捷供应链、集成供应链、虚拟供应链、网状供应链、绿色供应链、电子商务供应链逐渐形成，供应链管理逐渐由一种管理技术上升为新的管理模式，受到国内外企业和学术界的高度重视。供应链绩效评估是供应链管理中的一项重要综合性活动，涉及供应链各个方面的情况。如何建立一套完备的供应链绩效评估体系，运用科学、先进的定量分析与定性分析相结合的方法来运行供应链绩效的综合评价，将成为一个重要的研究方向。

供应链绩效评估研究的发展趋势。

1. 供应链绩效概念的界定

关于供应链绩效的概念应该有一个较为明确的界定，才能进一步研究好供应链的绩效评估。供应链绩效及其内容的界定有利于供应链目标与政策的确定。对供应链绩效评估的研究必须围绕供应链目标及其政策合理界定供应链绩效的内涵与外延。

2. 供应链发展潜力的评估

供应链由许多合作企业组成，供应链发展潜力是企业通过自身的运作，不断扩大积累而形成的发展潜能。企业发展能力的形成主要依托于企业不断增长的销售收入。企业应注意把降低开支而节约的资金和企业创造的利润转化为企业的积累与再投资。因此，供应链及各成员企业绩效评价应当把长远的发展潜力作为主要内容。

3. 供应链敏捷性评估

随着敏捷制造的逐渐发展，敏捷化是供应链和管理科学面向制造活动的必然趋势。敏捷供应链以增强企业对变幻莫测的市场需求的适应力为导向，着眼于提高供应链各环节的边际效益，以实现本企业与合作企业的共赢。因此，供应链敏捷性评估将成为供应链绩效评估研究的重要内容。

4. 供应链环境效率评估

美国密歇根州立大学制造研究协会于1996年提出"绿色供应链"的概念，将资源回收率（Material Recovery Rate）、核心回报率（Core Return Rate）、废物比（Waste Ratio）、生态有效性（Eco-Efficiency）等环境指标纳入供应链模型，绿色供应链绩效评估或供应链环境绩效评估将成为供应链绩效评估研究的又一个热点。

5. 供应链评估系统的研究与开发

供应链管理是获得国际竞争优势的重要职能手段之一。利用信息技术进行经营过程重构，消除供应链中不增值的环节，从而降低成本，这将成为提高企业竞争力的有效途径。由于供应链具有如此重要的作用，在全球竞争环境下，对供应链技术和系统的研究与开发已成为国内外的热点之一。

6. 供应链评估模型与方法的研究

供应链绩效评估是供应链管理中的一项综合性活动，涉及供应链各个方面的情况。因此，为了充分反映供应链绩效的全貌，需要研究建立集成化供应链绩效评估的层次结构模型，明确评估内容，设定评估要素。设置评估指标（包括统一的评价指标标准值），不仅要评估供应链的整体绩效，还要评估各子系统的绩效，更要对供应链绩效进行综合评估。为此，需要研究如何使用定量分析与定性分析相结合的方法，如利用模糊数学方法、人工神经网络方法、层次分析法等进行供应链绩效的综合评估。总之，有关供应链绩效评估模型与方法的研究将成为又一项新的研究内容。

任务一　评估采购绩效

采购绩效评估是对采购工作进行全面系统的评价、对比，从而判定所处整体水平的做法。完成企业采购绩效评估工作，需要明确采购绩效评估的目的，设定采购绩效

微课 采购绩效评估

评估指标，选择采购绩效评估标准等。

一、采购绩效评估目的

采购绩效评估是围绕着采购的基本功能进行的。采购的基本功能主要包括两个方面：第一，及时采购需要的物品，保证生产和销售的正常进行；第二，开发更优秀的供应商，持续降低采购成本，实现最佳采购。对采购活动进行绩效评估，其目的是更好地实现采购的基本功能。采购绩效评估的主要目的在于：

（一）保证采购目标的实现

企业的采购目标往往各有侧重，有的可能注重质量和服务，有的可能更看重价格优势，还有的则可能更关注交货时间的准确性。通过绩效评估，企业可以针对自己的主要采购目标，对涉及时间期限、质量规格、物流服务、组织效率等方面的指标进行考核，进而推动采购目标的实现。

（二）提供改进绩效的依据

绩效评估制度可以为企业提供一个客观的标准来衡量采购目标是否达成，并确定采购部门当前的工作绩效。正确的绩效评估有助于揭示采购作业中的缺陷，从而为企业制定改善措施提供依据，起到惩前毖后的作用。

（三）作为个人或部门奖惩的参考

有效的采购绩效评估方法能够凸显采购部门的绩效，并反映采购人员的个人表现。这不仅可以为各种人事考核提供参考，还可以作为个人或部门奖惩的依据，激励员工更加积极地投入到采购工作中。

二、采购绩效评估指标

采购绩效评估指标是衡量采购工作效果的关键要素，是准确、客观、全面、科学地进行采购绩效评估的尺度和标准。它可以帮助企业全面了解采购活动的各个方面，进而制定改进策略，提升采购效率和质量。通过综合运用这些指标，企业可以全面评估采购工作的绩效，识别存在的问题和不足，进而制定改进措施，提升采购活动的整体效率和质量。同时，这些指标也可以作为激励和约束采购人员的手段，促进他们不断提高自身的专业素养和工作水平。采购业务领域常用的绩效指标如表10-1所示。

表10-1 采购业务领域常用的绩效指标

采购绩效领域	绩效指标	说明与解释
质量	进料验收指标	反映供应商交货时，公司所接受或拒收的采购项目数量或百分比
	物料使用的不良率或退货率	反映在生产过程中发现的品质不合格的物料比例
	供应商质量合格率	考查供应商提供物料的质量稳定性

续表

采购绩效领域	绩效指标	说明与解释
数量	呆料物料金额	评估由于采购过多或不当导致的物料积压成本
	库存金额及周转率	反映库存管理的效率和物料流转的速度
	采购完成率	衡量采购订单按时完成的比例
时间	停工断料影响工时	反映因采购延迟导致的生产中断时间
	紧急采购费用差额	衡量因紧急情况导致的采购成本增加
	订单处理时间	从订单生成到物料到货的整个流程时间
价格	成本达成率	评估采购成本与预算或目标成本的匹配程度
	相关费用控制率	反映采购过程中除物料成本外的其他费用控制情况
采购效率	采购金额占销售收入的百分比	衡量采购支出与整体业务规模的相对关系
	采购部门的费用	评估采购部门的运营成本和效率
	新开发供应商的数量	反映供应商开发的活跃度和多样性
供应商管理	供应商开发完成率	评估新供应商开发的进度和成果
	供应商联络数量及信息完整性	反映供应商关系管理的细致程度
	供应商流失率	衡量供应商稳定性的重要指标
知识、技能与品质	采购人员的专业能力、服务态度和影响力等方面的评估	可以通过内部评价、培训参与度和员工反馈等方式来衡量

三、采购绩效评估标准

确定采购绩效评估指标之后，必须考虑将何种标准设为与目前实际绩效相符的基础。采购绩效评估标准可以根据企业的具体需求和采购目标来制定。一般常见的标准有历史绩效、预算或标准绩效、行业平均绩效、目标绩效。

（一）历史绩效

如果公司采购部门在组织、职责或人员等方面没有重大变动，可以选择以往的绩效作为评估基础。这可以提供一个相对稳定和可靠的参考点。

（二）预算或标准绩效

当过去的绩效难以获取或采购业务发生较大变化时，可以采用预算或标准绩效作为衡量基准。这种标准一旦确定，就不应轻易改动，以确保评估的连贯性和稳定性。

（三）行业平均绩效

如果企业与其他同行业公司在采购组织、职责及人员等方面相似，可以进行绩效比较，以辨识彼此在采购工作成效上的优势。若个别公司绩效资料不可得，可以比较整个行业的平均绩效水平。

（四）目标绩效

这是指在当前状况下，非经过特别的努力无法达到的较高工作绩效水平。它代表了采购部门应该努力追求的方向。

四、采购绩效评估实施

企业采购绩效的评估是根据企业采购绩效的评估制度对采购部门的采购工作进行绩效评估的过程。所以，在采购绩效评估实施的过程中要考虑由谁来进行评估、怎样评估、按照什么样的流程进行评估、评估工作标准如何等问题。

（一）采购绩效评估人员

采购绩效评估人员是负责进行采购绩效评估工作的专业人员，他们应该具备丰富的采购经验、熟悉采购流程和相关标准，以及具备数据分析和评估能力。一般来说，参与采购绩效评估的人员可以包括以下几个方面的代表：

1. 生产与工程部门人员

他们负责产品的制造和工艺，对采购物料的质量和性能有深入的了解。他们的参与可以确保采购物料能够满足生产和工程需求，从而避免由于物料问题导致的生产延误或质量问题。

2. 采购部门主管

作为采购工作的直接负责人，采购部门主管对采购流程、供应商关系以及采购成本等方面有全面的了解。他们能够提供有关采购活动的详细信息，并参与到绩效评估的过程中，确保评估结果的准确性和客观性。

3. 会计部门或财务部门人员

他们负责成本管理和财务分析，对采购成本、预算执行情况以及经济效益等方面有专业的评估能力。他们的参与可以确保采购绩效评估能够全面反映采购活动的经济效益和成本控制情况。

4. 供应商

供应商是采购活动的重要参与者，他们的表现直接影响到采购的质量和成本。邀请供应商参与绩效评估，可以让他们了解自身在供应过程中的表现，促进双方的合作与沟通，共同提升采购绩效。

5. 外界专家或管理顾问

他们具备丰富的采购经验和专业知识，能够提供独立的意见和建议。他们的参与可以增加评估的公正性和客观性，同时帮助发现潜在的改进机会和策略。

（二）采购绩效评估方式

采购绩效评估可以采用定期绩效评估和不定期绩效评估两种方式。

1. 定期评估

配合公司的年度人事考核制度进行，通常以目标管理的方式进行。从各类绩效指标中选择年度重要性较高的项目作为考核目标，年终按实际达成程度加以考核。这种方式比较客观、公正，能够提升个人或部门的采购绩效。

2. 不定期评估

以专案的方式进行，如要求某项特定产品的采购成本降低一定比例。当设定期限一到，评估实际的成果是否达到目标，并据此给予采购人员适当的奖励或处分。这种方式特别适用于新产品开发计划、资本支出预算、成本降低的专案。

（三）采购绩效评估方法

采购绩效评估方法旨在全面、客观地衡量采购活动的效率和效果，为企业的采购决策提供有力支持。以下是一些常见的采购绩效评估方法：

1. 关键绩效指标（KPI）法

这是最常用的方法之一。企业根据采购目标和策略，设定一系列关键绩效指标，如采购成本降低率、供应商交货准时率、采购订单周期缩短率等。通过对这些指标的定期跟踪和评估，企业可以清晰地了解采购活动的表现和进展。

2. 成本分析法

成本分析法主要关注采购成本的控制和降低。通过对比不同采购渠道、供应商或采购策略的成本差异，企业可以找出成本优化的潜力，并制定相应的改进措施。

3. 供应商绩效评估法

此方法侧重于对供应商的综合评价。企业根据供应商的交货准时率、产品质量、售后服务、价格竞争力等因素，对供应商进行定期评估。这有助于企业筛选和保留优质供应商，优化供应链管理。

4. 目标管理法

企业根据采购目标和计划，设定具体的绩效目标，并通过定期检查和考核来确保目标的实现。这种方法有助于保持采购活动与企业整体战略的一致性。

5. 360 度反馈法

除了内部评估，企业还可以邀请供应商、客户和其他相关部门对采购活动进行反馈和评价。这种方法有助于获得更全面的信息，发现潜在的问题和改进空间。

6. 数据分析法

利用大数据和人工智能技术，对采购活动的数据进行深入挖掘和分析。通过数据分析，企业可以发现采购活动的规律和趋势，为决策提供有力支持。

7. 平衡计分卡法

从财务、客户、内部流程、学习与成长四个维度，对采购绩效进行综合评价。这种方法有助于企业实现采购活动的短期和长期目标的平衡。

在实施采购绩效评估时，企业应根据自身的实际情况和需求选择适合的评估方法，并确保评估过程的公正性和客观性。同时，企业还应将评估结果与采购人员的绩效考核和激励机制相结合，以激发采购团队的积极性和创造力。

（四）采购绩效评估流程

采购绩效评估是一个在企业总体战略的指导下，在采购供应部门的客户参与下，确定采购过程中的问题和机会，不断进行计划、实施、检查、反馈循环，从而使评估方法得到完善规范、采购绩效得到持续改善的过程。采购绩效评估流程如图 10 - 1 所示。

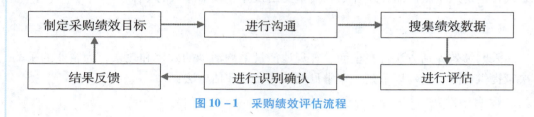

图 10 - 1　采购绩效评估流程

1. 制定采购绩效目标

参照公司的战略、经营计划、工作目标、先前的采购绩效评价或采购绩效目标、关键工作、最新工作描述和职位说明等，来明确具体的采购目标。

2. 进行沟通

与参与采购的各方进行有效的、持续的、正式和非正式的沟通，确保大家对评估的目标、标准和流程有清晰的认识。

3. 收集绩效数据

观察采购绩效的表现，收集采购的绩效数据，将任何表现采购绩效的痕迹、印象、影响、证据、事实完整地记录下来，并做成文档妥善保存。

4. 进行评估

通过检查、测评、绩效考核、绩效会议等方式，对采购绩效进行评比、分析和诊断，得出最终的评估结果。

5. 进行识别确认

识别采购过程中在各个领域的优点和缺点，并对其进行确认，以便后续的优化和改进。

6. 结果反馈

将评估的结果反馈给企业的管理层和采购部门，并根据实际情况对绩效目标进行调整和优化。

在整个流程中，保持公正、客观的态度至关重要，以确保评估结果的准确性和可信度。同时，采购绩效评估不是一次性的活动，而是一个持续的过程，需要定期进行，并根据评估结果进行必要的调整和优化。

任务二 评估供应链绩效

在供应链管理中，为了能够使供应链健康发展，需要科学、全面地分析和评估供应链的绩效。评估供应链的绩效，是对供应链的整体运行绩效和供应链上节点企业之间的合作关系所做出的评估。

一、供应链绩效评估的含义

供应链绩效评估是指围绕供应链的目标，对供应链整体、各环节（尤其是核心企业运营状况以及各环节之间的运营关系等）所进行的事前、事中和事后分析评价。这是对供应链整体运行绩效、供应链节点企业以及供应链上的节点企业之间的合作关系所作出的评价。简而言之，供应链绩效评估是衡量供应链目标的实现程度，并提供经营决策支持的重要手段。

为了进行供应链绩效评估，企业需要明确其采购和供应链策略，并根据这些策略设定具体的绩效目标。然后，通过收集和分析相关的数据和信息，对供应链的各个方面进行评估，以确定供应链的实际绩效与目标之间的差异，并据此制定改进措施。

二、供应链绩效评估的内容

供应链绩效评估从三个方面衡量，一是供应链企业内部绩效评估，二是供应链企业外部绩效评估，三是供应链综合绩效评估。

（一）供应链企业内部绩效评估

供应链企业内部绩效评估是对企业内部在供应链运作过程中的表现进行全面、客观的评价。这一评估旨在识别企业内部的优势、劣势以及潜在改进点，从而优化资源配置，提升供应链整体效率。以下是供应链企业内部绩效评估的关键方面：

1. 成本绩效

（1）采购成本控制：评估企业在采购过程中的成本控制能力，包括原材料价格、运输费用等。

（2）运营成本优化：分析企业内部运营活动的成本效益，寻求成本降低的途径。

（3）库存成本控制：评估库存持有成本，包括资金占用、仓储费用等，并寻求降低库存成本的策略。

2. 运作效率

（1）订单处理速度：衡量企业从接收订单到完成交付的响应时间，确保快速响应客户需求。

（2）物流运作效率：评估企业物流运作的流畅性和准确性，包括运输、仓储、配送等环节。

（3）信息传递效率：考查企业内部信息系统的效率和准确性，确保供应链信息的实时共享和更新。

案例学习
评估一家
公司的
供应链能力

微课
供应链绩效
评估

扩展学习
完美订货

3. 质量管理

（1）产品质量控制：评估企业产品质量的稳定性和可靠性，确保产品符合客户要求。

（2）质量控制流程：分析企业质量控制流程的有效性，识别潜在的质量风险并采取相应的改进措施。

4. 流程协同

（1）内部流程优化：评估企业内部流程的合理性和高效性，寻求流程改进的机会。

（2）部门间协同：考查企业内部各部门之间的协同合作能力，确保供应链运作的顺畅。

5. 创新能力

（1）技术创新应用：评估企业在技术创新方面的投入和成果，如采用新技术提升供应链效率。

（2）供应链策略创新：分析企业在供应链策略制定和执行方面的创新能力，以适应市场变化。

在进行供应链企业内部绩效评估时，企业可以运用多种评估方法，如关键绩效指标法、平衡计分卡法等，结合定量和定性指标进行全面分析。此外，建立绩效评估的反馈机制，定期回顾评估结果并制定改进措施，有助于持续提升供应链企业内部绩效。

（二）供应链企业外部绩效评估

供应链企业外部绩效评估主要关注企业与外部供应链合作伙伴之间的合作效果，以及企业在整个供应链网络中的竞争力和影响力。这种评估有助于企业识别外部合作中的优势与不足，进而优化合作策略，提升整体供应链绩效。以下是一些关键的外部绩效评估方面：

1. 供应商绩效评估

（1）产品质量：评估供应商提供的产品或原材料的质量稳定性、符合性及可靠性。

（2）交货准时率：考查供应商按时交货的能力，确保供应链的连续性和稳定性。

（3）服务响应速度：评估供应商在解决问题、提供技术支持等方面的响应速度和效率。

（4）成本控制：分析供应商的成本管理能力，以及对企业采购成本的影响。

2. 客户满意度评估

（1）产品满意度：通过调查了解客户对产品质量的满意度，以及产品是否符合客户期望。

（2）服务满意度：评估企业在订单处理、配送、售后服务等方面的表现，确保客户需求的及时满足。

（3）价格竞争力：分析企业产品在市场上的价格竞争力，以及价格对客户满意度的影响。

3. 市场竞争力评估

（1）市场份额：考查企业在供应链网络中的市场份额，以及市场地位的变化趋势。

（2）竞争对手分析：了解竞争对手的供应链策略、优势和劣势，为企业制定竞争策略提供依据。

（3）新市场开拓能力：评估企业在新市场、新客户开拓方面的能力和成果。

4. 合作伙伴关系评估

（1）合作稳定性：分析企业与供应商、客户等合作伙伴的合作稳定性，确保供应链的长期合作和共同发展。

（2）信息共享程度：评估企业与合作伙伴之间的信息共享水平，确保信息的及时、准确传递。

（3）协同创新能力：考查企业与合作伙伴在技术创新、产品开发等方面的协同合作能力。

在进行供应链企业外部绩效评估时，企业可以采用问卷调查、访谈、数据分析等多种方法收集信息。同时，结合内部绩效评估结果，企业可以制定更全面的供应链优化策略，提升整体供应链绩效。此外，定期回顾和更新外部绩效评估指标，以适应市场变化和业务发展需求也是非常重要的。

（三）供应链综合绩效评估

供应链总体绩效评估是对供应链整体运作效果、效率、质量和可靠性等方面进行的全面、系统性的评价。这一评估过程不仅涵盖了供应链内部各个环节的绩效，还考虑了供应链与外部环境的互动和合作，以及供应链整体的战略目标和价值创造。

在进行供应链总体绩效评估时，首先需要明确评估的目标和范围，确定评估的关键指标和体系。这些指标可能包括成本、效率、质量、可靠性、灵活性、创新性等多个方面，以全面反映供应链的绩效状况。

评估过程中，可以采用定量和定性相结合的方法，收集和分析供应链各环节的数据和信息，运用统计分析、比较分析、趋势分析等多种手段，对供应链的绩效进行深入挖掘和评价。

此外，还需要关注供应链的风险管理和可持续发展能力。通过评估供应链的风险因素，如供应商风险、运输风险、市场风险等，以及供应链的环保性能和社会责任履行情况，可以更全面地了解供应链的稳健性和可持续性。

在评估结果的基础上，企业可以制定针对性的改进策略和优化措施，提升供应链的绩效和竞争力。例如，通过优化供应商选择和管理、改进物流运作、提升产品质量和服务水平等方式，实现供应链成本的降低、效率的提升和质量的改善。

同时，供应链总体绩效评估也是一个持续改进的过程。企业需要定期进行评估，根据市场变化和业务发展需求，调整评估指标和方法，确保评估的准确性和有效性。

三、供应链绩效评估的指标

（一）成本类指标

（1）供应链总成本：包括采购成本、运输成本、库存成本等，反映供应链整体的经济性。

（2）单位产品成本：衡量生产每一单位产品所需的成本，有助于发现成本节约的潜力。

（二）效率类指标

（1）订单周期时间：从接收到订单到完成交付所需的时间，反映供应链的响应速度。

（2）库存周转率：库存货物在一年内周转的次数，衡量库存管理的效率。

（3）运输效率：如车辆装载率、运输路径优化程度等，反映运输环节的效率和成本控制。

（三）质量类指标

（1）产品合格率：符合质量标准的产品数量占总生产数量的比例。

（2）退货率：因质量问题导致的退货数量占总销售数量的比例。

（3）客户满意度：通过问卷调查等方式获取客户对供应链服务的满意度评价。

（四）可靠性类指标

（1）准时交货率：按照约定时间准确交付的订单数量占总订单数量的比例。

（2）供应链稳定性：在面对内外部扰动时，供应链保持正常运作的能力。

（五）灵活性类指标

（1）产能柔性：供应链快速调整产能以满足市场需求变化的能力。

（2）产品多样性：供应链能够提供的不同产品或服务的种类数量。

（六）创新性指

（1）新产品开发周期：从概念到市场推出所需的时间，反映供应链在新产品开发方面的效率。

（2）技术创新投入：在研发、新技术应用等方面的投入，体现供应链在创新方面的努力。

（七）绿色供应链指标

（1）绿色采购比例：采用环保材料或服务的采购金额占总采购金额的比例。

（2）碳排放强度：单位产值或单位产品所产生的碳排放量，反映供应链的环保性能。

扩展学习
供应链绩效
评估指标

（八）风险管理指标

（1）供应商风险评估：对供应商的稳定性、信誉等方面的评价，以降低供应链风险。

（2）应急响应能力：面对突发事件时，供应链的快速响应和恢复能力。

这些指标可以根据企业的实际情况和业务需求进行选择和调整，以形成一个全面、有效的供应链绩效评估体系。通过定期收集和分析这些数据，企业可以了解供应链的运作状况，发现潜在问题，并制定针对性的改进措施，从而不断提升供应链的绩效和竞争力。

四、供应链绩效评估的方法

供应链绩效评估的方法确实多种多样，每种方法都有其独特的应用场景和优势。供应链绩效评估常用的方法主要包括以下几种：

（一）关键绩效指标法（KPI）

通过选取并跟踪关键绩效指标，如订单满足率、交货准时率、库存周转率等，来直接衡量供应链的效率和效果。KPI 法具有直观、易操作的特点，能够帮助企业快速识别供应链中的瓶颈和问题。

（二）SCOR 模型

SCOR 适用于不同工业领域的供应链运作参考模型。SCOR 模型的评估维度包括五个方面，即供应链交货的可靠性、供应链的响应性、供应链的柔性、供应链的成本和供应链的资产管理效率。

（三）BSC – SC 模型

BSC – SC 是平衡计分卡在供应链绩效评价中的应用。BSC – SC 模型的评估角度包含四个方面：供应链内部运作、客户导向、未来发展和财务价值。BSC – SC 模型的核心思想反映在一系列指标之间形成平衡，即短期目标和长期目标、财务指标和非财务指标、滞后型指标和领先型指标、内部绩效和外部绩效之间的平衡。

（四）SCPR 模型

SCPR 模型是由中国电子商务协会供应链管理委员会制订并推荐使用的定量评估供应链管理绩效水平和科学实施供应链管理工程的指导性工具。该模型汲取了各绩效模型的长处，并结合大量中国企业的供应链实证数据，对来自成熟工业企业的供应链绩效指标作了必要的修改，最终形成真正适合中国本土企业的供应链管理绩效水平评估参考模型。SCPR 模型的评估维度包括五个方面：订单反应能力、客户满意度、业务标准协同、节点网络效应、系统适应性。

（五）基于 3A 的供应链绩效评估模型

基于 3A 的供应链绩效评估模型，通过对沃尔玛、百思买和玛莎等 60 多家注重供

扩展学习
供应链绩效评估的四种模型对比

应链管理的领先公司进行研究后，发现一流的供应链具备 3 大特点：反应敏捷（Agile）、适应性强（Adaptable）、能让各方利益协调一致（Aligned）。因此，3A 模型的评估维度为敏捷性、适应性、协调一致性。

（六）数据包络法（DEA）

DEA 是一种基于线性规划的效率评估方法，它通过比较决策单元（DMU）的投入和产出数据，评估供应链的相对效率。这种方法能够揭示供应链中的低效环节，为优化提供方向。

（七）层次分析法（AHP）

AHP 通过将复杂的供应链绩效问题分解为多个层次和因素，逐层比较和分析各因素的重要性，从而确定供应链绩效的优先级和改进方向。这种方法有助于企业在资源有限的情况下，优先解决关键问题。

除了以上方法外，还有一些其他常用的供应链绩效评估方法，如标杆法、财务分析法、专家打分法等。企业可以根据自身的实际情况和需求，选择适合的评估方法或组合多种方法进行综合评估。

任务三　建立激励机制

一、供应链激励的内涵

供应链激励是供应链系统内形成的一种机制，它利用一定的利益调节手段，使供应链中某一成员的利润增加的同时，也保证另一成员获得一定的利益，以及整个供应链的利润增加。从博弈论的角度来看，激励机制实际上是供应链节点企业间的契约和约束，用以更好地规范各节点企业的行为。

二、供应链激励机制的重要性

供应链激励机制的重要性体现在多个方面，它对于确保供应链子系统绩效和整体绩效的提升具有关键作用。以下是供应链激励机制重要性的具体体现：

（一）提升工作积极性

合理的激励机制可以充分调动供应链合作伙伴的工作积极性，使其更加投入地参与到供应链的各项活动中，从而提升整个供应链的运作效率和质量。

（二）促进内部反应速度

在供应链运营过程中，会遇到各种各样的问题，这些问题可能严重影响供应链的绩效。一个良好的激励机制可以促使供应链合作伙伴更积极地解决问题，提高供应链内部反应速度，从而确保供应链的顺畅运作。

（三）增强供应链竞争力

通过激励机制，供应链企业可以吸引和留住优秀的合作伙伴，形成稳定且高效的供应链网络。这有助于提升供应链的整体竞争力，使企业在激烈的市场竞争中占据优势地位。

（四）实现资源优化利用

在闭环供应链中，激励机制有助于实现资源的优化利用，提高经济效益。通过合理的激励机制，可以推动供应链成员企业积极参与资源回收和再利用，减少能源消耗和浪费，实现可持续发展。

（五）提升客户满意度

有效的激励机制可以促使供应链成员企业更加关注客户需求，提升产品质量和服务水平，从而提高客户满意度。这有助于增强企业的品牌形象和市场竞争力。

三、供应链激励机制的内容

（一）激励的主体与客体

激励的主体与客体是构成激励活动的两个基本要素。

1. 激励主体

激励主体是指那些在激励活动中起到决定性作用的人或组织，他们拥有一定的资源和权力，可以决定激励的内容、方式、时间和对象等。在供应链管理中，激励主体可以是核心制造企业和消费者，他们对产品的生产能力和需求水平产生重要影响。此外，从更广泛的角度来看，政府、公众、环保部门等也可以是激励主体，他们通过制定政策、倡导环保理念等方式来推动供应链的发展。

2. 激励客体

激励客体则是指被激励的对象，即激励活动所指向的目标群体。在供应链管理中，激励客体主要包括供应链成员企业、企业管理人员和员工，他们是被激励的主体，需要通过激励来提高他们的积极性和参与度。

（二）激励目标

主要是通过激励手段或方法来调动供应链上各成员企业的积极性，消除信息不对称和败德行为带来的风险，建立战略伙伴关系，以实现资源的最优配置和整体绩效的提升，使供应链的运作更加顺畅。具体来说，这些目标包括：

1. 增强合作与信任

通过激励机制，加强供应链中各企业之间的战略合作关系，建立互信机制，推动信息共享，减少因信息不对称带来的风险和冲突。

2. 优化资源配置

激励各成员企业充分发挥自身的核心优势，实现资源的有效整合和优化配置，从而提升整个供应链的竞争力。

3. 提升运营效率

通过激励机制，推动供应链中各环节的协同工作，减少不必要的浪费和延误，提高整体运营效率。

4. 降低成本

通过有效的激励措施，鼓励供应链中的各成员企业积极寻求成本节约的途径，实现成本的最优化。

5. 增强创新能力

激励供应链中的企业不断创新，提升产品或服务的附加值，满足市场的多样化需求。

6. 实现共赢

在公平、公正的原则下，合理分配供应链中的利润，确保各成员企业都能从合作中获得合理的回报，实现共赢的局面。

7. 注重可持续发展

在追求经济效益的同时，兼顾环境友好、资源节约和社会责任等方面的目标，推动供应链的可持续发展。

为了实现这些激励目标，企业可以采取多种措施，如设立奖励机制、提供技术支持、加强知识分享和经验交流等，以激发供应链中各成员企业的积极性和创造性，共同推动供应链的优化和发展。

（三）激励手段

供应链激励手段多种多样，旨在提高供应链成员企业的积极性、促进合作和协同，从而优化整个供应链的运行效率和效益。以下是一些常见的供应链激励手段：

1. 价格激励

价格激励是供应链管理中的一种重要激励方式，其主要目的是通过合理的价格策略来调动供应链中各成员企业的积极性，促进供应链的稳定运行和高效协作。

2. 订单激励

在供应链管理中，订单激励是一种非常有效的激励方式，它主要通过给予供应链成员企业更多的订单来激发其积极性，从而促进供应链的整体效率和合作水平。

3. 合同激励

在供应链管理中，合同激励是一种非常重要的激励方式。合同作为一种法律工具，为供应链成员企业之间的合作提供了明确的行为规范和利益保障机制。通过精心设计的合同，可以有效地激发供应链成员企业的积极性和合作意愿，促进供应链的顺畅运作和整体绩效的提升。

项目十 评估供应链绩效

4. 商誉激励

供应链商誉激励是一种重要的激励手段,旨在通过提升和维护供应链中各成员企业的商誉,进而增强它们的合作意愿和效率。商誉作为企业的无形资产,反映了企业的社会地位和公众形象,对企业的长远发展至关重要。

5. 信息激励

供应链信息激励是供应链管理中一种重要的激励方式,其核心在于通过信息共享和透明度提升,来激发供应链成员企业的积极性和合作意愿。

6. 共同开发激励

供应链共同开发激励是供应链管理中一种重要的激励机制,它主要着眼于促进供应链成员企业之间在产品开发和技术创新方面的深入合作。通过共同开发新产品、新技术或解决方案,供应链成员企业能够共享风险、资源和技术优势,进而实现更大的商业价值。

7. 信任激励

供应链信任激励是供应链管理中一种重要的激励方式,它主要基于供应链中各企业之间的信任关系,通过一系列措施来增强彼此间的合作意愿和效率。

8. 淘汰激励

供应链淘汰激励是一种负激励方式,其核心在于通过引入竞争和淘汰机制,激发供应链中各成员企业的危机意识和进取心,以促进供应链的整体优化和持续发展。在供应链管理中,淘汰激励通常表现为对绩效不佳的成员企业实施一定的惩罚或限制措施,例如减少订单量、降低合作优先级或甚至终止合作关系。这种淘汰机制的存在,使成员企业面临一定的竞争压力和风险,从而激发其努力提升绩效、改善合作关系的动力。

这些激励手段并非孤立存在,而是可以相互结合、互为补充的。在实际应用中,企业应根据自身情况和市场环境,选择适合的激励手段组合,以实现最佳的激励效果。同时,随着供应链管理的不断发展和完善,新的激励手段也会不断涌现,企业需要保持敏锐的洞察力和创新精神,不断探索和实践更有效的激励方式。

能力训练

一、专业基础知识训练

扫码同步测试10,完成专业基础知识训练。

二、岗位能力训练

设计企业采购绩效评估表

(一)训练目的:通过本次训练,使学生掌握采购绩效指标体系的构建方法,学

同步测试10

采购绩效专员、主管职业能力要求

会应用采购绩效评估指标设计采购绩效评估表。

（二）训练方式：以个人为单位分工完成实训任务。

（三）训练环境：综合实训室（学生每人有一台可上网的电脑，桌椅可拼接）

（四）训练内容：2017年年底，AAA公司为了提高采购人员工作积极性，降低公司采购成本，提高供应商供货质量。根据采购评估制度对采购部门进行采购绩效评估。采购绩效主管对照考核项目对今年部门的工作情况进行自评。考核项目及占比信息如下：

（1）采购订单按时完成率（15%）。

（2）采购成本控制（15%）。

（3）采购计划执行度（30%）。

（4）不良品处理（20%）。

（5）供应商管理（10%）。

（6）日常内部管理（10%）。

采购绩效主管根据考核要求，安排采购绩效专员设计一份采购部门绩效考核表。

要求：以采购绩效专员的身份，设计一份采购部门绩效评估表。

任务工作单、任务检查单、任务评价单如表10-2~表10-4所示。

表10-2 任务工作单

学习单元	采购绩效评估
任务名称	设计采购绩效评估表
任务描述	2017年年底，AAA公司为了提高采购人员工作积极性，降低公司采购成本，提高供应商供货质量。根据采购评估制度对采购部门进行采购绩效评估。采购绩效主管对照考核项目对今年部门的工作情况进行自评。考核项目及占比信息如下： （1）采购订单按时完成率（15%）。 （2）采购成本控制（15%）。 （3）采购计划执行度（30%）。 （4）不良品处理（20%）。 （5）供应商管理（10%）。 （6）日常内部管理（10%）。 采购绩效主管根据考核要求，安排采购绩效专员设计一份采购部门绩效考核表
任务要求	以采购绩效专员的身份，设计一份采购部门绩效评估表
	任务资讯 本任务是根据所给的任务素材资料，要求采购部门主管根据采购绩效评估指标，设计采购绩效评估表。 为完成该任务，应该具备与市场环境相关的知识，请回答以下资讯问题。 （1）为什么要进行采购绩效评估？ （2）对一个采购部门应该从哪些方面进行评估？ 任务实施 （1）回答资讯问题，做好知识准备。 （2）确定采购评估的内容。 （3）设计采购绩效评估表

表 10-3 任务检查单

学习单元	采购绩效评估		
任务名称	设计采购绩效评价表		
检查项目	检查标准	学生自查	教师检查
准备工作	能够通过各种渠道查阅相关资料，为完成任务做好准备		
掌握知识	能够准确地掌握本单元所涉及的理论知识		
运用能力	在完成任务的过程中能够正确、合理地运用所学的知识		
学习能力	能够在教师的指导下进行自主地学习，全面地掌握相关知识		
工作态度	认真执行计划，工作态度认真，一丝不苟，保证每个环节工作质量		
团队合作	积极与他人合作，团队意识强，能够共同完成工作任务		
运用工具	能够利用网络资源、工具书等进行二手资料的查询		
完成情况	能够按照工作要求，按时保质保量地完成工作任务		
结果质量	能够根据企业的实际情况合理设计采购绩效评估指标		
检查评价	班级	姓名	第　　　组
	教师签字		时间

表 10-4 任务评价单

学习单元	采购绩效评估			
任务名称	设计采购绩效评价表			
评价类别	评价项目	学生自评	小组互评	教师评价
理论知识（20%）	引导问题回答			
专业能力（40%）	理论知识运用（10%）			
	任务完成情况（10%）			
	任务检查全面性和准确性（5%）			
	任务结果质量（15%）			

续表

评价类别	评价项目	学生自评	小组互评	教师评价
方法能力 （20%）	自主学习（10%）			
	系统操作（10%）			
社会能力 （20%）	团队合作（10%）			
	敬业精神（10%）			
评价评语	班级		姓名	成绩
	教师签字		时间	

教学反馈

教学反馈表如表 10-5 所示。

表 10-5 教学反馈表

本章我学到的知识	
本章我掌握的技能	
本章我没有听懂的内容	
本章我最喜欢的内容	
对本章教学，我的建议	

引用的国家标准

［1］ GB/T 18354—2021 物流术语
［2］ GB/Z 26337.1—2010 供应链管理 第1部分：综述与基本原理
［3］ GB/T 26337.2—2011 供应链管理 第2部分：SCM 术语
［4］ GB/T 42184—2022 货物多式联运术语
［5］ GB/T 42497—2023 跨境电子商务进口商品质量风险评估指南

参考文献

[1] 柳荣. 采购与供应链管理［M］. 北京：人民邮电出版社，2018.

[2] 马翔. 供应管理基础［M］. 北京：高等教育出版社，2020.

[3] 马士华，林勇. 供应链管理［M］. 6 版. 北京：机械工业出版社，2020.

[4] 施先亮. 供应链管理［M］. 北京：高等教育出版社，2018.

[5] 王桂花，王志凤，高文华，等. 供应链管理［M］. 3 版. 北京：中国人民大学出版社，2019.

[6] 李傑. 供应链管理技术［M］. 2 版. 北京：人民邮电出版社，2020.

[7] 辛童. 采购与供应链管理［M］. 北京：化学工业出版社，2018.

[8] 张彤，马洁. 采购与供应管理［M］. 北京：高等教育出版社，2021.

[9] 柳荣. 新物流与供应链运营管理［M］. 北京：人民邮电出版社，2020.

[10] 柳荣，庞建云. 采购管理与运营实战［M］. 北京：人民邮电出版社，2020.

[11] 骆建文. 采购与供应管理［M］. 2 版. 北京：机械工业出版社，2016.

[12] 徐杰，卞文良. 采购与供应管理［M］. 北京：机械工业出版社，2019.

[13] 马士华，林勇. 企业生产与物流管理［M］. 2 版. 北京：清华大学出版社，2015.

[14] 彭俊松. 工业 4.0 驱动下的制造业数字化转型［M］. 北京：机械工业出版社，2016.

[15] 姜宏锋. 采购 4.0：采购系统升级、降本、增效实用指南［M］. 2 版. 北京：机械工业出版社，2019.

[16] 宫迅伟. 采购 2025：数字化时代的采购管理［M］. 北京：机械工业出版社，2018.

[17] 王先庆. 新物流：新零售时代的供应链变革与机遇［M］. 北京：中国经济出版社，2019.

[18] 文丹枫，周鹏辉. 智慧供应链：智能化时代的供应链管理与变革［M］. 北京：电子工业出版社，2019.

[19] 丁俊发. 供应链理论前沿［M］. 北京：中国铁道出版社，2018.